内蒙古民族大学民族学人类学研究丛书　　阿拉腾嘎日嘎　主编

杨金戈/著

鄂伦春族神话研究

A Study of
Oroqen Mythology

社会科学文献出版社
SOCIAL SCIENCES ACADEMIC PRESS (CHINA)

总　序

中国是各民族"多元一体"的国家。内蒙古自治区是我国最早成立的少数民族自治区，也是我国以"内蒙古"冠名的多民族聚集的模范自治区。内蒙古民族大学位于内蒙古自治区东部，坐落在通辽市科尔沁区，是自治区唯一以"民族"冠名的综合性大学。建校60多年来，我校各级领导和全体教职员工筚路蓝缕，为民族地区经济社会发展培养和输送了大批有用之才。学校初建便埋下马克思主义民族学教学的伏笔，贯穿于"政治理论""民族理论"课程教学中，改革开放以后，尤其是自从费孝通先生在北京大学设立"社会学人类学研究所"以来，我校的民族学学科在教学、研究的内容、形式、范围等方面与国内其他高校同步转入宏观意义上的民族学领域。

六十载栉风沐雨，弦歌不辍，老骥伏枥，少壮努力，马不停蹄。2018年，学校喜迎60年建校华诞，抚今追昔，面向未来，制定长期发展规划，描绘壮美蓝图。在学科建设方面，蒙药学、民族学、作物学成为重点建设学科，我们民族学团队扬鞭催马，不负众望，隆重推出"内蒙古民族大学民族学人类学研究丛书"。我校有关领导、有关职能部门和民族学团队成员，在习近平新时代中国特色社会主义思想关于民族工作相关论述指引下，全力投入中国特色民族学人类学学科建设和学术创新发展的大潮。这套丛书的出版发行是本校、本团队的盛事，是本校学科建设和学术发展的重要标志。

"内蒙古民族大学民族学人类学研究丛书"择优编入民族学一级学科所涵盖的民族历史、马克思主义民族理论与政策、民族经济、民族艺术、世界民族与民族问题等相关学科的优秀成果，同时也注意编入民族宗教、民族饮食、民族遗产、民族文学、民族教育等方面的代表性作品，重点涉及我国东北地区各民族游牧社会、蒙古族人口聚集的东部农牧社会以及东北亚跨界地区的各民族。

"内蒙古民族大学民族学人类学研究丛书"是学校民族学学科团队展示最新科研成果的学术窗口。需要说明的是，在国内，尤其在民族地区，学者接触民族学、人类学这类"舶来学"的时间相对滞后，仍然停留在传播和介绍国际民族学人类学的经典理论的阶段。民族学人类学最基本的方法和原则是深入田野，长期局内观察，同吃、同住、同乐、同劳动，发现民间智慧，浓描生存经验，研究本土知识，为社会开辟新视野，为民众打开新窗口，为人类直面各种挑战提供个案经验，为建设万象共生的可持续命运共同体提供学术支持。我们的学术事业任重道远。

诚挚期待与国内外同仁在交流互鉴中彼此提携，共同谱写民族学人类学崭新篇章。

"内蒙古民族大学民族学人类学研究丛书"编委会

2019 年 7 月

序 言

　　鄂伦春族主要居住在我国内蒙古东北部和黑龙江省，是一个人口不到一万人的少数民族（俄罗斯远东地区也有少量的鄂伦春族人口），属阿尔泰语系通古斯语族通古斯语支，没有文字，使用鄂伦春语。鄂伦春人在长期的狩猎生产和社会实践中，创造了丰富多彩的精神文化，神话是其中之一。

　　研究鄂伦春族神话是一个很有史学价值和文学价值的议题。

　　从神话学学术史角度而言，对鄂伦春族神话类型、理论体系的综合研究，既可以了解前人的丰硕成果，汲取学术养分，总结学术史发展轨迹，也可以在本质上丰富和推进整个中国神话学乃至世界神话学理论体系的发展建设。

　　从文学角度而言，中国百年神话研究对中国少数民族神话的关注是不够的，特别是对人口较少民族——鄂伦春族神话关注严重不足。系统研究鄂伦春族神话，可以助推挖掘、阐释少数民族神话学独特的文本类型和表达范式，在文献学方面有利于少数民族神话研究学术史的建构。这对完善和丰富中国少数民族神话的意义是不言而喻的。

　　从民间文艺学角度而言，研究鄂伦春族神话，可以为神话学、民间文艺学、美学、民俗学等学科领域提供新材料。以往鄂伦春族神话在中国神话研究中一定程度上只是充当资料的角色，它所具有的历史学、文化学、社会学、人类学、宗教学、伦理学等方面的意义往往是作为辅助材料形式出现在其他神话研究之中。鄂伦春族神话的学术价值只有在做全面系统的综合梳理后方能凸显，去挖掘和呈现凝聚在该民族社会政治、历史、文化等诸多方面的民族创造力和集体智慧的精华，使其得到学界应有的重视，进而确立其作为学术研究对象的独立性。

　　杨金戈博士所著的《鄂伦春族神话研究》，运用类型学研究、比较研究、母题分析以及文学人类学的研究方法，借鉴民俗学、文化学等相关学科理论，对鄂伦春族神话进行类型划分、典型母题和结构分析及其内涵挖掘，并与满-通古斯民族神话进行比较，从而对鄂伦春族神话的体系、类型、结构模式和文化内涵提出自己的学术观点和研究思路。他的研究成果，对研究我国北方人口较少民族——鄂伦春族口头文学具有一定的补白之功。

《鄂伦春族神话研究》是杨金戈博士在博士学位论文的基础上，经过多次调研、资料搜集、反复润色、校改而完成的研究专著。他在读博期间，便对我国北方各少数民族的民间文学有了较多关注，尤其是在经历了对内蒙古、黑龙江等地多次调研之后，他对鄂伦春族民间文学特别是神话产生了浓厚的兴趣。他非常坚定地选择了鄂伦春族神话作为博士学位论文选题，并顺利完成论文写作。博士毕业后，他没有放弃对北方少数民族民间文学的探索研究，多次打点行囊，到内蒙古呼伦贝尔，吉林长春，黑龙江塔河、漠河、呼玛等地，深入实地调研，搜集了大量第一手资料。尽管路途遥远，交通不便，又有不懂当地语言的困惑和艰辛，但他收获了大量资料，并与当地人民结下了深情厚谊，因此所有这一切都是值得的。

行将出版的《鄂伦春族神话研究》，首先是材料翔实、资料丰富的，书中所呈现的诸多精彩神话文本本身就是对中国神话学的贡献。同时，该著作将鄂伦春族的神话与其他民族的神话进行比较，较为突出地呈现了鄂伦春族神话的特点和文化内涵。其次，理论丰富，结论有说服力。该著作聚焦于我国东北地区少数民族鄂伦春族的神话，借助比较神话学、比较文学主题学等中西方神话理论，对鄂伦春族的神话进行了深入的主题分析、意涵建构以及形象研究，得出的结论也很能令人信服。该著作在对研究对象进行描述时，保持着客观的科学态度，所用语言洗练、流畅，体现出了扎实的理论功底和严密的逻辑思维能力。可以说，这是我国第一部全面系统研究鄂伦春族神话的学术著作，也是我国少数民族民间文学研究取得的又一理论成果。

需要特别说明的是，由于资料匮乏，做鄂伦春族神话研究有很大的难度，杨金戈博士能够克服各种困难，搜集资料，并能细心梳理，融会贯通，足以彰显其学术勇气和学术理想，这一点非常值得肯定。

"宝剑锋从磨砺出，梅花香自苦寒来。"杨金戈博士治学严谨，勤于钻研，多年来，他对少数民族民间文学的研究势头不减，研究成果颇多。《鄂伦春族神话研究》已达到了一定水准，作为老师我乐见此书出版问世，并愿为其作序，以示民间文学友人。同时希望杨金戈博士不忘初心，负重前行，为我国少数民族民间文学再添新作。

汪立珍

2019 年 5 月

前　言

　　神话是人类发展史中较早产生的文化现象，体现着人类早期对自然和自身的理解，对宇宙万物的认识，以及在这种过程中显示出来的独特的思维逻辑关系。它承载着民族古老的文化记忆，它集文学、历史、宗教、哲学、律法、道德等多学科于一体，是人类早期社会文化的百科全书，也是今天人类弥足珍贵的非物质文化遗产。中国神话是五十六个民族共同创造的文化遗产。中国神话整体研究，不能忽视少数民族神话这个有机组成部分，否则就很难给中国神话一个令人满意的定位。鄂伦春族神话是中国神话不可或缺的一部分，也是世界神话的重要组成部分，研究鄂伦春族神话具有积极意义。

　　到目前为止，学界对鄂伦春族神话的搜集、整理和研究工作是十分有限的，一些涉猎鄂伦春族民间文学的专家、学者和部分著作者出版的诸如调查报告、著作、论文等，对鄂伦春族神话虽有不同程度的涉及，但也仅限于局部领域，涉及最多的是鄂伦春族自然崇拜、图腾崇拜、祖先崇拜以及萨满教的相关内容，并且大多是针对某一具体事例进行解读和阐发。把鄂伦春族神话作为一个整体给予分类、细化，比较全面、系统、深入地综合研究和论述的论著迄今为止还未曾见到。吕大吉、何耀华主编的《中国各民族原始宗教资料集成》，[①] 收录了我国东北、西北地区 8 个民族的原始宗教资料，内容包括天体崇拜、自然崇拜、鬼魂观念、图腾崇拜、祖先崇拜、生殖崇拜等。该书的资料来源于实地调查、考古发现、历史文献记录，以及口口相传的民族史和民间传说等原始记录，书中附有珍贵的彩色、黑白照片 200 余张，均属珍贵的第一手资料。另外，书中还收有国外学者的调查报告。该书不仅是研究这些民族原始宗教的重要资料，也是研究民族历史、民族关系史

---

① 吕大吉、何耀华主编《中国各民族原始宗教资料集成》，中国社会科学出版社，1999。

的珍贵资料。汪立珍教授所著的《鄂温克族神话研究》①，对鄂温克族神话
进行了全面、系统的探讨和理论上的阐释与总结，这是我国第一部深入研究
鄂温克族神话的学术专著，书中很多章节涉及了东北三个少数民族神话以及
与赫哲族、汉族神话之间的比较，是民族文化比较研究和文学创作的有益借
鉴，为进一步研究鄂伦春族神话提供了素材。王宪昭教授所著的《中国神
话母题 W 编目》，"该编目类型主要参照了目前世界民间叙事学研究中，阿
尔奈—汤普森的 AT 分类法、阿尔奈—汤普森—乌特的 ATU 分类法等编目体
例的研究成果，以及美国世界民间故事母题体系创建者汤普森《民间文学
母题索引》母题代码设定的基本形式"②。著作中母题的提取以中国各民族
12600 篇神话文本为基础，直观展现了十大类型三个层级的 33469 个神话母
题，并附有汤普森（TPS）《民间文学母题索引》的母题代码对照。该著作
在中国神话母题编码的方法、结构、功能等一系列问题上进行的相应探索，
为中国神话宏观研究提供了数据支持，为中国神话母题分析研究和多学科数
据库建设提供了重要依据。同时，将鄂伦春族神话和周边鄂温克、赫哲、
满、锡伯等民族神话给予综合梳理，比勘异同，目前学界在这方面的研究还
十分不足。

　　基于以上原因，本书选择鄂伦春族神话进行研究，对鄂伦春族神话故事
进行类型划分，既强调神话故事量的积累，又注重其代表性；既对神话故事
文本进行内在情节内容、结构形态等系统分析，又关注其外部思想意义及文
化史意义的探究，相信这些将有利于中国少数民族神话研究学术史的建构，
有助于推进中国神话学理论体系的建设，为民间文学提供新的材料。这便是
本书写作的最终目的，也是其意义所在。

　　研究对象决定研究方法，研究鄂伦春族神话需要跨学科的视角，既是对
众多神话文本类型进行的分析，也是对鄂伦春族文化进行的全方位透视；既
是对人口较少民族鄂伦春族神话的梳理整合，也是对整个中国少数民族神话
体系、中国神话体系乃至世界神话体系的进一步完善和整合。

　　本书主要采用的研究方法有：

　　类型学研究方法。神话类型具有相对独立性和完整性，先辈及前辈学者

---

① 汪立珍：《鄂温克族神话研究》，中央民族大学出版社，2006。

② 王宪昭：《论中国神话母题编码体例的建构——以〈中国神话母题 W 编目〉为例》，《长江
大学学报》（社会科学版）2015 年第 2 期。

经典性的研究和总结，给我们提供了一些观点和方法。产生了诸如斯蒂·汤普森所著的《世界民间故事分类学》①、丁乃通编著的《中国民间故事类型索引》②、王宪昭教授所著的《中国神话母题 W 编目》③ 等经典著作。本书在前人的类型研究基础上，对鄂伦春族神话进行类型确定。

比较研究方法。研究一个民族神话的类型、文化内涵与精髓，只把研究视域局限在本民族神话范围内还远远不够，还不能准确揭示这个民族神话的全貌。采用历史的、考据的方法，研究一个民族神话的产生和演变，把一个民族的神话和其他相关民族的神话进行比较，通过在题材、主题、母题、情节、人物、意象等方面的相同点和不同点的对比，才能更加客观地廓清该民族神话的本质。本书在把鄂伦春族神话分类论述的同时，将鄂伦春族神话与周边鄂温克族、达斡尔族、满族、蒙古族以及汉族等相应类型神话故事进行比较研究，寻找异同。同一民族中不同类型的神话也可以进行母题、情节结构等微观视角的比较，进而发掘鄂伦春族神话故事的历史文化内涵和民族文化的独特发展轨迹。

母题分析方法。美国学者斯蒂·汤普森在《世界民间故事分类学》中，讲述了母题分类的相对性问题，指出"一种类型是一个独立存在的传统故事，可以把它作为完整的叙事作品来讲述，其意义不依赖于其他任何故事。当然它也可能偶然地与另一个故事合在一起讲，但它能够单独出现这个事实，是它的独立性的证明。组成它的可以仅仅是一个母题，也可以是多个母题。……一个母题是一个故事中最小的、能够持续在传统中的成分。……绝大多数母题分为三类：其一是一个故事中的角色；第二类母题涉及情节的某种背景；第三类母题是那些单一的事件"④。本书借助斯蒂·汤普森等学者关于"母题"的分析法研究鄂伦春族神话，一是以母题为重要分析单位或标准洞察该民族神话发生、发展和变化的历史轨迹，也可以通过横向比较，梳理鄂伦春族和邻近民族相同神话母题的关系，进而凸显民族特点和文化差异。同时，也为中国少数民族神话母题研究体系的完善添砖加瓦。二是通过

---

① 〔美〕斯蒂·汤普森：《世界民间故事分类学》，郑海等译，郑凡校，上海文艺出版社，1991。

② 〔美〕丁乃通编著《中国民间故事类型索引》，郑建威、李倞、商孟可、段宝林译，华中师范大学出版社，2008。

③ 王宪昭：《中国神话母题 W 编目》，中国社会科学出版社，2014。

④ 〔美〕斯蒂·汤普森：《世界民间故事分类学》，郑海等译，郑凡校，上海文艺出版社，1991，第 499 页。

母题分析，进一步凝练出该民族神话蕴含的文化价值和民族精神，以此确立鄂伦春族神话在中国少数民族文学和中国文学乃至世界文学中的地位。

文学人类学的研究方法。文学人类学强调文学与人类学彼此间的互相作用，它既注重从文化视野的角度对原有学科知识进行梳理综合，又注重从史论结合、中外结合的角度追溯文学与人类学的关系。本书尝试借鉴文学人类学的视野和方法对鄂伦春族神话进行研究，借助诸多鄂伦春族神话文本内容，结合类型的划分，挖掘隐含在其神话文本背后的文化信息，如宗教、习俗、仪式、禁忌等，追根溯源，使文学研究和文化研究相得益彰。

本书由六章内容组成。

第一章为鄂伦春族及其神话研究。首先从民族名称的来源、社会沿革、经济生活与社会组织、萨满崇信观念四个方面概述鄂伦春族历史文化；其次是研究综述部分，重点从国内外研究现状出发，以文献检索为依据，总结目前学界对鄂伦春族神话研究的综合状况，按照时间顺序，对鄂伦春族神话进行系统梳理和综合概括；最后按照类型学研究方法将纷繁复杂的鄂伦春族神话分为创世神话、人类起源与族源神话、英雄神话和萨满神话四种类型进行研究。

第二章为鄂伦春族创世神话。该章将鄂伦春族创世神话研究限定在宇宙起源神话和自然现象起源神话范围内，重点阐述了鄂伦春族关于宇宙三界的观念、创世前天地的"混沌"状态、天帝/神如何创造大地，以及日月星辰、山川河流和其他万事万物的产生，并分析其基本内涵，同时通过与其他民族创世神话主题、情节结构、母题类型等进行比较，进一步突出鄂伦春族创世神话的民族性特征。

第三章为鄂伦春族人类起源与族源神话。该章主要借鉴《民间文学母题索引》《中国各民族神话母题研究》等神话理论与主张，将鄂伦春族人类起源与族源神话分为人类起源神话、人类再生神话和族源神话等母题类型。同时，每一母题类型又分为若干小类，作为二级类目，二级类目下又分若干小类，作为三级类目，依此类推。人类起源神话侧重于宏观上的整体的人类的诞生，即人类的初次诞生。人类再生神话主要讲述洪水、火灾或其他劫难过后人类的再生和繁衍，它重在强调人类的第二次产生。在人类再生神话和族源神话中，除采用人类起源神话的母题类型分类外，还进行了相应的文化和叙事结构方面的深入分析。整体上，该章主要从文化人类学角度，运用哲学思维，采用历史和考据的方法，发掘某一类型神话的产生和演变，讲述的内容都是一种朴素的原始状态，不涉及文明社会所具有的人伦关系和道德标准。

第四章为鄂伦春族英雄神话。该章首先对本书涉及的"英雄"给予了一定程度的界定：一是在时间上，处于母系氏族社会向父系氏族社会转变时期，人类的自我意识已觉醒，部落意识出现并成为传统；二是呈现的状态是半人半神，或者是受到了神支持的人；三是氏族或部落的始祖神、保护神已从动物身上转移到了男性身上，这些英雄行为反映着当时的社会生活，带有较多的社会属性；四是在上述时间段内，一切对氏族、部落或者是对鄂伦春族历史发展做出过巨大贡献，有一定的影响，包括那些在拯救氏族、部落，为人们争取生存环境、空间，捍卫民族尊严过程中获得爱情和婚姻的人，都在本书的"英雄"之列，他们的故事同样被视为英雄神话故事。据此，将鄂伦春族英雄神话分为英雄拯救氏族或部落神话、英雄的爱情与婚姻神话以及其他英雄神话等类型，并对英雄神话中的母题、英雄形象、恶魔形象、宝马形象等进行了分析解读与比较。

第五章为鄂伦春族萨满神话。在鄂伦春族民间信仰世界里，"萨满"是有着能够沟通人与神、此岸世界与彼岸世界特异能力的"特殊人"。该章主要研究鄂伦春族萨满治病救人、彼岸追魂、斗恶魔等神异能力和萨满神灵的基本情况，从而探索建立在萨满崇信基础上的具有浓厚地域色彩的鄂伦春族萨满神话故事的情节结构特征、程式化特征、世俗化特征和精神内涵，并通过与其他民族萨满神话的比较，揭示鄂伦春族传统萨满教思想的文化特征。

第六章为鄂伦春族神话的社会文化价值与当代传承。该章对鄂伦春族神话蕴含的主要社会文化价值，即古朴的哲学思想、唯美的人文精神、人与自然万物和谐共存的价值观等进行了总结，并以审视的角度考察神话在当代的传播。利用鄂伦春族神话中积极健康的因素进行民族舞台剧展演、动漫、电影、电子游戏、产品广告等神话创意，拓展神话在当代新的发展空间，从而将神话进行传统与现代的追溯和对接。

整体上，本书以搜集整理的鄂伦春族神话文本资料为研究基础，结合与鄂伦春族神话研究密切相关的国内外著作、论文等学术资料，运用类型学研究、比较研究、母题分析以及文学人类学的研究方法，借鉴民俗学、文化学等相关学科理论，对鄂伦春族神话进行类型划分，并在类型划分的基础上，进行典型母题和结构分析及其内涵挖掘。同时，通过鄂伦春族神话同其他民族神话的母题、情节构成等方面的比较，对鄂伦春族神话的体系、结构模式和神话的象征意义提出自己的观点和思路，从而对鄂伦春族神话做出系统深入的探讨。

目录
CONTENTS

第一章

鄂伦春族及其神话研究

第一节 鄂伦春族历史文化概述

鄂伦春族现主要居住在内蒙古自治区的东北部和黑龙江省。该民族人口少，定居晚，生产单一，历史文献匮乏，缺乏传承空间。据 2010 年第六次全国人口普查统计，鄂伦春族总人口为 8659 人。1958 年才实现全民族定居，定居前全民族从事单一的狩猎生产，游猎于深山密林，他们生活的区域鲜有人至，几乎与世隔绝，因此历史文献中对鄂伦春族的记载少之又少。他们只有语言，没有文字，文化的传承全凭口耳相传。定居以后出生的年轻人大多对本民族传统文化没有传承的兴趣，加之他们赖以生存的兴安岭生态环境遭到严重破坏，迫使他们不得不放下猎枪实施禁猎转产，这致使其传统文化完全丧失了传承的空间。但他们的文化独特，特有的山林游猎文化被誉为我国北方原始文化的活化石。① 以上是鄂伦春族的基本情况，下面我们对鄂伦春族的民族名称的来源、社会沿革、经济生活和社会组织以及以"万物有灵"为思想基础的萨满崇信观念等做一简要阐述。

一 关于民族名称

《鄂伦春族简史》指出，鄂伦春族"早在公元前十一世纪就与中原建立了政治上的联系"，"从我国古代史籍的记载中看，与鄂伦春族有比较直接关系的古老民族，大概是南北朝时期活动于黑龙江流域的'室韦'人。室

① 吴亚芝：《鄂伦春族口述家族史》，民族出版社，2016，前言第 1~2 页。

韦人并不是单一的民族，在当时它泛指勿吉以北的所有民族"。"据《北史·室韦传》记载，室韦分为南室韦、北室韦、钵室韦、深末桓室韦、大室韦等五部"，他们也是由不同民族组成的。"钵室韦是'用桦皮盖屋'的民族"，这是直到现代鄂伦春族一直沿用的居住方式。"在经济生活方面，'饶麏鹿，射猎为务，食肉衣皮，凿冰没水中而网取鱼鳖'，'皆捕貂为业'。"渔猎是鄂伦春人传统的经济生活方式。"室韦人在冰天雪地中常常用一种滑雪板作为交通工具"，这种交通工具曾在鄂伦春族、鄂温克族中广泛使用。室韦人"把氏族首领叫作'莫何弗'，而鄂伦春人把氏族称为'穆昆'，氏族首长称为'穆昆达'。这种称呼在通古斯语族各族中基本上是一致的。'莫何弗'可能就是'穆昆'的对音"。从以上考察可以得出，"鄂伦春族当是其时散处于黑龙江北岸广大地区的钵室韦'不知为几部落'中的一支"。室韦人与中原王朝也早在南北朝时就建立了关系。史料考察"'鄂伦春'这一名称始见于文献记载是在清朝初年。康熙年间的'上谕'和'奏折'中已将其称为'俄罗春'、'俄乐春'、'俄伦春'或'鄂伦春'。此前，清代的文献大多是非常笼统地将鄂伦春族归入'索伦部'或'打牲部'、'使鹿部'。所谓'索伦部'，指的是明末清初分布在西起石勒喀河，东至黑龙江北岸支流精奇里江，北起外兴安岭，南至大兴安岭一带的达斡尔、鄂温克和鄂伦春族的总称。'世于黑龙江人，不问部族，概称索伦，而黑龙江人居之不疑，亦雅喜以索伦自号。'"关于使鹿部，"公元一四零九年（明永乐七年），明朝在黑龙江、乌苏里江流域等地设立了最高一级地方行政机构努儿干都司。其时在黑龙江以北有一种'乘鹿以出入'的'北山野人'，就是游猎于外兴安岭一带的'使鹿部'"。"据文献记载，清初曾把鄂伦春族称为'树中人'。宣统三年的《东三省正略》称：'鄂伦春实亦索伦之别部，其族皆散处内兴安岭山中，以捕猎为业，元时称为林木中百姓，国初为树中人，又谓为使鹿部。'所谓'树中人'，与'林木中百姓'一样，是一种泛称。"对于"鄂伦春"这一名称的含义，解释有两种："即住在上岭上的人或使用驯鹿的人。""在鄂伦春内部，除自称鄂伦春以外，还按照居住地的河流名称来互相称呼。"如称呼别人，把居住在毕拉尔河的人称为毕拉尔千，如果自己住在毕拉尔河则称为毕拉尔卑耶。"在鄂伦春人中，没有自称鄂温克的。""鄂伦春人称雅库特人（即使用驯鹿的鄂温克人）为'特格'，即'离不开驯鹿'或'住在原地不动'

的意思。"①

二 社会沿革

"鄂伦春族原来主要分布在贝加尔湖以东,外兴安岭以南,黑龙江以北直至库页岛的广大地区。元朝称活动在这一带的人们为'林木中百姓',明朝称为'可木地野人',清初称为'树中人'。当然这都是一些泛称,不专指鄂伦春人,但鄂伦春人包括在其中,是确定无疑的,直到 17 世纪 40 年代,沙皇俄国开始侵略我国黑龙江以北广大地区,鄂伦春族不断遭到抢劫掠掳,被迫逐渐迁移到黑龙江南岸的大小兴安岭地区。"②

清朝初年,清政府为巩固北方边防,将吉林西北之地的鄂伦春人归入黑龙江将军管辖,将其编入布特哈八旗,与其他属于打牲部落的索伦、达斡尔一样,分东西布特哈,设置五路进行统治,都归布特哈总管衙门管辖,即所谓"打牲部落"。而且,"自布特哈总管衙门成立至光绪八年(1882 年)被废止,它统治了鄂伦春族二百多年"。布特哈总管衙门废除后,在鄂伦春人五路的中心太平湾建立了兴安城总管衙门。但八旗官员对鄂伦春人残酷的压榨剥削,造成了鄂伦春人的强烈反抗,军心动摇,军队解散。南部鄂伦春人向北移动。兴安城总管衙门废除后,"鄂伦春人分别隶属于黑龙江、布特哈、墨尔根、呼伦贝尔四城管辖"。宣统三年(1911 年),黑龙江城副都统改组,将库玛尔路改属黑河道道尹公署。

民国时期,管辖鄂伦春人的统治机构为黑龙江省督办公署旗务处,管辖库玛尔路(八佐)、毕拉尔路(四佐)、阿力多布库尔路(二佐),呼伦贝尔城副都统管辖托河路(二佐)。

伪满时期"库玛尔路、毕拉尔路、阿力多布库尔路和托河路归伪黑龙江省民政厅蒙旗科管辖。1934 年将东北和内蒙地区划分为 14 个省,从此,伪黑河省管辖原库玛尔路和毕拉尔路的鄂伦春族;伪兴安东省管辖原阿力多布库尔路的鄂伦春族;伪兴安北省管辖原托河路的鄂伦春族。同年七月八旗

---

① 《鄂伦春族简史》编写组编《鄂伦春族简史》(中国少数民族简史丛书),内蒙古人民出版社,1983,第 7~10 页。

② 《民族问题五种丛书》内蒙古自治区编委会编《鄂伦春族社会历史调查》(第一集),内蒙古人民出版社,1984,第 6~7 页。

制废除，由各县直接管理鄂伦春人的事务"①。1937 年以后，各地鄂伦春族都被特务机关控制，各鄂伦春人的管理机构也都成为傀儡机构。

1949 年以后，内蒙古自治区呼伦贝尔盟设鄂伦春自治旗，旗内设三个努图克（区）辖七个自然村。布特哈旗设鄂伦春努图克。黑龙江省黑河专区设鄂伦春协领公署，下设呼玛协领分署和逊克协领分署。

从以上考据中得知，历史上，鄂伦春族是索伦部中的一个民族。因为鄂伦春族没有自己的文字记载，所以这些文献还有待进一步考察其真实性，对鄂伦春族的来源及演变轨迹，我们还要寻找更多的资料加以考证。但我们可以肯定的是，鄂伦春族是我国民族大家庭中一个古老的成员。

三 经济生活和社会组织

鄂伦春族以狩猎为主，采集、捕鱼为辅，居住在"仙人柱"（尖顶圆锥形居屋）里。一般情况下是每个"仙人柱"里住着夫妻和子女。四五所或六七所（也有多达十余所的）"仙人柱"组成一个"乌力楞"（有的地方叫"乌力嫩"）。同一个"乌力楞"是指同一个男人的几代子孙组成的三至五户人家。而若干个同姓"乌力楞"则组成一个氏族，是一个祖父传下来的九代以内的人们所组成的共同体，在鄂伦春叫"莫昆"，也叫"穆昆"。据鄂伦春人的解释，"莫昆"含有"在行动内部"的意思，或是"同姓人"的意思。据考察，鄂伦春人的氏族有十余个。"莫昆"之上是部落，一般情况，一路鄂伦春人就是一个部落。②

《鄂伦春族简史》中也记载：鄂伦春族的"穆昆"实行严格的族外婚制。鄂伦春族的氏族有十余个，主要分布在四个区域，即黑龙江省呼玛河流域（原库玛尔路）一带有玛拉依尔（孟），孟又包括吴卡尔康（吴）和葛瓦依尔（葛），葛又包括古拉依尔（关）和魏拉依尔（魏）两个氏族；在逊克、嘉荫（原毕拉尔路）一带有玛哈依尔（猛）、莫拉呼（莫）、杜宁肯（杜），还有从呼玛尔河迁移来的古拉依尔（关）等氏族；在诺敏河流域（原托河路）一带有柯尔特依尔（何）、白依尔（白）两个氏族；在多布库尔河、甘河流域（原阿力多布库尔路）一带有柯尔特依尔（何）、阿其格查

---

① 内蒙古自治区编辑组、《中国少数民族社会历史调查资料丛刊》修订编辑委员会编《鄂伦春族社会历史调查》（一），民族出版社，2009，第 70~73 页。

② 内蒙古自治区编辑组、《中国少数民族社会历史调查资料丛刊》修订编辑委员会编《鄂伦春族社会历史调查》（一），民族出版社，2009，第 29~32、120~132 页。

依尔（阿）两个氏族。这四个区域实际上是四个部落。这和上面所说是一致的。需要指出的是，现在互通婚姻的不同氏族，其实原来是同一个氏族，只是由于人口繁殖过多，为解决通婚的需要而分化为两个氏族。在呼玛河流域，玛拉依尔（孟）和吴卡尔康（吴）是同一氏族，他们之间不能通婚。氏族有共同供奉的祖先神，有公共墓地，有氏族组织，每个氏族都有氏族长"穆昆达"，负责召开氏族会议，处理氏族内外事务。[①]

四 以"万物有灵"为思想基础的萨满崇信观念

鄂伦春族的精神生活具有鲜明的北方山林游猎民族的特点。它同我国满-通古斯民族鄂温克族、赫哲族、满族、锡伯族等有许多相似的或共同的因素，但又独具特色。

长期以来，鄂伦春民族中较为广泛地流传着萨满崇信观念，它的思想基础是"万物有灵"。它的产生和形成，以至后来的发展都是随着鄂伦春人的生产、生活的变迁而不断变化的。在鄂伦春人的早期社会，生产力水平极为低下，人们的思维能力还不是很发达，对各种自然现象根本无法理解，即使在自然界的各种飞禽走兽面前也感到自身的渺小和无能为力，因此人们认为自己和自然是分不开的。人们把对自身的认识和感受扩大延伸到自然界的事物上，认为大自然的一切，诸如日月星辰、风雨雷电、山川树木、虫鱼鸟兽等是同人一样的，有知觉、有感情，而这些事物和人类的关系就如人与人之间的关系，有时会得到对方的帮助，有时也可能由对方带来灾祸，二者之间的这种关系是相互的。这种思想观念在早期鄂伦春人身上是普遍存在的，并逐渐发展成为一种根深蒂固的思维定式，影响着整个社会。人与自然类同的结果，使人们更加相信在自然界中的任何一个自然物、任何一个自然现象的背后都有一种神秘的力量，这种力量支配着人类，支配着整个世界，这便是神灵。于是太阳有太阳神（滴拉哈布堪）、月亮有月亮神（别亚布堪）、北斗有北斗神（奥伦）、山有山神（白那恰）、水有水神（穆都木）、火有火神（古龙它布堪）、风有风神（库列贴），有掌管牲畜安全的神（昭路博如坎、查路博如坎），有专管各种疾病的神，如"额古都娘娘"神专管天花病，"尼其昆娘娘"神专管麻疹病……，一切自然存在均被赋予人格化的想

---

① 《鄂伦春族简史》编写组编《鄂伦春族简史》（中国少数民族简史丛书），内蒙古人民出版社，1983，第24~32页。

象和灵性,"万物有灵"的观念由此产生。

在这种观念下,世界上的一切福事祸事都是由神灵在冥冥之中主宰的,神灵成为无所不能的象征。为了能达到获得这些主宰人吉凶福祸的神灵的愉悦和赐福的目的,人们以神偶的形式将各种神灵创造出来,神偶的形象主要是同把它创造出来的人相似,人形的神偶在众神偶中占有绝大多数。人们虔诚地向神偶祈祷,并对其进行崇拜和祭祀,这便是宗教。有时,需要动员和借助其中一部分神灵的力量去驱逐另一部分神灵,改变另一部分神灵安排给人的命运,这便是巫术。鄂伦春人敬火、敬奇山异石、敬日月、敬北斗、敬熊、敬虎等,其中既有原始宗教的内涵,也有原始巫术的成分。

在这一过程中,有一类活跃其中并行使一定职能的特殊人物——萨满。目前,学界对"萨满"一词的解释,众说不一。有的学者指出,"萨满"一词"在清朝中叶前,曾写作'沙曼'、'萨玛'、'沙玛'、'撒麻'等。金元以后,'珊蛮'、'沙曼'、'萨玛'、'沙玛'、'撒麻'、'撒瞒'、'叉马'"等词常在各种书籍中出现,"现在通用的'萨满'一词,是《大清会典事例》最先使用,至今,为学术界所通用"[1]。据汪立珍教授考证,"萨满"一词最早来源于"《三朝北盟汇编》(南宋·徐梦莘著)",记作"珊蛮",意为"女真语巫妪也,以其通变如神"。她还分析了中西方学者对于"萨满"一词词根的解释,并从字义上和我国满-通古斯语族的鄂伦春族、鄂温克族、赫哲族、锡伯族、满族等语族"知晓""晓彻"的意思进行了对比。最后得出,"萨满即被认为能知彻神义,是神灵的使者,人神的中介,并由此引申萨满是本氏族的智者,渊博多能的文化人"[2]。富育光先生在研究满族民间史诗《乌布西奔妈妈》后,认为"萨满"的真正含义是"晓彻"之意。[3] 还有的学者"认为它的意思是'狂躁不安的人','激动、不安、狂怒的人'或'因兴奋而狂舞的人'"[4],这种解释是与萨满在作为人和神之间的中介、使者,进行跳神时所呈现的精神亢奋状态相联系的。宋和平先生认为,"萨满"词意有二:一是"知道、知晓、无所不知"之意;二是"跳动"之意。其直指萨满在跳神等仪式上作为人与神的中介,能够与神灵同处,与鬼魂对话,能够死而复生、彼岸追魂等神异能力。他们的行为通常表

① 罗珍:《萨满文化研究评介》,《民族史研究》2011 年第 00 期。
② 汪立珍:《鄂温克族神话研究》,中央民族大学出版社,2006,第 223 页。
③ 富育光:《萨满教与神话》,辽宁大学出版社,1990,第 2~3 页。
④ 徐昌翰、隋书金、庞玉田:《鄂伦春族文学》,北方文艺出版社,1993,第 15 页。

现为勇猛无常的"激动不安和乱舞"①。徐昌翰等在《鄂伦春族文学》中指出，"崇信萨满的人认为，萨满是一种能够沟通人神、人鬼特殊的人，这种沟通的途径可以是将萨满所领有的各种神灵招来附体，也可以是萨满的灵魂出窍后去遨游神界和冥界"②。其实，"早在母系氏族社会晚期，即祖先崇拜刚刚出现的时候，萨满便应运而生了。最初的萨满很可能大多为女萨满。晚近时期的鄂伦春族社会中萨满有相当大的一部分为男性，女性的数量已大为减少，仅占一半"③。

跳神是萨满最重要的活动形式，可以在临时搭建的"仙人柱"内进行，但一般情况下是夜间在"仙人柱"外面的空地上举行。萨满跳神前，在场地上供有众多神偶，排成一排，这些神偶多是萨满用皮、草、木等材料制作而成的。然后再供上狍子、鹿、犴、野猪等野兽的头、肉以及大雁、飞龙鸟等飞禽。萨满用上述祭物的血涂抹在神偶的嘴上，意味着神灵已享用到祭物。此时，萨满穿着特制的神衣，戴着神帽，前胸后背披着铜镜，腰上扎着铃铛，手拿神鼓，不停地敲击，高唱请神词，祈祷神灵降临。一旦有神灵附体，萨满便呈现精神恍惚状态，紧闭双目，咬紧牙关，全身抖动，边唱边舞，而且节奏越来越快，直至倒地，昏迷过去，预示神灵已经到达。待到萨满醒来后，便以神灵的口吻与人对答，告知"神谕"，解释"玄机"。通过类似这样的跳神仪式，萨满能使神灵为人降魔，能彼岸追魂，助人起死回生，能祛病、消灾，为人祈福。由此，凡是遇到人、牲畜等患病，久治不愈，或者瘟疫等流行，或者人、牲畜等走失，或者狩猎不利，或者降妖除魔等状况，人们总是求助萨满。当然，萨满的活动不仅于此，如春祭、夏祭、秋祭以及风祭、河祭、祭山神、祭火神、葬熊等大型祭祀活动仪式上都有萨满活动的身影。在萨满长期从事宗教、巫术相伴的活动中，萨满教相应而生。萨满教中众多的神灵被创造出来，萨满教崇拜世界中的生殖崇拜、图腾崇拜、祖先崇拜、英雄崇拜与其他物崇拜也相继出现。而萨满则是这些活动中至关重要的中介者和执行者，他们也自然受到人们的崇拜和敬仰。

鄂伦春族的萨满分"莫昆"萨满和"多尼"萨满。一个"莫昆"只有

---

① 宋和平译注《满族萨满神歌译注》，社会科学文献出版社，1993，第9页。
② 徐昌翰、隋书金、庞玉田：《鄂伦春族文学》，北方文艺出版社，1993，第50页。
③ 徐昌翰、隋书金、庞玉田：《鄂伦春族文学》，北方文艺出版社，1993，第15页。

一个"莫昆"萨满，它是一代一代传下来的。"多尼"萨满则较多，每个
"莫昆"里有三四个。"多尼"是落在别的地方的意思，是自己"莫昆"的
萨满死后，魂灵附体给别的"莫昆"的人，这种神是流浪神。黑龙江省逊
克县人莫令寿介绍了"莫昆"萨满的来历：同一氏族的人都供奉同一个祖
宗的偶体，经过长期供奉，这个偶体就变成了神，此神就是一个氏族的祖先
神。它找本氏族某一患病的人附体，此人病愈后就成为"莫昆"萨满。以
前大家是不相信萨满的，直到有一天，一个"莫昆"萨满看到天空飞来五
六只大雁，他对大家说："我叫其中的一只落在我面前。"说完他就敲着他
的神鼓，念起祷词，果然如他所说，一只大雁落在他的跟前。从此，人们开
始相信"莫昆"萨满的神灵了。"莫昆"萨满是正神，比"多尼"萨满能
力大，治病本领高，人们都愿意请"莫昆"萨满跳神。①

　　据鄂伦春族社会历史调查组 1957 年和 1963 年两次在托扎敏努图克鄂伦
春族考察，成为萨满的，一般是久病不愈的人，请萨满后，萨满告知病人要
成为新萨满，于是，对病人进行许愿、跳神等一系列活动后，灵魂附体，其
就可以成为新的萨满。1963 年，72 岁的"莫昆"萨满宁巧（女），她在十
一二岁时患了大病，请萨满跳神，但因没有请下"斯文"②，病情持续了三
四年，她被折磨得骨瘦如柴。在她 15 岁那年，又请了一个萨满，连续跳神
十多天，病情开始转好，萨满认为她得了"斯文"，能成为新萨满。于是，
宁巧开始跟着萨满跳神，跳了三年，"斯文"能够附体了，宁巧成了真正的
萨满，到 1963 年她已当了 54 年萨满。③

　　除上述得了重病久治不愈是当新萨满的征兆外，据说如有下列情况，也
是当萨满的预兆：一是在婴儿出生时，胎胞不破，需要人用刀切开将婴儿取
出，再将整个胎胞剥下来，用它制作一个萨满用的鼓放在野外，小孩才能养
活，否则寿命不长；二是突然患癫痫病，咬牙切齿，乱舞乱跳。出现以上情
况，找到萨满跳神后，许下当萨满的心愿，病人就会好起来。④

　　鄂伦春人的萨满不是世袭的，如果老的萨满死去，他的神就会找另一个

①　内蒙古自治区编辑组、《中国少数民族社会历史调查资料丛刊》修订编辑委员会编《鄂伦
　　春族社会历史调查》（二），民族出版社，2009，第 99~100 页。
②　"斯文"：鄂伦春族萨满神的总称。
③　内蒙古自治区编辑组、《中国少数民族社会历史调查资料丛刊》修订编辑委员会编《鄂伦
　　春族社会历史调查》（一），民族出版社，2009，第 155 页。
④　内蒙古自治区编辑组、《中国少数民族社会历史调查资料丛刊》修订编辑委员会编《鄂伦
　　春族社会历史调查》（二），民族出版社，2009，第 100 页。

人去附体。找到后，这个人如果能说出老萨满的基本情况，就可以当萨满了。①

　　萨满崇信思想体系下的鄂伦春人认为世界分为上、中、下三层，"上界是诸神居住的地方；中界是人及万物居住的地方；下界为阴世，是鬼魂居住的地方。萨满的职能是沟通上、中、下三界。祖先崇拜观念、冥世观念和灵魂观念密不可分"②。鄂伦春人认为，人死了是躯体死了，但人的灵魂没死，依然存在。人死后，灵魂要到冥世（阴间），在那里可以"转世"。所以早期鄂伦春人死后的丧葬仪式是十分隆重而繁复的，它突出反映了该民族强烈的来世和冥世观念。鄂伦春人还极为崇拜动物，认为人与动物之间存在着一种特殊的关系，他们把某些动物奉为自己的祖先神，例如对虎不直呼其名，而称为"乌塔其"，意为"大爷"或"老头"；对熊更是尊重有佳，称其为"雅亚"（祖父）或"太帖"（祖母）。鄂伦春人有猎熊的禁忌，如果是不得已将熊弄死，要举行隆重的葬熊仪式。在狩猎过程中，宿营地"乌力楞"中的"仙人柱"要"一"字形排列，决不允许妇女（尤其是孕妇或经期妇女）到"仙人柱"后面去，因为"仙人柱"后面的树上挂着神偶或画像的神龛（桦树皮制成），妇女们去了会冲撞神灵。鄂伦春人对火也有很多禁忌，不允许向火中泼水、吐痰，不许随便乱捅火，每次吃饭前都要将少许饭食放入火中等，这都是敬拜火神的表现。鄂伦春人在生活习俗中的其他信仰也不同程度地体现着萨满崇信思想。

　　总之，在萨满借助神灵从事近乎无所不能的活动中，以"万物有灵"为思想基础的萨满崇信观念，"不但成为鄂伦春人漫长的父系氏族社会中的信仰，而且成为指导和规范诸多社会实践活动的原则和标准，成为鄂伦春社会生活的一种无所不在的文化氛围"③。在这种"文化氛围"的影响下，鄂伦春族神话、民间传说、民间故事、民间歌谣等民间口头文学有了丰富的素材和发展空间。特别是鄂伦春族萨满教祭礼中所崇祀的诸神灵，都有各自的来历和职能，围绕这些神灵，人们创造了诸多特定的神话传说。这些神话传说"反映了鄂伦春先民的世界观，给我们讲述了天地万物、日月星辰及人类自身的由来，鄂伦春民族的来历；讲述了各种动物同人类之间的超自然的

---

①　内蒙古自治区编辑组、《中国少数民族社会历史调查资料丛刊》修订编辑委员会编《鄂伦春族社会历史调查》（一），民族出版社，2009，第53页。

②　徐昌翰、隋书金、庞玉田：《鄂伦春族文学》，北方文艺出版社，1993，第17页。

③　徐昌翰、隋书金、庞玉田：《鄂伦春族文学》，北方文艺出版社，1993，第17页。

关系；讲述了萨满的神异存在……"①。

第二节　鄂伦春族神话研究综述

对于鄂伦春族神话的文本资料及相关专著等，俄国学者史禄国等人在20世纪上半期研究中国北方民族时有所涉猎。我国对鄂伦春族神话的研究是从20世纪50年代开始的，国家层面开展了对鄂伦春族民间文学的收集、抢救和整理工作，但进展比较缓慢。进入20世纪80年代以后，鄂伦春族神话研究有了较快发展，《鄂伦春族民间故事选》《鄂伦春民间文学》《中华民族故事大系》等相继问世，尤其是进入21世纪以来，《鄂伦春族社会历史调查》（一）、（二）于2009年再次修订出版，近15年间刊发了230余篇学术论文，鄂伦春族神话被学界更多人士所关注。

在社会调查和查阅相关资料考证的基础上，为了便于研究，笔者将国内外学界对鄂伦春族神话研究分为三个阶段：第一阶段是20世纪70年代末以前，视为鄂伦春族神话研究的采集与整理阶段，包括俄国李福清等国外学者对鄂伦春族神话的相关研究；第二阶段是20世纪80年代初至90年代末，视为鄂伦春族神话研究拓展阶段；第三阶段是21世纪初至今，视为鄂伦春族神话研究深化阶段。对每一阶段的研究状况，笔者以时间为序，把与鄂伦春族神话研究密切相关的作品、著作、学术期刊论文等进行梳理，并总结阶段特征。

一　国外研究状况

据笔者调查，有关鄂伦春族神话的研究，最早见于国外学者的研究资料里。其证据来源：一是何群教授曾"找到俄国学者史禄国对鄂伦春族南迁至大小兴安岭地区之前的自然环境的一些描述"②，而鄂伦春族由后贝加尔湖逐渐迁移到黑龙江以南、大小兴安岭开始于17世纪中叶。俄国学者史禄国在《北方通古斯的社会组织》中也明确提到了中国北方民族的萨满教的相关内容，他还将自己1923年发表在英国亚细亚学会华北分会期刊（英译本）的《通古斯人萨满教一般理论调查概论》的结尾部分附录在书中，详

---

① 徐昌翰、隋书金、庞玉田：《鄂伦春族文学》，北方文艺出版社，1993，第19页。
② 何群：《环境与小民族生存》，社会科学文献出版社，2006，第121~122页。

细阐述了万物有灵论、萨满教的主要特征、萨满跳神状态、萨满等内容。[①]
这也进一步证实了何群教授的考证是正确的。二是俄国学者李福清在《国外研究中国各族神话概述——〈中国各民族神话研究外文论著目录〉序》中讲，1912~1917 年俄国学者史禄国调查了外贝加尔湖区、黑龙江一带、内蒙古东北部及蒙古国附近的鄂温克族、满族、戈尔德（那乃或赫哲）族，专门搜集有关萨满教的资料。1919 年他在符拉迪沃斯托克（海参崴）出版了《通古斯族萨满教原理试编》，1935 年他在伦敦又用英文出版了 *Psychomental Complex of the Tungus*，两本著作均以通古斯族萨满教资料为主。后来不少俄国学者专门研究该族神话观、宇宙观，如 G. M. Vasilevich，A. F. Anisimov 等。[②]
当时，鄂温克族住在俄国西伯利亚及中国东北，以前人们把他们称为通古斯人，其中包括一部分鄂伦春人，诚然鄂伦春族神话研究也在其列。三是日本人叶秋隆 1935 年以前曾对我国北方民族萨满教的萨满鼓、鼓槌等萨满跳神仪式所用器物以及萨满跳神时的恍惚状况等进行过细致调查。[③] 鄂伦春族作为中国北方少数民族，萨满教在该民族中也极为盛行，日本人对它的研究自然不能缺少。

进入 20 世纪中叶以后，随着国内对鄂伦春族神话的搜集和整理工作的快速进展，鄂伦春族神话也逐渐受到国内外专家、学者们的关注，鄂伦春族神话研究步入了崭新时期。

二 国内研究状况

梳理国内学界对鄂伦春族神话的相关研究，笔者在中国知网检索统计，截止到 2016 年 3 月，在学术文献范围内，以"鄂伦春族神话"为关键词的检索结果为 0 篇；摘要中出现"鄂伦春族神话"的检索结果为 22 篇，年份分布为：1986 年 1 篇、1987 年 1 篇、1988 年 1 篇、1991 年 2 篇、1995 年 1 篇、2004 年 1 篇、2005 年 1 篇、2006 年 1 篇、2008 年 3 篇、2009 年 1 篇、2012 年 1 篇、2013 年 2 篇、2014 年 2 篇、2015 年 4 篇；以"鄂伦春族神

① 〔俄〕史禄国：《北方通古斯的社会组织》，吴有刚、赵复兴、孟克译，内蒙古人民出版社，1984，第 566~568 页。
② 〔俄〕李福清：《国外研究中国各族神话概述——〈中国各民族神话研究外文论著目录〉序》，《长江大学学报》（社会科学版）2006 年第 1 期。
③ 〔日〕大间知笃三等：《北方民族与萨满教——中国东北民族的萨满教调查》，辻雄二色音编译，中央民族大学出版社，1995，第 1~4 页。

话"为主题的检索结果为 24 篇，年份分布为：1986 年 1 篇、1987 年 1 篇、1988 年 1 篇、1991 年 2 篇、1995 年 1 篇、2004 年 2 篇、2005 年 1 篇、2006 年 1 篇、2007 年 1 篇、2008 年 4 篇、2009 年 1 篇、2012 年 1 篇、2013 年 1 篇、2014 年 2 篇、2015 年 4 篇。其中交叉存在于各检索词中的文献有 22 篇。所以，专门对鄂伦春族神话某一方面进行研究的仅有 24 篇。在这 24 篇中，20 世纪 80 年代至 90 年代末近 20 年间仅占 6 篇，21 世纪的 15 年间占 18 篇，可见其逐渐被学术界所关注。

但在文献检索中，运用"鄂伦春族"和"神话"两个关键词，进行高级检索的结果有 237 篇，年份分布为：1980 年 1 篇、1981 年 2 篇、1986 年 1 篇、1987 年 2 篇、1988 年 6 篇、1989 年 3 篇、1990 年 3 篇、1991 年 3 篇、1992 年 1 篇、1993 年 2 篇、1994 年 1 篇、1995 年 2 篇、1996 年 4 篇、1997 年 4 篇、1998 年 5 篇、1999 年 4 篇、2000 年 4 篇、2001 年 6 篇、2002 年 4 篇、2003 年 4 篇、2004 年 9 篇、2005 年 7 篇、2006 年 6 篇、2007 年 9 篇、2008 年 20 篇、2009 年 15 篇、2010 年 10 篇、2011 年 15 篇、2012 年 20 篇、2013 年 18 篇、2014 年 24 篇、2015 年 22 篇。这个检索结果再次说明：在以往相关鄂伦春族神话研究中，20 世纪 80 年代至 90 年代末 20 年间仅占 44 篇，而其余 193 篇都是 21 世纪的 15 年里完成的。其研究方向主要以文学、民族学、文化学研究为主。

笔者用万方检索，其结果显示出与上述相同的研究趋势。以"鄂伦春族神话"为关键词的检索结果为 0，以"鄂伦春族神话"为学术论文的检索结果为 14 篇，其中期刊论文 10 篇，学位论文 4 篇。年份分布为：2015 年 3 篇、2013 年 1 篇、2011 年 1 篇、2009 年 2 篇、2008 年 4 篇、2007 年 1 篇、2006 年 1 篇、2005 年 1 篇，全部为 21 世纪 15 年以来的成果，20 世纪 80 年代以前检索结果为 0。

以上期刊的研究内容多集中于鄂伦春族人类起源、鄂伦春族族源、鄂伦春族萨满、鄂伦春族图腾崇拜、鄂伦春族的自然观等方面，具体到以"鄂伦春族神话"为标题进行研究的，没有专文、专章研究，只散见于部分文章或著作中。下面，笔者就每一阶段的研究状况和特点分别予以概述。

（一）鄂伦春族神话的采集与整理阶段

首先是 20 世纪 50 年代初至 70 年代末，主要成果之一是系列鄂伦春社会历史调查报告，即鄂伦春族调查材料之一至十三。① 报告中的一些章节向我们传递了鄂伦春族神话的信息。如：《黑龙江省呼玛县十八站鄂伦春民族乡情况》，记述了鄂伦春人的来历、五大姓的传说、萨满教、鄂伦春族崇拜的诸神以及丧葬、祭祀中的禁忌等，讲述了英雄欧新波、阿勒塔聂、无名猎手故事以及萨满故事和一些无名故事等。②

其次是《鄂伦春族简史》。1958 年由中国科学院民族研究所主持，开始编写各少数民族简史和简志，到 1963 年完成初稿，并由民族研究所全部付印。1983 年内蒙古人民出版社出版的《鄂伦春族简史》，除了进行部分修订和充实外，基本上保留了 1963 年初稿内容。③

20 世纪 60 年代中期开始，由于"文革"原因，少数民族研究工作处于停顿状态，鄂伦春族的研究工作也由此中断。"1978 年国家恢复民族工作机构，中央民族事务委员会改为国家民族事务委员会，1979 年，国家民委决定继续组织编写《中国少数民族简史》、《中国少数民族语言简志》、《中国少数民族自治地方概况》三种丛书，并增加编写《中国少数民族》和《中

---

① 缘起是：1949 年新中国成立后，党和国家高度重视民族问题以及民族工作，为摸清少数民族的社会历史状况和抢救即将消失的宝贵的历史文化资料，继 1953 年进行的全国性的民族识别调查之后，1956 年开始进行少数民族语言和少数民族历史状况调查研究工作，1963 年结束，调查时间长达 7 年之久，共编写调查报告（全国人大民族委员会、中国科学院民族研究所铅印本）十三册（即鄂伦春族调查材料之一至十三），共 100 余万字，参加调查和编写调查报告的有秋浦、布林（蒙古族）、赵复兴、敖乐绮（蒙古族）、莫金臣（鄂伦春族）、巴图宝音（达斡尔族）、黎虎等。这些调查报告，在民族起源的传说、宗教信仰、生活习俗、故事等章节中，可搜集到鄂伦春族神话素材。

② 内蒙古少数民族社会历史调查组编《黑龙江省呼玛县十八站鄂伦春民族乡情况》（鄂伦春族调查材料之四），内蒙古少数民族社会历史调查组内部印刷，1959，第 6～9、180～194、207～214 页。在民族起源的传说章节，记述了十八站的孟姑古善讲："老天爷用飞禽的骨和肉做了十男十女，最后因材料不够做女的了，因此用泥土来作为补充，所以女人一点劲儿都没有，不能干活，于是老天爷便给女人一些力量，结果力大无比，连男人都不是对手，后来老天爷又将女人的力量减少了一些。"孟姑古善还讲述了老天爷如何褪掉人身上的毛，如何替人们长头发；还讲述了达古尔汗、魏加各达汗和孟沙牙拉等人的传说。十八站的老人还记述了老天爷如何用石头刻了两个人：一个姓魏，一个姓葛，魏葛联姻，发展成鄂伦春人。老天爷教给鄂伦春人取火等各种生存办法。老天爷做土人，使人类有生有死。十八站的老人还讲述了鄂伦春族孟、吴、关、葛、魏五姓的来历，讲述了鄂伦春族的起源等。在社会历史调查报告的其他系列材料中，记述了一些传说、故事、习俗、宗教信仰、禁忌等，如：万物有灵论对太阳、月亮、北斗星、火神、山神、"恩古包"（雷神、旋风神、风神）、马神、草神等的自然崇拜，对"阿玛哈"（熊）图腾的崇拜，对祖先及其他神的崇拜等，都不同程度地呈现了鄂伦春族神话的素材。

③ 《鄂伦春族简史》编写组编《鄂伦春族简史》（中国少数民族简史丛书），内蒙古人民出版社，1983。此书是在 1963 年付印基础上出版的，讲述了鄂伦春人起源的传说、血缘家族传说、喜勒特很英雄传说以及宗教信仰、图腾崇拜和各种神奇故事等。

国少数民族社会历史调查资料丛刊》两种丛书，定名为《民族问题五种丛书》。"① 在这种情况下，鄂伦春族研究工作得以恢复。

总之，此阶段国内对鄂伦春神话研究起步较晚，但毕竟研究已经开始。尽管见诸世面的有关专门研究鄂伦春族神话的著作没有，可《鄂伦春族情况》（鄂伦春族调查材料之一至十三）、《鄂伦春族简史》等编著，也可以称作是间接性的田野调查和辅助性的文本资料，为鄂伦春族神话研究提供了难得的基础性宝贵素材。

（二）鄂伦春族神话研究拓展阶段

20 世纪 80 年代初至 90 年代末，笔者将其视为鄂伦春族神话研究拓展阶段。这一阶段，党和政府以及各省区市更加重视民族工作，鄂伦春族文学研究迎来了新的发展机遇，不但专门研究鄂伦春族民间文学的作品大量出现，一些研究鄂伦春族神话的故事集、故事选、传说选等具有针对性的作品、理论著作、相关学术期刊论文等也相继出现。

研究成果主要有以下特点。（1）作品集或作品选增多。重要文献有：《鄂伦春族社会历史调查》（第一集、第二集）②、《中国各民族宗教与神话大词典》③、《中华民族故事大系》（第十五卷）④、《鄂伦春民间故事集》⑤、《鄂伦春族民间故事集》⑥、《鄂伦春族民间故事选》⑦、《鄂伦春民间文学》⑧、《中国阿尔泰语系诸民族神话故事》⑨、《大兴安岭民间文学集成》

---

① 内蒙古自治区编辑组、《中国少数民族社会历史调查资料丛刊》修订编辑委员会编《鄂伦春族社会历史调查》（一），民族出版社，2009，国家民委《民族问题五种丛书》修订再版总序第 1 页。这一时期还出现了相关著作和学术论文，但数量寥寥无几。如〔俄〕P. 马克：《黑龙江旅行记》，吉林省哲学社会科学研究所翻译组译，商务印书馆，1977。在该著作中，作者曾一度提到鄂伦春族民间文化，也涉及了宗教信仰等神话内容方面的论述。秋浦：《鄂伦春社会的发展》，上海人民出版社，1978。该著作在第九章专门介绍了鄂伦春族自然崇拜、图腾崇拜、祖先崇拜以及萨满教的相关内容。
② 《民族问题五种丛书》内蒙古自治区编委会编《鄂伦春族社会历史调查》（第一集、第二集），内蒙古人民出版社，1984。该丛书对历次调查的少数民族社会历史资料进行了整理编辑，较以前内容更加翔实。
③ 《中国各民族宗教与神话大词典》编审委员会编《中国各民族宗教与神话大词典》，学苑出版社，1990。
④ 《中华民族故事大系》编委会编《中华民族故事大系》（第十五卷），上海文艺出版社，1995。
⑤ 内蒙古人民出版社编《鄂伦春民间故事集》，内蒙古人民出版社，1981。
⑥ 巴图宝音搜集整理《鄂伦春族民间故事集》，中国民间文艺出版社，1984。
⑦ 隋书金编《鄂伦春民间故事选》，上海文艺出版社，1988。
⑧ 孟淑珍整理《鄂伦春民间文学》，黑龙江省民族研究所印刷，1993。
⑨ 满都呼主编《中国阿尔泰语系诸民族神话故事》，民族出版社，1997。

（上、下）①、《黑河地区民间文学集成》（上、下）②、《塔河民间文学集成》③。其他还有《中国少数民族神话选》《中国少数民族神话传说选》《黑龙江民间文学》等④。（2）理论著作增多。据笔者统计，有90余部。重点文献有：《北方民族原始社会形态研究》⑤《鄂伦春族简史》⑥《中国少数民族文学》⑦《中国少数民族神话论文选》⑧《鄂伦春族研究》⑨《萨满教与神话》⑩《阿尔泰语系民族叙事文学与萨满文化》⑪《鄂伦春族》⑫《鄂伦春族文学》⑬《阿尔泰语系诸民族萨满教研究》⑭《中国少数民族文学比较研究》⑮等。

此外，国外关于神话的研究论著被译介进来，对开拓思路，推动国内神话研究起到了很大作用，也对本书研究鄂伦春族神话提供了理论指导。这些重要文献有：《北方通古斯的社会组织》《原始思维》《传说论》《神话学入门》《比较神话学》《世界民间故事分类学》《图腾崇拜》《西方神话学论文选》《语言与神话》《神话——大众文化诠释》等⑯。

---

① 大兴安岭地区民间文学集成编委会编《大兴安岭民间文学集成》（上、下），内部印刷，1987。
② 黑河地区民间文学集成编委会编《黑河地区民间文学集成》（上、下），内部印刷，1987。
③ 黑龙江省塔河县民间文学三套集成编委会编《塔河民间文学集成》，内部印刷，1987。
④ 谷德明编《中国少数民族神话选》，西北民族学院研究所印刷，1983；陶立璠、李耀宗编《中国少数民族神话传说选》，四川民族出版社，1985；中国民间文艺研究会黑龙江分会《黑龙江民间文学》（第11集），黑龙江省文联铅印室，1984，第17集、第18集印于1986年。
⑤ 吕光天：《北方民族原始社会形态研究》，宁夏人民出版社，1981。
⑥ 《鄂伦春族简史》编写组《鄂伦春族简史》，内蒙古人民出版社，1983。
⑦ 毛星主编《中国少数民族文学》，湖南人民出版社，1983。
⑧ 田兵、陈立浩编《中国少数民族神话论文选》，广西民族出版社，1984。
⑨ 赵复兴：《鄂伦春族研究》，内蒙古人民出版社，1987。
⑩ 富育光：《萨满教与神话》，辽宁大学出版社，1990。
⑪ 仁钦道尔吉、郎樱编《阿尔泰语系民族叙事文学与萨满文化》，内蒙古大学出版社，1990。
⑫ 白兰：《鄂伦春族》，民族出版社，1991。
⑬ 徐昌翰、隋书金、庞玉田：《鄂伦春族文学》，北方文艺出版社，1993。
⑭ 迪木拉提·奥玛尔：《阿尔泰语系诸民族萨满教研究》，新疆人民出版社，1995。
⑮ 马学良、梁庭望、李云忠主编《中国少数民族文学比较研究》，中央民族大学出版社，1997。
⑯ 〔俄〕史禄国：《北方通古斯的社会组织》，吴有刚、赵复兴、孟克译，内蒙古人民出版社，1984；〔法〕列维·布留尔：《原始思维》，丁由译，商务印书馆，1985；〔日〕柳田国南：《传说论》，连湘译，中国民间文艺出版社，1988；〔日〕大林太良：《神话学入门》，林相泰、贾福水译，中国民间文艺出版社，1988；〔德〕麦克斯·缪勒：《比较神话学》，金泽译，上海文艺出版社，1989；〔美〕斯蒂·汤普森：《世界民间故事分类学》，郑海等译，郑凡校，上海文艺出版社，1991；〔苏〕海通：《图腾崇拜》，何星亮译，上海文艺出版社，1993；〔美〕阿兰·邓迪斯编《西方神话学论文选》，朝戈金、尹伊、金泽等译，上海文艺出版社，1994；〔德〕恩斯特·卡希尔：《语言与神话》，丁晓等译，生活·读书·新知三联书店，1998；〔法〕罗兰·巴特：《神话——大众文化诠释》，许蔷蔷、许绮玲译，上海人民出版社，1999。

以上著作的主要特点是：（1）作品集或作品选中收集的故事较多。这为本书文本研究提供了珍贵素材，尤其像《中国各民族宗教与神话大词典》《中华民族故事大系》等，将鄂伦春族神话单独列为一部分，为后来研究者提供了重要参考价值。（2）理论著作增多。无论是对鄂伦春族族源的探究，还是有关萨满教的论述，抑或是图腾崇拜，都从文学、民俗学、社会学、宗教学等角度给予了笔者一定启发，为本书的研究拓展了思路，受益颇多。（3）多数作品集或作品选将神话故事、民间传说、狩猎故事、爱情故事、动物故事、鬼怪故事等放在一起列出，没有明确分出哪些是具体神话故事，研究起来迷惑性较大。（4）针对鄂伦春族神话研究的理论著作较少，研究点较为分散。笔者研究发现，毛星主编的《中国少数民族文学》（1983年）一书中设有一节，分神话、民间传说、民间故事、民歌四个部分，对鄂伦春族民间文学做了系统介绍。徐昌翰、隋书金、庞玉田等著的《鄂伦春族文学》中，有专门一章对鄂伦春族的动物神话、自然神话、起源神话、萨满神话进行了划分和概括，此外未发现其他学者进行过类似的总结归类，大多数研究著作常常是一笔带过，未做重点研究。

这一阶段，学术期刊增多，研究方向和领域都较前一阶段明显扩展和扩大。根据笔者在知网的统计，截至2016年3月，论文中涉及鄂伦春族神话的有100余篇，其中有44余篇论文是以鄂伦春族神话的某一方面为主题展开研究的。重点研究内容和重要参考文献有：（1）鄂伦春族人类起源研究。如《鄂伦春民族人类起源神话浅探》《"恩都力"与"女娲"泥土造人的异同——满通古斯语族民族与汉族抟土造人型人类起源神话比较》等①。（2）鄂伦春族图腾崇拜研究。如《黑龙江沿岸通古斯满语民族鄂温克人与鄂伦春人的某些自然崇拜》《试论鄂伦春等北方狩猎民族神话中的崇熊意识》等②。（3）鄂伦春族宗教信仰研究。如《从鄂伦春族民间文学看其信仰习俗》③。（4）鄂伦春族萨满教研究。如《阿尔泰语系民族叙事文学与萨

---

① 白水夫：《鄂伦春民族人类起源神话浅探》，《民族文学研究》1987年第3期；杨治经：《"恩都力"与"女娲"泥土造人的异同——满通古斯语族民族与汉族抟土造人型人类起源神话比较》，《黑龙江民族丛刊》1998年第4期。

② 姚凤：《黑龙江沿岸通古斯满语民族鄂温克人与鄂伦春人的某些自然崇拜》，《黑龙江民族丛刊》1990年第1期；瑜琼、丰收：《试论鄂伦春等北方狩猎民族神话中的崇熊意识》，《黑龙江民族丛刊》1997年第2期。

③ 刘翠兰、张林刚：《从鄂伦春族民间文学看其信仰习俗》，《内蒙古社会科学》（文史哲版）1991年第4期。

满教文化》《鄂伦春族萨满教神偶与神像》《鄂伦春族萨满教特点刍议》《阿尔泰语系民族萨满教神话探微》等①。（5）其他研究。如《鹿神与鹿神信仰》《北斗七星信仰探微》《满－通古斯语族诸民族鱼、花神话研究》等②。（6）比较方面的研究。如《通古斯满语族诸民族的射日神话比较》、《满－通古斯语族民族有关熊、虎、鹿神话比较研究》、《满－通古斯语族与汉族部落征战神话比较》（上）、《满－通古斯语族与汉族部落征战神话比较》（下）等③。

上述论著的主要特点是：（1）研究视角较广，内容涉及鄂伦春族族源族称、人类起源、图腾崇拜、宗教信仰、萨满教、其他自然神话、动物神话、树木神话，以及阿尔泰语系满－通古斯语族诸民族熊、虎、鹿等动物神话的比较。（2）研究多集中于萨满教。笔者对这一阶段在知网刊发的学术论文进行统计，44 篇中有 15 篇是关于萨满教研究的，本书从此类研究中得到很多启发。（3）研究点比较分散，缺少对鄂伦春族神话进行系统的梳理归纳。

（三）鄂伦春族神话研究深化阶段

21 世纪初至今，笔者将其视为鄂伦春族神话研究的深化阶段。经过 20 世纪后半叶的发展，学界逐渐对鄂伦春族神话研究产生了兴趣并给予了较多关注。21 世纪以来，国家对少数民族和民族地区工作支持力度加大。2005 年，国家民委决定对《民族问题五种丛书》进行修订再版。这次修订的总体原则是"基本保持原貌，统一体例、版本，增加新内容"④。2009 年，

---

① 郎樱：《阿尔泰语系民族叙事文学与萨满教文化》，《民族文学研究》1988 年第 4 期；关小云：《鄂伦春族萨满教神偶与神像》，《黑龙江民族丛刊》1993 年第 1 期；郭淑云：《鄂伦春族萨满教特点刍议》，《内蒙古社会科学》（文史哲版）1996 年第 2 期；色音：《阿尔泰语系民族萨满教神话探微》，《民族文学研究》1999 年第 3 期。

② 孟慧英：《鹿神与鹿神信仰》，《内蒙古社会科学》1998 年第 4 期；祝秀丽：《北斗七星信仰探微》，《辽宁大学学报》（哲学社会科学版）1999 年第 1 期；黄任远、赫维：《满－通古斯语族诸民族鱼、花神话研究》，《黑龙江民族丛刊》1999 年第 2 期。

③ 黄任远：《通古斯满语族诸民族的射日神话比较》，《黑龙江民族丛刊》1995 年第 4 期；黄任远：《满－通古斯语族民族有关熊、虎、鹿神话比较研究》，《黑龙江民族丛刊》1996 年第 3 期；杨治经：《满－通古斯语族与汉族部落征战神话比较》（上），《满语研究》1999 年第 1 期；杨治经：《满－通古斯语族与汉族部落征战神话比较》（下），《满语研究》1999 年第 2 期。

④ 内蒙古自治区编辑组、《中国少数民族社会历史调查资料丛刊》修订编辑委员会编《鄂伦春族社会历史调查》（一）、（二），民族出版社，2009，国家民委《民族问题五种丛书》修订再版总序第 1 页。

《鄂伦春族社会历史调查》（一）、《鄂伦春族社会历史调查》（二）出版发行。新版《鄂伦春族社会历史调查》（一）、（二）中对鄂伦春族神话内容涉及更多，代表性更强。这一时期，由专家、学者出版的鄂伦春族神话故事集、神话选等作品并不多见。姚宝瑄在《中国各民族神话》中，收集了 15 篇鄂伦春族神话故事，并将其分为创世神话、洪水神话、天体神话和英雄神话四个类型，为本书做进一步神话类型的分类研究提供了重要借鉴。① 目前学界多数研究者对鄂伦春族神话进行的不同领域的局部研究基本是以前几次社会历史调查报告内容为基本素材的。

这一阶段国内外理论著作较多，笔者搜集到 60 余部。与本书研究密切相关的重要文献有：（1）萨满教的研究：《萨满论》《中国北方民族萨满教》《中国北方民族萨满出神现象研究》②；（2）人类起源的研究：《中国各民族人类起源神话母题概览》《鄂温克族神话研究》③；（3）图腾崇拜的研究：《中国少数民族图腾崇拜》④；（4）比较方面的研究：《通古斯-满语族神话比较研究》⑤ 等。此外，《神圣叙事的传承与阐释——神话何为》《中国神话的思维结构》《中国民间文艺学》《神话与神话学》《结构主义神话学》等著作相继问世⑥，这些著作从理论层面对神话进行了阐释，对研究解读鄂伦春族神话有很大的指导作用。

与此同时，国外学界的神话研究论著译介到我国较以前明显增多，主要国家有美、俄、英等国。重要文献有：《中国民间故事类型索引》⑦《故事形态学》⑧《金枝》⑨ 等。这些著作，使我们了解了国外学界在民俗学领域，

① 姚宝瑄主编《中国各民族神话》，山西出版传媒集团·书海出版社，2014。

② 富育光：《萨满论》，辽宁人民出版社，2000；孟慧英：《中国北方民族萨满教》，社会科学文献出版社，2000；郭淑云：《中国北方民族萨满出神现象研究》，民族出版社，2007。

③ 王宪昭：《中国各民族人类起源神话母题概览》，民族出版社，2009；汪立珍：《鄂温克族神话研究》，中央民族大学出版社，2006。

④ 何星亮：《中国少数民族图腾崇拜》，五洲传播出版社，2007。

⑤ 黄任远：《通古斯-满语族神话比较研究》，黑龙江人民出版社，2000。

⑥ 吕微：《神圣叙事的传承与阐释——神话何为》，社会科学文献出版社，2001；邓启耀：《中国神话的思维结构》，重庆出版社，2004；段宝林：《中国民间文艺学》，文化艺术出版社，2006；杨利慧：《神话与神话学》，北京师范大学出版社，2009；叶舒宪编选《结构主义神话学》，陕西师范大学出版社，2012。

⑦ 〔美〕丁乃通编《中国民间故事类型索引》，郑健威、李倞、商孟可等译，华中师范大学出版社，2008。

⑧ 〔俄〕弗拉基米尔·雅可夫列维奇·普罗普：《故事形态学》，贾放译，中华书局，2006。

⑨ 〔英〕J. G. 弗雷泽：《金枝》，汪培基、徐育新、张泽石译，商务印书馆，2013。

特别是民间文学神话研究中的一些程式理论、研究方法、范式以及运作过程，有类型、母题等细节研究，也有各种神话学派的理论争鸣等，都给中国神话研究带来了更有价值的参考信息，促进了中国神话学的快速发展，也为本书写作提供了诸多参考和启发。

这一阶段的学术论文情况是：学术论文较多，研究范围较广。笔者从知网统计，截止到 2016 年 3 月，共有 189 篇文章。研究的侧重点已经不仅仅停留在鄂伦春族神话本身的某一个点上，而是由局部研究向整体研究过渡，其中不乏与其他民族进行共同性与差异性、宏观与微观、历时与共时的比较，虽然研究点仍然很分散，但研究的广度和深度在不断拓宽和加深，神话情节、母题、结构、类型等方面的比较研究日益凸显。涉及的内容和重要文献有：（1）鄂伦春族人类起源神话，如《鄂伦春神话——人类的起源》[1]；（2）自然崇拜，如《从神话传说和风俗习惯看鄂伦春人的自然生态观》[2]等；（3）动植物崇拜，如《鄂伦春族图腾文化：人类远古的幻想和寄托》[3]等；（4）萨满神话，如《黑龙江流域萨满神话的研究》[4]等；（5）比较方面的研究，如《阿尔泰语系诸民族树生人神话比较研究》[5]等；（6）综合研究，如《论我国通古斯诸民族神话传说中的动物崇拜》《中国北方满-通古斯语族神话谱系演化研究》《中国萨满教 80 年研究历程》《论中国少数民族神话母题的流传与演变》等[6]。

随着鄂伦春族神话研究的深入发展，很多青年学者的硕博学位论文内容也不同程度地涉及了鄂伦春族神话。另外，国内与国际学术会议、论坛频繁召开，学界一批研究鄂伦春族神话的专家、学者纷纷在会议/论坛上展示自己的研究成果，并同与会人员广泛交流，将鄂伦春族神话介绍给更多的神话爱好者，为鄂伦春族神话研究搭建了更为广阔的发展舞台。

[1] 莫庆云：《鄂伦春神话——人类的起源》，《华文文学》2013 年第 6 期。
[2] 吴雅芝：《从神话传说和风俗习惯看鄂伦春人的自然生态观》，《中央民族大学学报》（哲学社会科学版）2004 年第 4 期。
[3] 王为华：《鄂伦春族图腾文化：人类远古的幻想和寄托》，《黑龙江社会科学》2008 年第 2 期。
[4] 王威：《黑龙江流域萨满神话的研究》，《黑龙江社会科学》2007 年第 5 期。
[5] 那木吉拉：《阿尔泰语系诸民族树生人神话比较研究》，《西北民族研究》2009 年第 3 期。
[6] 汪立珍：《论我国通古斯诸民族神话传说中的动物崇拜》，《满语研究》2001 年第 1 期；郇正、李莉：《中国北方满-通古斯语族神话谱系演化研究》，《西南边疆民族研究》2014 年第 1 期；郭淑云：《中国萨满教 80 年研究历程》，《西南边疆民族研究》2011 年第 2 期；王宪昭：《论中国少数民族神话母题的流传与演变》，《理论学刊》2007 年第 9 期。

综上所述，国内外对鄂伦春族神话的研究情况是：（1）研究起步较晚。尽管俄国、日本等国外学者 19 世纪在我国东北地区曾经对我国通古斯人（当时鄂伦春族一部分被称作通古斯人）萨满神话进行过研究，但相比中国其他少数民族神话研究较晚，即使是与邻近的鄂温克族、达斡尔族、赫哲族相比都较晚，和汉族相比就晚了更多。从严格意义上说，1963 年编印的《鄂伦春族情况》（鄂伦春族调查材料之一至十三），涉及了鄂伦春族神话内容，虽然此材料并没有明确指出哪些部分、哪些材料属于鄂伦春族神话，尽管它只是作为《鄂伦春族情况》的辅助材料，但是它毕竟为以后各个时期各个层面的研究提供了第一手资料，奠定了研究基础。（2）发展缓慢。20世纪 70 年代，鄂伦春族研究工作由于社会环境原因，遭到干扰和破坏，研究一度中断。此后，20 世纪 80 年代，内蒙古人民出版社出版了《鄂伦春民间故事集》、《鄂伦春族社会历史调查》（第一集、第二集）和《鄂伦春族简史》。21 世纪以来，由内蒙古自治区编辑组及《中国少数民族社会历史调查资料丛刊》修订编辑委员会所编的《鄂伦春族社会历史调查》（一）、（二），由民族出版社出版，这些材料基本上保留了 1963 年调查材料的内容。（3）著作、论文从 20 世纪 80 年代起逐渐增多，但基本是对《鄂伦春族社会历史调查》中涉及的神话材料进行的文本研究和内容梳理，缺乏系统研究。（4）比较研究出现并有增多趋势。20 世纪 80 年代以来，特别是进入 21 世纪的近 16 年来，国内外将鄂伦春族神话的研究重点逐步转移到比较研究的方面上来，有满-通古斯诸民族之间的比较，也有鄂伦春族神话和其他不同少数民族神话、汉族神话的比较，甚至有和希腊、朝鲜民族等国际民族神话的比较，比较的视域范围和角度都在不断扩展和增多。一些国际会议的召开，对鄂伦春族神话研究起到了助推作用。

基于此，笔者认为，对鄂伦春族神话进行研究的学术成果还付诸阙如。为进一步推动鄂伦春族神话研究，在认真梳理总结前人学术成就的同时，进行综合性的系统研究，是本书的研究目标。

三　鄂伦春族神话研究的分类

本书的研究对象是鄂伦春族神话，主要目标是类型研究。因为神话类型具有相对独立性和完整性，世界各民族神话都取材于特定民族神话素材，不同民族神话形成发展过程中所处的自然环境、历史文化背景和具体发展路径不一，各具特色，即使是题材相同的神话也会有其特殊性，并最终彰显神话的民族性特质。因此，学界中对神话的分类研究方法不同，标准不一。对鄂伦春族神话研究也是如此，要把神话的主要内容、基本精神和内在结构以及由此形成的重要特征作为主要根据，并在此基础上对其进行必要的推理和阐释。

结合鄂伦春族神话国内外研究综述，以搜集整理到的鄂伦春族神话文本资料和实践考察所得材料为基础依据，借鉴茅盾在《神话研究》中的六分法，即"开天辟地神话""日月风雨及其他自然现象的神话""万物来源的神话""记述神或民族英雄武功的神话""幽冥世界神话""人物变形的神话"六种类型，① 结合姚宝瑄在《中国各民族神话》中把 15 篇鄂伦春族神话故事划分为创世神话、洪水神话、天体神话和英雄神话四个类型，② 以及徐昌翰、隋书金、庞玉田等在《鄂伦春族文学》中，把鄂伦春族神话概括为动物神话、自然神话、起源神话、萨满神话四种类型，③ 本书将鄂伦春族神话分为创世神话、人类起源与族源神话、英雄神话和萨满神话四大类型，并参考每一大类型神话的国内外研究现状，对本书写作范围进行了限定，然后进行必要的人物、情节、结构、母题、主题等方面的分析与比较。

---

① 茅盾：《神话研究》，百花文艺出版社，1981，第 66 页。
② 姚宝瑄主编《中国各民族神话》，山西出版传媒集团·书海出版社，2014，第 19~116 页。
③ 徐昌翰、隋书金、庞玉田：《鄂伦春族文学》，北方文艺出版社，1993，第 26~68 页。

第二章

鄂伦春族创世神话

关于创世神话的解释，学界有众多观点。日本神话学家大林太良总结学界众多研究成果，认为宇宙起源神话分为两类：创造型和进化型。"所谓创造型，就是创造神以某种方式创造了世界。""所谓进化型，就是说没有创造神的介入，是宇宙从某种最原始的物质和胚胎中自然而然地发展起来的。"① 这是从宇宙起源角度诠释的创世神话。茅盾在《神话研究》中指出："世界从哪里来的？万物从哪里来的？第一个人是怎样生出来的？一切动物是怎么来的？火是怎样来的？死是为何？人死后怎样？……凡此关于日、月、云种种自然现象的神话，都是原始人为要解说自然界的神秘和万物的来历而作的；所以我们称之曰：解释的神话。"② 实际上，茅盾在这里讨论的是创世神话的范围问题，他对创世神话的理解更宽泛。钟健在《创世神话》中说："创世神话，则主要包括天地的开辟、日月星辰等天文现象的来源、人类的诞生、各个族群的来源，以及各种文化事项的产生。'创世'意味着某些东西第一次被神性的创造者创造出来。从某种意义上说，'创世'即等同于'起源'。因此，一切讲述事物起源的神话，都可以归入创世神话中。"③ 张碧波、董国饶认为中国北方民族创世神话分为动物神创世神话和人格神创世神话。④ 徐昌翰、隋书金、庞玉田认为，鄂伦春族起源神话大致分为三个方面的内容：一是关于宇宙及某些自然现象起源的神话；二是关于

① 〔日〕大林太良：《神话入门学》，林相泰、贾福水译，中国民间文艺出版社，1988，第49页。
② 茅盾：《神话研究》，百花文艺出版社，1981，第5页。
③ 钟健编著《创世神话》，中国社会出版社，2006，第6页。
④ 张碧波、董国饶主编《中国北方民族文化史》，黑龙江民族出版社，2001，第455页。

人类本身起源的神话；三是关于氏族、部落和民族起源的神话。① 王宪昭教授在《对我国各民族创世神话分类问题的探讨》一文中，把创世神话所涉及的范围概括为五种类型：（1）开天辟地神话；（2）日月星辰及万物起源神话；（3）人类起源神话；（4）种子来源、习俗起源、秩序起源神话；（5）自然现象与其他文化起源。他指出："'创世'的'世'即'世界'，又称为'宇宙'。学术界通常认为，古人以'宇'表示空间，以'宙'表示时间，'宇''宙'连用，则综合表示空间和时间。显然，若对照神话所表现的内容，一般是不会涉及太多的'时间'关系的。因此，虽然'世界'是全部时间与空间的总称，但神话所叙述的'创世'偏指空间，通常指人类所生活居住的地球及与之有关的周围的客观事物。"②

以上学界的研究，对创世神话做了不同程度的限定，限定范围有大有小，陈述有详有略，见解自有精到之处。结合学术界各方观点，本着从鄂伦春族神话研究实际状况出发的原则，本书将鄂伦春族创世神话写作范围仅限定为：以解释宇宙和自然现象起源为主的神话，也就是茅盾关于神话研究的六分法中的前两类，即"开天辟地神话"和"日月风雨及其他自然现象的神话"。③

第一节　宇宙起源神话

天地作为人类生存的大背景，学界众多学者都把天地开辟作为创世神话的主体，并将其列为首要内容予以论述。本书对鄂伦春族创世神话的研究也从宇宙起源、天地形成谈起。

一　关于宇宙三界

在鄂伦春族的文本神话和活态神话中，没有查阅到关于宇宙三界形成的具体神话故事，但"宇宙三界"观念广泛根植于鄂伦春人心中却是不争的事实。《鄂伦春族社会历史调查》中做过相关调查，"对天的崇拜：'居拉西其'，是天老爷，但它不是'博如坎'。他们说天上有天堂，归天老爷管。每家每年农历三十晚上或初一要朝南方供它。烧九炷香，叩头，表示敬

---

① 徐昌翰、隋书金、庞玉田：《鄂伦春族文学》，北方文艺出版社，1993，第44页。
② 王宪昭：《对我国各民族创世神话分类问题的探讨》，《社会科学家》2010年第5期。
③ 茅盾：《神话研究》，百花文艺出版社，1981，第5、66页。

天"。关于阴间的说法，鄂伦春人认为，人的灵魂和人的肉体分离后，可以独立存在而不灭，人死了以后是到"阎门槛"（阎王爷）那里去了。"阎王爷那里有生死簿子，每个人活着时做的一切好事坏事，在那里都有记录。"一个人如果活的时候做的好事多，死后能够很快托生，而且会升官发财，而一般的人需要经过很长一段时间才能托生成普通人；生前做坏事的人，死后多托生为牛、马或狗等动物；如果一个人生前做了好多坏事，死后会直接进入地狱。"阴间有各种刑罚，对有不同罪过的人，施以不同的刑罚"，如对生前虐待父母、欠人债务、夫妻不和，以及不爱惜粮食、倒脏水多、向河里小便等生活中的很多事情都有不同程度的惩罚。同时，阴间还有规定，人死了，"在阴间当五年鬼，只要好好干，就会托生到阳间来"①。

另外，在《鄂伦春族萨满教调查》中，详细地介绍了鄂伦春族萨满祭祀时摆放神偶的位置和程序，从中可以找到一些线索："在神架最上面是日、月、星"，正中央位置放着太阳神偶，接着是月亮神偶和星星神偶，然后是鹰神、龙神、雷神等神偶。"在太阳、月亮神下面排放神图，神图是画在布上或者画在纸上的"，如有獐子神"昂难咔坦布堪"或草神"初哈布堪"神像等。"在神位下边，神偶直接摆放在地上，依次放'乌六浅布堪'神偶、黑夜保护神偶、'库里斤布堪'神偶、'卡稳布堪神偶'等等。在动物当中，被认为是上界辅助神的常常是熊、狼、虎、猞猁、驼鹿、马鹿、鹿，在鸟类中有鹰、雕、鹅、天鹅、潜鸟、鸭、布谷鸟、啄木鸟等。归为下界萨满助手的是猛犸、蛇、青蛙、蜥蜴、鱼等。"② 这些神灵的分布状态，明显地分为三个层次，神架最上面供奉的日、月、星、鹰神、龙神、雷神等代表天上的事物，中间獐子神、草神等神像代表地上的事物，而最下面供奉的黑夜保护神等神偶则代表地下的事物，它们就是象征着萨满教的世界三界——天、地、人间，即上界、人类居住的中界、下界。换言之，即天堂、人间和地狱三界。

鄂伦春族先人的宇宙三界观念，展示了他们二元对立的空间模式，在这种模式下，人类处于三界之中界位置，是神灵往来天堂、人间和地狱的交汇点，是交通咽喉，这恰恰突出了人类在宇宙中的中心地位。由此这个位置便

---

① 内蒙古自治区编辑组、《中国少数民族社会历史调查资料丛刊》修订编辑委员会编《鄂伦春族社会历史调查》（一），民族出版社，2009，第49~51页。

② 关小云、王宏刚：《鄂伦春族萨满教调查》，辽宁人民出版社，1998，第61~65页。

显得更加突出和无比神圣，也即显示了鄂伦春族先人通过宣扬自己处于世界中心而突出他们对神圣空间的关注，以及在这种神圣空间下的民族自豪感，从而也自然凸显了鄂伦春族对天、地、人间等宇宙三界认识的独特性。在我们今天看来，这种时空观念当然是不科学的，然而仅就这种宇宙结构观念的系统性和精密性，以及当时鄂伦春族的社会发展阶段而言，蕴含在其中的智慧和创造性，足以让我们惊叹不已。

二　天地之"混沌"状态

关于天地的产生，不同民族有不同的解释，但在大多数民族神话中，天地是同时产生的。鄂伦春族神话讲述，在万物和人类产生之前，天地就已经存在了，这种存在是一种"混沌"的状态，后来发生了变化，改变了原初的状态和情形，最终形成了今天的样子。

流传于黑龙江省黑河地区的神话《太阳为什么耀眼》和《额尔德穆》，解释了天地形成前的状况。其中，《太阳为什么耀眼》讲：

> 大地原是混沌沌的一团，万物处在黑暗之中。后来，玉皇大帝封了一个太阳神和一个月亮神到人间送光明。太阳神是个姑娘，月亮神是个小伙子。分工时，谁也不愿在白天。太阳神说："我没穿衣裤在白天害羞。"月亮神说："我有衣裤在白天怕热。"两人相持不下，最后就用抓阄来定。太阳抓到了白天这一阄，月亮抓到了黑夜这一阄。太阳是一个很漂亮的姑娘，第一次到白天，凡人都昂头久望。太阳害羞极了，晚上回去要和月亮交换。月亮不答应，就给太阳递一把金针握在手里，金针放出无比耀眼的光芒，之后就再也没有谁敢看太阳了。[①]

《额尔德穆》讲：

> 很早以前，世上什么也没有，只有奇形怪状的石头和漫无边际的大水。所有的山川树木、江河湖泊、花草蜂蝶、走兽飞禽，都生长在天空白云之上、天堂之下。不知过了多少年，天神驾鹿巡游，发现地面如此

---

① 黑河地区民间文学集成编委会编《黑河地区民间文学集成》（上），内部印刷，1987，第10~11页。

荒凉，才派巨灵额尔德穆莫日根下凡。额尔德穆是个神箭手，他来到地面，举起神箭，把白云之上的山一箭射了下来，造了山岭，又把树木移下来，然后沿水种草，治江河，植草木，地上一片生机盎然，与天上一样美丽、壮观。看到地上如此美丽，额尔德穆不想回天堂了。天皇因而大怒，将他开除出宫，永世不得升入天堂。额尔德穆向天堂索要会跑的、会飞的、会游的、会爬的、会入土的生灵。天皇觉得有理，命令将天堂的飞禽走兽各半划分给额尔德穆。飞禽走兽形的星群像流星一样滑落大地：虎星群、豹星群、猪星群、鹿星群、走兽星群、飞禽星群、小生灵星群……山神之女也被他感化，和他结为夫妻，生儿育女，从此大地才有了人类。他强迫六犴星落地，生育了无数后代。他又射下大猩猩等动物，雌雄各半，从此地上有了动物。①

上面，第一则神话中，大地是"混沌"的，一切都处在黑暗之中；第二则神话，世上除了奇形怪状的石头和漫无边际的大水，什么也没有，山川树木、江河湖泊、花草蜂蝶、走兽飞禽等一切都生长在天堂之下、白云之上，实则还是一种"混沌"状貌。所以，这里说明了一个共同的问题，就是两则神话都借助想象解释了天地形成以前世界的样子，也即天地在形成今天状态之前的形态，是"混沌"的状态，这里的"混沌"呈现出气态、液态、固态、混合态等多种状况。至于为什么会呈现这样的一种局面，神话里并没有提及。这种对自然现象的神奇解释，表明当时鄂伦春族先人的原始思维能力已经很强，想象力极其丰富。他们认为天地、人类等万事万物都是神创造的，所以，他们在神话中把神和人结合起来，表达出他们对自然界的体验和认识。2015 年，笔者在黑龙江省逊克县新鄂乡调研时，当地有些老人还能勉强讲述这些神话故事的部分片段。可见，鄂伦春族先人对天地原初"混沌"状态的认识是有深厚的文化底蕴和广泛的群众基础的。

三 神创造大地

面对天地"混沌"的态势，鄂伦春族神话有独特的解释。玉皇大帝、

① 黑河地区民间文学集成编委会编《黑河地区民间文学集成》（上），内部印刷，1987，第 15~19 页；《中国各民族宗教与神话大词典》编审委员会编《中国各民族宗教与神话大词典》，学苑出版社，1990，第 130 页；赵复兴：《鄂伦春族文学简论》，《内蒙古社会科学》1995 年第 3 期；姚宝瑄主编《中国各民族神话》，山西出版传媒集团·书海出版社，2014，第 20 页。

天神主动站了出来，开始了万事万物的创造，结束了这种"混沌"状态，使世界呈现新的状态，形成现在这样多姿多彩的大千世界。

《太阳为什么耀眼》中讲，玉皇大帝派遣一个太阳神和一个月亮神前往人间，给大地带来了光明。[①]《额尔德穆》中讲，天神派巨灵额尔德穆莫日根下凡，造山移树，治水种草，使地上变得如天庭一样。后来，因为额尔德穆看到人间美丽，不想回天堂去了，触怒了天神，天神将他开除出天宫。但天神还是怜悯他，把天上一半的野兽拨给地面，山神之女也被他感化，和他结为夫妻，生儿育女，从此大地才有了人类。[②] 两则神话中，一个是玉皇大帝派遣太阳神和月亮神给人间送来光明，使人间有了日夜之分；另一个是天神派遣巨灵额尔德穆创造了地上的山、树木花草，为大地带来了人类和野兽，他们为大地带来了生机。

经过太阳神、月亮神、额尔德穆等神灵的改造，大地已不再是原来天地一体的"混沌"状态，而被改造成了有山有水，有江河湖泊，有森林草原，有飞禽走兽，还有了人类。我们看到，地上所有的一切都来源于神的创造。这里的神：玉皇大帝、天神、太阳神、月亮神、巨灵额尔德穆等，其外形、长相如何？神话故事文本里并没有具体介绍，同时也没有提及这些神具体有哪些惊天地、泣鬼神的本事，但从这些神所创造的生机勃勃的大地结果中，我们能够感受到神所具有的无所不能的超自然的智慧和力量。

神创造大地是创世神话中较为常见的母题类型。王宪昭教授在《民族神话母题的基本分类》[③] 中，将起源母题分为"世界起源""人类起源""自然现象与动物起源"三类，并在每种类型之下再细分出一、二、三类类目。其中，与神创造大地的神话母题相关的母题主要有三：一是世界起源——母题类型（外力创造）——一级类目（天神创造；人神创造）——二级类目（制造；制造）——三级类目（造地；造地球上自然物与生命）；二是自然现象与物的起源——母题类型（天界物体起源）——一级类目（造自然现象等）——二级类目（其他）；三是自然现象与物的起源——母题

---

① 黑河地区民间文学集成编委会编《黑河地区民间文学集成》（上），内部印刷，1987，第10页。

② 黑河地区民间文学集成编委会编《黑河地区民间文学集成》（上），内部印刷，1987，第15~19页；《中国各民族宗教与神话大词典》编审委员会编《中国各民族宗教与神话大词典》，学苑出版社，1990，第130页；赵复兴：《鄂伦春族文学简论》，《内蒙古社会科学》1995年第3期；姚宝瑄主编《中国各民族神话》，山西出版传媒集团·书海出版社，2014，第20页。

③ 王宪昭：《中国民族神话母题研究》，民族出版社，2006，序二第8页、正文第73~76页。

类型（地球万物起源）——一级类目（生存环境起源）——二级类目（山川起源；湖海河流起源）。同时，他还对与宇宙运行秩序相关的母题进行了说明，即自然秩序——母题类型（空间秩序）——一级类目（宇宙运行的秩序）——二级类目（日、月秩序）。这些类型为本文研究提供了基本思路。

需要指出的是，这里讲的神创造大地是从宏观上而言的，神为"混沌"的大地带来了一切生机和活力，反映了鄂伦春族先人对世界万物的认识和极为可贵的原始思维方式，虽然结论有些荒诞，但就当时鄂伦春族先人对世界的认识能力而言，却是难能可贵的。

第二节　自然现象起源神话

鄂伦春族反映自然现象起源的神话素材很丰富。日月星辰、山川河流、风雨雷电、霓虹霞雾、沟谷平坝等，对这些自然现象，鄂伦春族先民都感到无比的神奇，并对它们充满无限崇拜。他们从自己的生产生活、居住环境和审美追求标准出发，对这些自然现象的出现给出了各种神圣性的解释，创造了丰富多彩的神话故事，抒写着自己的民族传奇。本节从日月星辰、山川河流和风雨雷电等起源神话进行重点论述。

一　日月星辰的产生

人类所说的自然只是人所能够认识到的自然，一旦这些自然超出了人的认识限度，就成了不可理解的谜。在信仰萨满教的北方民族中，都有崇拜日月星辰的古俗。日月星辰的出现，以及由此带来的日食月食等扑朔迷离的景象，都让鄂伦春族初民产生了无限的敬畏，他们以自己的思维方式诠释日月星辰的来历。

（一）日月起源神话及寓意

太阳从哪里来？神话《太阳为什么耀眼》[①]已经给出了几个基本信息：一是月亮和太阳产生以前，大地是"混沌沌的一团"，这在本章第一节已经做了分析；二是他们是性别不同的两个人：太阳神是个姑娘，月亮神是个小伙子；三是在他们谁都不愿意分工到白天的时候，没有更好的办法，只有采

① 黑河地区民间文学集成编委会编《黑河地区民间文学集成》（上），内部印刷，1987，第10~11页。

用最古老的方式——抓阄，其实还是命由天定思维观念的反映；四是"桦树粉"（这个神话故事有一个变体：太阳害羞，怕人看见，便在自己的脸上涂抹了很多明晃晃的桦树粉，晃得人睁不开眼睛①），这又进一步强调了以狩猎为主要生存方式的鄂伦春人的鲜明特征。另外一则神话《小伙子和太阳姑娘》②，太阳姑娘仍然是女性。这种把太阳视为女性，把月亮视为男性的观念，在满-通古斯语民族中的其他一些民族，如鄂温克族、赫哲族神话故事中关于太阳、月亮的性别观念是一致的。而这种性别观念很可能来源于鄂伦春族先民们对太阳给万物带来光明、滋养生命的功能性认识，太阳是生命力的象征，是生殖能力的象征，在太阳的光辉下，万物复苏，生命繁衍，生生不息。

来自《中国阿尔泰语系诸民族神话故事》中的鄂伦春族神话《达公射太阳》，讲述了天空由十二个太阳到一个太阳的经过：

据说原来天上有十二个日头。有一达公，具有超人的体力，他一顿饭就可以吃下一只虎、三头熊和十二只狍子，还能喝干一条河流的水。他用大兴安岭特有的依其松做了个大弓，拔下十二棵白桦树做了大箭，准备就绪，他用弓箭射下了十一个太阳，太阳掉在地上砸出深坑，水从坑里冒出来形成了河和湖。此时，达公的体力大大下降，在他用第十二支箭射第十二个太阳的时候，箭扎在太阳上，箭头没有透过去，于是，箭杆烧成了白灰飘落下来，变成了白雾，世间从此有了雾，有了一个适合人类居住的太阳，有了人类生活需要的弓和箭，整个世界也才渐渐成了今天这个样子。③

这则神话很多细节极其鄂伦春族特色：大兴安岭的依其松、用来造箭的十二棵白桦树，这些都是鄂伦春族人民特有的狩猎文化中很重要的一部分。而达公就是这里的英雄，更像这里的天神，他有超人的体力，能拔下大树，一顿饭能吃下一只虎、三头熊、十二只狍子，还能喝干一河的水。达公的一

---

① 笔者 2015 年 12 月在黑龙江省黑河市爱辉区新生乡调查资料。
② 隋书金编《鄂伦春族民间故事选》，上海文艺出版社，1988，第 22~25 页。
③ 满都呼主编《中国阿尔泰语系诸民族神话故事》，民族出版社，1997，第 326 页；黑河地区民间文学集成编委会编《黑河地区民间文学集成》（上），内部印刷，1987，第 12~14 页。此材料是笔者结合 2015 年田野调查综合整理而成。

系列行为，射落了十一个太阳，使天空只有一个太阳，更适合人类生存。他射落的太阳在地上砸出了深坑，有了河、湖。他同时为人类制作了生产工具——弓和箭。这些都为人类的生存提供了宝贵的资源，使人类社会不断向前发展。

对于现在一个太阳的来历，在黑龙江省黑河地区新生乡流传着《二郎担山赶太阳》的神话，给出了不同的答案，故事大致内容是：

> 秦始皇修万里长城时，天空有十二个太阳，一天十二个时辰，每个时辰出现一个太阳，很多修长城的人因天气炎热和劳累而死。这事被天老爷知道了，便派遣他的外甥杨二郎担山赶太阳。杨二郎担起十二座大山追赶太阳，追上一个就用大山压住一个，一连气压了十一个，就剩最后一个没有追上，这个太阳躲在了蚂蚱菜底下藏了起来。杨二郎没有找到第十二个太阳，只好回天庭复命去了。天老爷并没有责怪他，因为天老爷认为剩下一个太阳正好留给人间照亮六个时辰，剩下六个时辰人们可以睡觉休息。①

在这则神话中，用大山压住十一个太阳的杨二郎不同于达公，他是天神，所以他较达公更容易做这件事。由于杨二郎的劳作，十一个太阳被压在大山底下。从此，人们免受十二个日头的照晒，人类有了能够长久生存的环境。所以，他和达公一样都是创世英雄，在他们身上，我们看到鄂伦春族先民崇高的精神内涵和审美追求。

有一则日食神话讲到，"很久前的一天，人们像往常一样，男人们出去狩猎，女人们去山上采集，几个孩童在小溪里游泳。正在孩子们玩得高兴之时，天空的太阳突然不见了，只留下了黑洞洞的天空和几颗星星。见此情景，男人和女人都慌作一团，不知该去往何处。女人们想到了自己的孩子，就一边喊叫一边敲着桦皮篓。孩子们面对突如其来的黑暗惊慌失措：有的坐在沙滩上哭喊，有的没来得及上岸仍旧在水里喊叫……，他们都迷失了方向，不知如何是好。过了很久，天空有了一丝光亮，一点一点地，太阳也逐

---

① 笔者 2016 年在黑龙江省黑河地区新生乡调查资料。

渐露出了头，人们开始欢呼起来"①。这里，人们对太阳的突然消失而感到神秘，因此充满无限恐惧和敬畏。

在隋书金编写的《鄂伦春族民间故事选》和《中华民族故事大系》中，有神话故事《小伙子与太阳姑娘》（《中国各民族宗教与神话大词典》中也有记载，词条为：太阳姑娘），该神话故事在大、小兴安岭一带鄂伦春、鄂温克、达斡尔等少数民族中广为流传，故事讲：

> 很早前，大兴安岭白嘎拉山下有一个美丽湖泊，湖边有一"撮罗子"，里面住着一个鄂伦春小伙子。一天，小伙子出猎时，偶然见到从天上飘下来一片云彩，落入湖泊后变成七个美丽的仙女，这七个仙女中，最小的一个叫太阳姑娘。小伙子与太阳姑娘偶遇后，两人互相倾慕。太阳姑娘返回天界前，在一绽开裂缝的大石头上小解，小伙子也效仿姑娘小解。七七四十九天后，这块巨石居然育出一婴儿，他是太阳姑娘和小伙子的孩子。
>
> 天神恩都力②知道了，将太阳姑娘罚落人间和凡人一样过苦日子。在人间，太阳姑娘与小伙子成婚，他们给孩子起名叫莫日根布库。不久，太阳姑娘被母亲召回，且不让她再回人间。太阳姑娘想出神鸟传音的办法，传讯给小伙子和他们的儿子莫日根布库，父子俩按照白胡子老头的指引，攀登鹿角上了天，摆脱了太阳姑娘母亲的种种刁难之后，小伙子带着儿子与太阳姑娘一家三口返回人间，重得团聚。③

该故事反映了猎人莫日根与太阳姑娘的性爱关系，也即人神之间的性爱关系。从这种关系中，我们可以看到太阳姑娘不像我们上面讲到的一些太阳神话中所描述的太阳那样神圣威严，无法接近。故事中的太阳姑娘实质上是鄂伦春姑娘追求纯真爱情的化身。该故事反映了人与周围自然的联系，与世

---

① 笔者 2015 年在黑龙江省逊克县新鄂乡的调研材料。过去，人们认为是天狗在吃太阳，大都是用敲击盆来解救，鄂伦春先人敲打桦皮篓也是此意。

② 恩都力，即天神，有的书籍译为"恩都利"、"恩都里"或"恩都日"，都是"天神"之意，本书统一译为"恩都力"，后续写作不另做说明。

③ 隋书金编《鄂伦春族民间故事选》，上海文艺出版社，1988，第 22~25 页；《中国各民族宗教与神话大词典》编审委员会编《中国各民族宗教与神话大词典》，学苑出版社，1990，第 130 页；《中华民族故事大系》编委会编《中华民族故事大系》，上海文艺出版社，1995，第 718~721 页。

界和谐相处的生存状态。当然，这与鄂伦春族崇信萨满教及萨满教所倡导的"万物有灵"的思想有很大关系。同时，鄂伦春族出现太阳姑娘这样的神话故事也有可能是受周边汉族"牛郎织女"等类型神话故事影响的结果。

鄂伦春人崇拜月亮神"别亚"。在鄂伦春人所供奉的各种神像上，很多都画着月亮。鄂伦春人每年正月十五和二十五都要朝拜月亮，八月十五还要供奉月亮。鄂伦春人狩猎数日，若打不到猎物，就要在"仙人柱"外面放一干净的盆子，猎人在盆旁向月亮叩拜，祈求月亮帮助他们打到野兽，第二天观察盆子，盆内有哪些兽毛，就会打到哪些野兽。如遇月食，同样认为是天狗在吃月亮，人们也要敲盆、叩头搭救，"吓退"天狗。①

在《中国阿尔泰语系诸民族神话故事》中，有一则鄂伦春族神话《月亮神的传说》：

> 相传，月亮是个慈善女神，她的一只手端着大锅，另一只手拿着饭勺，双目炯炯，注视着大地，什么地方出现饥饿，她就向什么地方施以食物。猎人几天几夜打不到猎物时，就在月亮下面举行"加龙那"仪式，将干净的桦皮盆子放于月光下，并跪地磕头祷告。第二日早晨，盘内有什么兽毛，就意味着出猎时会打到什么猎物。②

这则神话故事说明，在鄂伦春人的心中，月亮作为神灵对鄂伦春族生活具有重要作用，人们把能否打到猎物，打到多少猎物，都寄托于月亮这个慈善的女神身上。

在北方民族萨满教太阳神话中，往往都有月亮相伴，她是与太阳一起创生的自然女神。如《太阳为什么耀眼》中讲，玉皇大帝派遣了一个月亮神与一个太阳神同时来到人间，创造了光明。③ 神话《白天为啥比黑夜亮》讲述了太阳和月亮的神奇故事，也阐释了白天和黑天产生的经过：

---

① 笔者 2016 年在鄂伦春自治旗托扎敏努图克调查资料。参见内蒙古自治区编辑组、《中国少数民族社会历史调查资料丛刊》修订编辑委员会编《鄂伦春族社会历史调查》（一），民族出版社，2009，第 49~51 页。
② 满都呼主编《中国阿尔泰语系诸民族神话故事》，民族出版社，1997，第 320 页。
③ 黑河地区民间文学集成编委会编《黑河地区民间文学集成》（上），内部印刷，1987，第 10~11 页。

传说得勒钦（太阳）和别阿（月亮）是一男一女，日为男，月为女，有人说他们是一对夫妻，还有人说他们是一个额妮（妈妈）生养的亲兄妹。据说天神恩都力不允许他们总在一起，就用手在天上划了一条道，让他们沿着这条道一前一后分开走。得勒钦路过地上的时候就是白天，别阿路过地上的时候就是黑天，他俩在一块儿的时候，天就黑了。①

通过这个神话故事，我们可以得到三条信息。一是这里的日神和月神不像许多其他民族神话故事叙述的日神月神驾车在天上不停地运行。天神恩都力"用手在天上划了一条道，让他们沿着这条道一前一后分开走"，其实，这只是非常朴素的彼此追逐，凸显了狩猎民族原始文化特色。二是从材料可知，"有人说他们是一个额妮（妈妈）生养的亲兄妹"，这条信息很重要，"一个额妮（妈妈）生养"，并没有提及得勒钦和别阿的父亲是谁，他在哪里。从这里我们猜测，鄂伦春族先民是否存在着血缘婚？故事是否发生在母系氏族时期？如果是这样，从历史发展进程来看，这种婚姻制度与原始社会的氏族婚姻制度相比无疑是巨大的进步。并且，日月被人格化，无论他们是一对夫妻还是一个妈妈生下的亲兄妹，都反映了早期人类对日月的理解，反映了自然现象与人间生活的联系。三是日神和月神组成的这种关系是比较稳定的，"得勒钦路过地上的时候就是白天，别阿路过地上的时候就是黑天，他俩在一块儿的时候，天就黑了"，也许有了这种自然秩序的确立，才形成了今天宇宙的运行秩序。这些充分体现出鄂伦春族先民对世界万物的认识和独有的思维方式。

（二）星辰起源神话及寓意

在鄂伦春人星辰神话中，北斗星的神话较为普遍，黑龙江呼玛、逊克一带流传最广，《北斗星的来历》神话故事讲：

古时有一对夫妇，媳妇在家采野菜、做饭、熟皮子、缝衣服、放马……，无所不做；可丈夫性情暴躁，除了打猎，什么也不做。日久天长，媳妇不堪忍受折磨，骑上马带上猎犬逃走了。路过奥伦（仓库），

① 黑河地区民间文学集成编委会编《黑河地区民间文学集成》（上），内部印刷，1987，第11~12页。

准备上去拿些东西，可恰巧丈夫追了上来。媳妇想从奥伦跳下去一死了
之。谁想往下一跳，非但没有摔死，反倒同马、猎犬、奥伦一起飘起升
上了天。丈夫急了，用弓箭射她，结果射中了奥伦的柱子。其实是媳妇
和善、勤快、能干之事感动了恩都力，是恩都力救了她，并封她为奥伦
博如坎神，掌管和保护人间的仓库。据说，奥伦的四根柱子就是北斗星
的四个角，其中一条歪的是被她丈夫射的，另外三颗星是奥伦的梯子，
这便是北斗星的来历。所以鄂伦春人把北斗星又叫"奥伦"，称呼住在
北斗星里的媳妇为奥伦博如坎，并把她奉为保护仓库的女神。后来鄂伦
春族留下了一个规矩，家家户户，世世代代，每年除夕、正月初一或八
月十五的晚上，都要祭拜北斗星。①

　　故事中，媳妇长期遭受丈夫欺凌，在不堪忍受丈夫折磨的情况下，选择
逃走。可她的丈夫不肯放过她，媳妇无奈之下准备跳下自家的奥伦，一死了
之。但天神恩都力解救了她，她不但逃脱了丈夫的魔掌，而且还和奥伦一起
升上了天，变成北斗星，恩都力封她为奥伦博如坎神，掌管和保护人间的仓
库。"奥伦"作为仓房，鄂伦春人把北斗七星称为"奥伦"神，认为她们是
七个姐妹，是主管仓库的女神。奥伦、仓房、北斗七星，在鄂伦春人的思想
中具有同一性：北斗星像巨大的勺子悬挂在天空中，"它是一种丰收的象
征，是充裕和丰实的象征，这对于一个以狩猎为生的民族来说自然非常重
要"②。"媳妇在家采野菜、做饭、熟皮子、缝衣服、放马……，无所不做"，
"丈夫动辄对媳妇拳打脚踢"。后来，媳妇被恩都力所救，成为女性神"奥
伦博如坎"，担负着贮存和管理猎物等职司，女性的地位有变化，但本质上
变化不大，这和妇女在原始社会的社会分工情况是不谋而合的。正如马克思
所说："女神的地位，乃是关于妇女以前更自由和更有势力的地位的回
忆。"③ 在有星光的夜晚，总能看到北斗星守候在天宇之中，年年如此，岁
岁依旧，所以人们常在岁末祈祷，祈求长命百岁，求得女神护佑。

───────────

① 隋书金编《鄂伦春族民间故事选》，上海文艺出版社，1988，第18～19页；姚宝瑄主编
　《中国各民族神话》，山西出版传媒集团·书海出版社，2014，第31页。鄂伦春人把仓库叫
　"奥伦"，这种仓库一般在密林中搭建，架在四根高高的柱子上，防止野兽践踏里面储存的
　粮食等。
② 徐昌翰、隋书金、庞玉田：《鄂伦春族文学》，北方文艺出版社，1993，第39页。
③ 〔德〕马克思：《摩尔根〈古代社会〉一书摘要》，中国科学院历史研究所翻译组译，人民
　出版社，1965，第39页。

在《额尔德穆》神话中，巨灵额尔德穆奉天皇之命下界创造了如天堂一样美丽的大地，由于他迟迟不归而被天皇开除出天堂。但他向天堂索要了一些会跑、会飞、会游、会爬、会入土的生灵。天皇认为额尔德穆索要之物合理，便下令将天堂的飞禽走兽各半分给他。于是，天堂的飞禽走兽形的星群像流星一样滑落大地：虎星群、豹星群、猪星群、鹿星群、走兽星群、飞禽星群、小生灵星群……后来，他还强迫六犴星降临大地，生育了无数后代。① 这个故事提供给我们一条重要信息，天皇派遣下界的飞禽走兽，都跟星星一样闪亮：虎星群、豹星群、猪星群、鹿星群、走兽星群、飞禽星群、小生灵星群等。确切地说，这些飞禽走兽都是天上的各星神，它们来到人间，不管是否从此褪去了天神的光环，人间生活情境都与天界联系起来。这种联系是建立在巨灵额尔德穆被天皇派遣下界建造大地，以及向天皇索要天堂的飞禽走兽基础之上的。这是早期鄂伦春人对天体自然现象与人间生活关系的丰富联想，反映了创世主体的复杂性和多元性。

二 山川河流的产生

鄂伦春人的信仰是建立在复杂的信仰观念——万物有灵的基础之上的，他们崇拜的对象包括自然、图腾以及以祖先魂灵为主体的多种神灵。所以，他们认为山川河流等一切自然现象都有神灵。他们以自己的思维方式对这些自然物加以人格化、神秘化、神灵化。

（一）山水的形成

在鄂伦春族神话中，山水的形成是伴随天神创造大地的过程出现的。如《额尔德穆》的故事，天神看到世上什么也没有，便派巨灵额尔德穆莫日根下凡，造了山川，治理了河水。②

又如《达公射太阳》，达公有超人的体力，他用大兴安岭特有的依其松

---

① 黑河地区民间文学集成编委会编《黑河地区民间文学集成》（上），内部印刷，1987，第 15~19 页；《中国各民族宗教与神话大词典》编审委员会编《中国各民族宗教与神话大词典》，学苑出版社，1990，第 130 页；赵复兴：《鄂伦春族文学简论》，《内蒙古社会科学》1995 年第 3 期；姚宝瑄主编《中国各民族神话》，山西出版传媒集团·书海出版社，2014，第 20 页。

② 黑河地区民间文学集成编委会编《黑河地区民间文学集成》（上），内部印刷，1987，第 15~19 页；《中国各民族宗教与神话大词典》编审委员会编《中国各民族宗教与神话大词典》，学苑出版社，1990，第 130 页；赵复兴：《鄂伦春族文学简论》，《内蒙古社会科学》1995 年第 3 期；姚宝瑄主编《中国各民族神话》，山西出版传媒集团·书海出版社，2014，第 20 页。

做了大弓，拔下白桦树做了大箭，一口气射下了十一个太阳，太阳掉在地上砸出深坑，水从坑里冒出来，形成了河和湖。①

流传于内蒙古自治区鄂伦春自治旗的神话故事《山水是怎样形成的》，讲述了山的形成：

> 很早时候，喀尔末大草原上没有山，没有树，大一点的鸟兽也少有。这里有一群流落人，日子过得极其艰难。老人们说，在很远的地方，有一只巨鹿，它头上的角能通到天上。一个鄂伦春小伙子听说了，决定找到这只巨鹿，借助它上天请恩都力帮忙找个好地方，让百姓过上好日子。小伙子踏过九十九个大草原，趟过九十九条大河，克服万千险阻，最终见到了巨鹿。听了小伙子的来意，巨鹿提出条件："你给我割三堆像山那样高的草，足够我三年吃的。"小伙子照做了。巨鹿又告诉小伙子："你上天后喊我一声。"小伙子满心欢喜地答应了。他爬了九十九天，刚摸到天顶，就高兴地喊起来，巨鹿以为他上了天，就趴下了。可他没有抓住天顶，摔了下来。后来，这个小伙子和巨鹿瞬间变成山和树。于是，喀尔末大草原从此有了山，也有了树，野兽也渐渐地多了，鄂伦春人过上了快乐日子。后来，人们狩猎前，经常用酒肉祭祀祈祷，以表达对变成了山神的小伙子的敬仰。②

考察上面三则神话，无论是巨灵额尔德穆，还是具有超人体力的达公，还是作为一心为百姓解困的鄂伦春小伙子，他们都是大千世界的创造者，在他们的超人行为下，山川河流、花草树木等得以形成。但三者也有区别：额尔德穆是有意造山、治河；达公和鄂伦春小伙子则在一定程度上是误打误撞，河、湖、山、树的出现不是他们的原初目的，达公是在射落十一个太阳时，太阳落在地上不经意砸出了深坑，形成了河和湖；鄂伦春小伙子本来是想上天找到恩都力，求助恩都力为百姓安置一个好一点的地方生存，可他"刚摸到天顶，就高兴地喊起来"，导致"他没有抓住天顶，摔了下来"，他

---

① 满都呼主编《中国阿尔泰语系诸民族神话故事》，民族出版社，1997，第 326 页；黑河地区民间文学集成编委会编《黑河地区民间文学集成》（上），内部印刷，1987，第 12~14 页。此材料是笔者结合 2015 年田野调查综合整理而成。

② 黑河地区民间文学集成编委会编《黑河地区民间文学集成》（上），内部印刷，1987，第 211~212 页。

和巨鹿都变成了山和树。这也更增加了创世神话的文化魅力。有专家指出："山川湖泊的形成与制造天地中的失误联系在一起，显示出神话作为文化创造的艺术魅力，由发散思维而形成的创世画面不再是枯燥的事件的表述，而是像蒙太奇一样有血有肉的场景组合。天地是主体，但山川湖泊也不是可有可无的陪衬，这些自然环境更让人觉得有一种人文的亲近感。"①

（二）山神神话及其内涵分析

鄂伦春人对山神"白那恰"特别崇拜。凡是遇到崇山峻岭、悬崖绝壁、洞窟巨石等地方，鄂伦春人往往认为是山神所居，大家便肃然起敬，不敢大声喧哗，否则认为会招致山神不满，给狩猎带来不利。猎人在远出狩猎之前，都要向山神致祭，以求保佑。

山神"白那恰"的形象在鄂伦春人的心中呈现复杂的形态。第一种是对象化形象，包括鄂伦春人最崇拜的虎、熊、奇树异石等。第二种是梦幻形象，这种形象常常是一个白胡子老头，在人们的梦中出现，指示迷途，解救人的危难，使人获得猎物等。第三种是物化的实体形象，就是把白胡子老头的形象刻在树上，成为物化的山神象征。

很多鄂伦春族神话故事都讲到了人无意中施恩于虎，虎又救助人于危难或困境：

> 几个人出猎，打了几天，有的人打到很多貂皮，只有一个小孩什么也没有打到。他们每晚夜宿时，都有一只虎在他们周围，他们认为，在他们中间一定有和虎有仇的人。于是大家商定，每个人都把自己的帽子扔到离宿营地不远的地方，如果虎衔去谁的帽子，虎便和谁有仇。第二天，其他人的帽子都在，只有这个小孩的帽子被虎衔去了。于是大家逼着小孩留下，然后各自走开了。小孩很害怕，爬到了一棵树上。瞬间来了一只虎，嘴里衔着一只鹿，引诱小孩下树，小孩不敢下来，虎将鹿放下就走了。虎走后，小孩下树蹲在鹿身上大小便，然后又上树了。虎又背来一只豹，虎叫豹上树把小孩衔下来。当豹要上树时，走到树下鹿身旁闻到臭味，豹认为虎在骗它，就把虎咬死跑掉了。小孩下树后，把鹿皮扒了。小孩在回家途中，又遇到一只虎，虎掌上扎了刺，一瘸一拐地走到小孩身旁，但虎并不吃他，而把掌子伸给他，让他给它拔刺。小孩

---

① 文日焕、王宪昭：《中国少数民族神话概论》，民族出版社，2011，第236页。

给它拔了刺、包扎好。虎给小孩抓来很多野兽，让他驮回家去。小孩拿不动，虎就让他骑在自己背上，又驮上帮他抓来的野兽，一起送到了家。相传这只虎就是"白那恰"变的，从此，"白那恰"成了鄂伦春猎人世世代代崇拜的山神。[①]

这则神话，小孩随猎人出猎→小孩什么猎物也没有打到→众人将其抛弃→小孩遇虎→小孩给虎拔刺救虎→虎帮小孩抓野兽→送小孩回家。一连串的情节，诠释着这样一个认知：人类同其他事物共同生长在一个地球上，人与人之间的关系是相互联系、相互依存的，人与其他动物之间也是如此。当豹认为虎骗它时，它把虎咬死了。虎让小孩帮它拔刺，小孩尽管害怕，还是帮助了它，于是，虎打来更多野兽，回报小孩，他们之间建立了互相信任的关系，小孩最终在虎的帮助下带着猎物胜利到家。这只虎（"白那恰"）也成了鄂伦春人世世代代崇拜的山神。这是鄂伦春人对人与自然关系最朴素的认识，是他们在长期与自然和谐共处的关系中体验到的人生智慧。

流传于黑龙江大兴安岭地区的神话故事《为啥崇拜白那恰》，讲述了山神的来历、山神的形象以及山神的文化内涵。

很早的时候，生活在内外大、小兴安岭一带的鄂伦春人，受到一群魔鬼的侵扰，魔鬼们占领了鄂伦春人打猎的地方，将其当作它们自己的乐园，它们还扬言要吃掉兴安岭所有的鄂伦春人。有一个到处游猎的部落，年迈的莫日根老爷爷带领大伙与魔鬼斗争，但无济于事。就在部落要被魔鬼吃掉的时候，忽然从天上下来一位白胡子老头，他告诉莫日根爷爷，要制造弓箭，用弓箭射死魔鬼。莫日根老爷爷听从了白胡子老头的话，领着全部落的人用弓箭驱逐魔鬼，有的魔鬼被射死，有的魔鬼身上带着箭头，狼狈地逃到大海边去了。

事情过后，白胡子老头再次从天上降临，他告诉莫日根老爷爷："你们就住在兴安岭的大森林里吧！你们有了弓箭，可以用它射野猪、黑熊、射豹子、罕达犴、飞龙。你们可以吃兽肉、穿兽皮，可以在大森林里生存下去。你们还要保护好自己的地方。"莫日根老爷爷带着众人住进了森林。大家带上弓箭，骑着猎马，一起出猎。大家吃兽肉，穿兽皮，住

---

① 隋书金编《鄂伦春族民间故事选》，上海文艺出版社，1988，第 372 页。

"撮罗子"，过着游猎生活。他们把那位指点、保护他们的白胡子老头奉为"白那恰"，把"白那恰"看作是赐给鄂伦春人勇敢智慧的神灵。①

这里，山神是以白胡子老头的形象出现在鄂伦春人的梦幻之中的。神话以"大兴安岭受到魔鬼侵扰→年迈莫日根率众与魔鬼抗争无济于事→白胡子老头突然从天上降临→白胡子老头教授莫日根老爷爷除魔法→莫日根老爷爷率众造弓箭驱逐魔鬼→魔鬼清除→白胡子老头再次降临→授意莫日根老爷爷等众人住进兴安岭大森林生活→白胡子老头被奉为山神"等一系列情节链组成。从表面上看，神话只塑造了"白胡子老头"这个神奇的形象，但他给我们的信息却是很多的，他对兴安岭发生的一切无所不知，他对莫日根等行动了然于心，他明确地告诉莫日根老爷爷如何才能驱逐魔鬼，他再次回来，为了普度众生，为了莫日根老爷爷等人不愁吃穿、长久地生存在大兴安岭。他已远远超出了"白胡子老头"这一个简单形象，他成为鄂伦春人心中一个极度人格化、神灵化、救民于水火、无所不能的神灵。

鄂伦春族神话中的山神从天上降临人间，不仅掌管山林，还掌控着猎人的命运，保护着生长在这里的人们的安宁、幸福，他寓人性和神性于一体，他是正义的化身，他是关爱自然、维护和谐的力量。再看下面一则神话：

　　七八个人自愿组成一个狩猎组去打猎，几天后猎获很多野兽，但其中的一个人一无所获，因此被排挤出狩猎组，无奈他只好单干，但仍然什么也没有猎获到，导致他每天闷闷不乐。后来他被山神发觉，山神看他很可怜，山神就装扮成七八十岁的老猎人，去帮助他狩猎，几天后，他们猎获很多野兽。有一天，老人在他出猎前，再三嘱咐说："你今天采木桦子时，要选好烧的，可不要采回那些迸火星子的木柴。"恰在晚间老人回来了，两人开始交谈这一天打猎的情况，交谈中这个猎人故意把迸火星子的木柴点燃，不一会就迸出火星子来。老猎人说："你为什么不听我的话，你太不忠实了。"说完这些话后，老人就消失了。猎人对老猎人突然消失并没在意，他转身去拿兽皮，可连半张兽皮也见不到了。②

① 隋书金编《鄂伦春族民间故事选》，上海文艺出版社，1988，第373~374页。
② 内蒙古自治区编辑组、《中国少数民族社会历史调查资料丛刊》修订编辑委员会编《鄂伦春族社会历史调查》（一），民族出版社，2009，第49页。

这则神话，一猎人随集体出猎一无所获→山神出手相助→获得众多猎物→山神嘱咐猎人不要采进火星子的木柴→猎人故意不听山神之言→山神感到猎人不忠实→收回所有猎物。猎人打不到猎物，山神出于关爱，出手相助，但猎人不听劝告，不守承诺，最后山神拿走所有兽皮，弃他而去。这样一个情节链，它告诉人们：人与人之间的相互信任是建立在持续发展过程中的，在这一过程中，一旦有一方打破规矩，相互信任的关系将无法维持下去。这又体现了鄂伦春人在与自然和谐相处过程中最真诚、最忠实、最朴实的人格与行为。

以上两则神话，揭示了鄂伦春族质朴的文化内涵：在自然界，人与人之间，人与自然之间，既相互矛盾，又相互依存，只有彼此之间相互信任、相互帮助，才能长久地存在于自然界这一空间中，才能共同发展，共创和谐。

1980年黑河地区新生乡的一些鄂伦春人在拆除旧房时出土一套神像。其中山神"白那恰"的画面主体是一个面带笑容的慈祥老人，他身着清代服装，端着茶杯坐在椅子上，两边各有一童男童女侍立，一个端托盘，一个端酒杯，画面正前方有一条狗，后面是长满树的土山。[①] 这是神像中的"白那恰"形象，也就是人们梦幻中的白胡子老头形象。

对山神"白那恰"的崇拜，现代鄂伦春人有两种供奉方法：一种是用一块白布画一只虎，一个山神爷，两侧站着两个小鬼，供在山岭上木制的小庙里；另一种做法是选择林中或路边一棵粗大的老树，在其近根处砍去一块树皮，砍出光滑的白茬，在白茬上用炭钩出个脸型，用红布遮盖，猎人路过这里时，要给它装烟、敬酒、叩头，要用打到的猎物给它上供，还要将马尾或马鬃割下几根系在附近的树上，出远猎的人都要供它。[②]

三 其他事物的产生

神将"混沌"的天地划分开来，并创造了日月星辰、山川河流，这只是大千世界的一小部分，其他有生命的、无生命的事物以及雾雨电等自然现象的产生也是鄂伦春族创世神话不可忽略的重要内容。它们大都是伴随神在

---

① 中国人民政治协商会议黑龙江省委员会文史资料委员会编辑部编《山岭上的鄂伦春人》，黑龙江人民出版社，1989，第220页，转引自徐昌翰、隋书金、庞玉田《鄂伦春族文学》，北方文艺出版社，1993，第54~58页。

② 内蒙古自治区编辑组、《中国少数民族社会历史调查资料丛刊》修订编辑委员会编《鄂伦春族社会历史调查》（一），民族出版社，2009，第49页。

分开"混沌"的天地过程而出现的，它们有的是直接从天上"搬"下来的，有的则由神性人物，如英雄等创造出来的。这些事物的出现使天地焕发了新的生机，增加了无限活力。

如在本章第一节神话《额尔德穆》中，巨灵额尔德穆在创造了山川河流、树木花草后，他又向天皇要了会跑、会飞、会游、会爬、会入土的生灵。天皇满足了他的要求，将天堂的飞禽走兽各半划分给他，有虎星群、豹星群、猪星群、鹿星群、走兽星群、飞禽星群、小生灵星群……。同时，他自己又强迫六狂星下凡，若干年后，繁殖了无数后代。① 这些动物是随着巨灵额尔德穆创造大地的过程来到人间的，它们不但为荒凉的大地带来了勃勃生机，也为人们提供了肉食。又如在神话《达公射太阳》中，不但讲述了河、湖的形成，也讲述了雾的产生过程：达公射第十二个太阳时，由于体力不支，箭扎在太阳上没有穿过去，于是，箭杆烧成了白灰飘落下来，变成了白雾，世间从此有了雾。② 另一方面，雾的形成似乎是达公不经意而为之，或者说是达公误打误撞的结果，但它是神性人物的创造这一点是毫无疑问的。这也反映了神或神性人物创造天地的复杂性和多样性。

下面是《雨和雪的来历》神话：

> 远古时候，人们不会种庄稼，可是天上下的雨全是豆油，下的雪全是白面，人们整年吃油饼，从来不愁吃的。有一天，一个懒老婆生了个小孩，她不愿给孩子换尿布，而是用油饼给孩子擦屁股。这事被神仙告诉了玉皇大帝，玉帝听后龙颜大怒，命令四海龙王把下油变为下雨，下面改为下雪。从此以后，天上再没有下油和面，一直下的是雨和雪。③

这里讲述了雨、雪的产生过程，这些事物与人类联系更为紧密。故事

① 黑河地区民间文学集成编委会编《黑河地区民间文学集成》（上），内部印刷，1987，第15~19页；《中国各民族宗教与神话大词典》编审委员会编《中国各民族宗教与神话大词典》，学苑出版社，1990，第130页；赵夏兴：《鄂伦春族文学简论》，《内蒙古社会科学》1995年第3期；姚宝瑄主编《中国各民族神话》，山西出版传媒集团·书海出版社，2014，第20页。
② 满都呼主编《中国阿尔泰语系诸民族神话故事》，民族出版社，1997，第326页；黑河地区民间文学集成编委会编《黑河地区民间文学集成》（上），内部印刷，1987，第12~14页。笔者根据2015年田野调查资料综合整理。
③ 黑河地区民间文学集成编委会编《黑河地区民间文学集成》（上、下），内部印刷，1987，第19~20页。

中，豆油、白面、雨、雪和《额尔德穆》故事中的虎星群、豹星群、猪星群、鹿星群、走兽星群、飞禽星群、小生灵星群、六犴星等的来源是一样的，它们都是神或神性人物从天上"搬"来的。

有的鄂伦春人认为，龙从水泡子里用鳞蘸水上天后就会下雨。雨后出虹，认为是天和地连起来了，要叩头祷告。其他还有诸如"阿格迪达力"——雷神的故事，鄂伦春人认为打雷是雷神一手拿着凿子，另一手拿着锤子往凿子上打，凿子碰到哪里，哪里就打雷。雷击过的地方可以找到凿子，但过一天后就找不到了。如果人们将这种凿子拾回来挂在房子里就可以辟邪。鄂伦春人认为雷是很大的神，打不到猎物或人有病时，都祈祷它。[①]还有"阿丁博儿"——风神，在通古斯语中，"阿丁"的意思是风，满语中风叫"阿东"，赫哲语中叫"阿丁"。鄂伦春人对旋风感到特别神秘，如遇旋风，认为其中必有神灵，人畜一定要赶紧跑远躲避，平时人畜避免走旋风刮过的地方，以防不测。

总之，在鄂伦春族先民世界里，人们对世间的一切都充满着好奇与疑问，萨满"万物有灵"观念为他们解释世界提供了一些答案。所以，他们怀着敬畏和崇拜之情，供奉了许多神灵，并给这些神灵起了各种名称，显示着他们早期生活的多彩和神秘特色。

第三节　鄂伦春族与其他民族创世神话比较

创世神话解释的是溯源问题，叙述世界万物的起源，反映了人类自身与周围世界的关系。各民族先民生活在广阔无垠的大千世界里，面对相同、相近或相似的宇宙天象、自然环境、群体发展、个体生存等问题，他们有时会做出相同、相近或相似的思考，创造出主题、情节、叙事结构等大致相类似的神话故事。但不同民族有不同的历史发展轨迹，进程快慢不一，地域、经济、文化、语言、思维方式、审美特点、价值取向有别，因此他们又会表现出一定的差异。

一　创世神话的主题

早期人类，生产力水平低，自然界各种风霜雨雪、月圆月缺、春夏秋

---

① 内蒙古自治区编辑组、《中国少数民族社会历史调查资料丛刊》修订编辑委员会编《鄂伦春族社会历史调查》（一），民族出版社，2009，第50页。

冬，以及大旱、山洪、火灾等现象对他们来说充满秘密，他们对各种现象又充满好奇、充满敬畏。他们积极探索、思考，感觉一切近在咫尺，而一切又扑朔迷离。于是，他们中出现了一些具有天才想象力和创造力的人——神话的创造者，为先民们找到了一些心理寄托，让他们觉得自己的来历和生存有所归属和依托。于是，神创世、宗教人物创世、英雄或神性人物创世、祖先创世、一般人创世、动物创世、植物创世、无生命物创世等一系列创世母题出现在神话故事里。

如关于天地的产生，在鄂伦春族神话里，大地原是"混沌"的一团，有天神派巨灵额尔德穆下界治理处于"混沌"的天地，他造山移树，治水种草，并从天堂"移"来飞禽走兽，让大地变得像天庭一样秀丽繁荣。[1] 在鄂温克族神话中，是天神和萨满共同创造了大地：天神创造了第一个地球，可是它太小，山是矮的，河又窄又细，水也稀少；天神创造了第二个地球，同样不大，但这时出现了个神通广大的萨满，她将地球变大，山变高，河变宽，水变多。[2] 满族神话中讲，由水泡里生出的阿布卡赫赫气生万物，光生万物，身生万物，然后，清光成天，浊雾成地，等等。[3] 这些创世神话都讲述了现在的天地宇宙是如何形成的。

又如关于日月星辰的产生：在鄂伦春族神话里，有达公射落了十一个太阳，剩下一个太阳更适合人类生存；[4] 有天老爷派遣杨二郎担起大山压住十一个太阳，留一个照亮人间；[5] 有猎人的媳妇升上天空，变成北斗星。[6] 在鄂温克族神话里，有三兄弟将九个太阳射掉八个，由此惹怒玉皇大帝，被玉皇大帝变成花岗岩之说。[7] 在满族，有部落族长为了全族人的性命，把小泥

---

① 黑河地区民间文学集成编委会编《黑河地区民间文学集成》（上），内部印刷，1987，第15~19页；《中国各民族宗教与神话大词典》编审委员会编《中国各民族宗教与神话大词典》，学苑出版社，1990，第130页；赵复兴：《鄂伦春族文学简论》，《内蒙古社会科学》1995年第3期；姚宝瑄主编《中国各民族神话》，山西出版传媒集团·书海出版社，2014，第20页。

② 汪立珍：《鄂温克族神话研究》，中央民族大学出版社，2006，第71页。

③ 富育光：《萨满教与神话》，辽宁大学出版社，1990，第228~229页。

④ 满都呼主编《中国阿尔泰语系诸民族神话故事》，民族出版社，1997，第326页；黑河地区民间文学集成编委会编《黑河地区民间文学集成》（上），内部印刷，1987，第12~14页。此材料是笔者结合2015年田野调查综合整理而成。

⑤ 笔者2016年在黑龙江省黑河市爱辉区新生乡调查资料。

⑥ 隋书金编《鄂伦春族民间故事选》，上海文艺出版社，1988，第18~19页；姚宝瑄主编《中国各民族神话》，山西出版传媒集团·书海出版社，2014，第31页。

⑦ 杜梅整理《鄂温克族民间故事》，内蒙古人民出版社，1989，第107页。

鳅告诉他将要发大水的秘密告诉了大家，而自己化成青烟后变成星星的神话故事。①

根据上述神话，我们得出结论：一是在这些不同民族的创世神话中，天地及万物都是神或神性人物创造的结果，充满着神奇色彩；二是这些创世神话所涉猎的万事万物都是在人类生存中不可或缺的，对人们的日常生活生产意义重大；三是不同民族根据自己的生存环境、民族特点、心理需求的不同，在神话创作中，侧重点不同，涉猎的创造主体有多有少。如鄂温克族侧重天地如何开辟的描写，鄂伦春族侧重神或神性人物创造大地万物的描写，满族侧重天地起源和日月星辰起源的描写，赫哲族则侧重山石树木等，不一而足。但他们的创造主题是大同小异的，即都是探索天地及世间万物起源的。

总之，各民族先民们面对浩瀚无穷的宇宙，不断产生无数解释不清的疑问，引起了他们强烈的猎奇心理和求知欲望，逐渐激发了他们的思维，使他们产生并逐渐增强了自我意识。由于各民族的历史和文化有多方面的差异，所以神话创造者们从自身民族出发，用他们特有的思维方式演绎着一个个精彩的神话传奇，使得创世神话在内容上多有不同。但不论内容上有多大不同，神话创造者们创作的大致范围，也即是作品描写和表达的主题，都是相同或相似的。他们首先关心的是天地以及天地间万物的起源问题，他们自身从何而来，世界为什么会成为他们眼中的样子……，数不尽的万事万物，数不尽的猎奇探索，创世神话给他们懵懂的心灵带来些许安慰。这些神话融入了不同民族的图腾崇拜、祖先崇拜、宗教信仰等内容，使创世神话更增添了民族特色和传奇色彩，其实质都是各民族先民极为朴素的原始思维表达方式，体现了他们的积极探索精神。

二 创世神话的情节结构及母题

如果说创作主题上的大同小异是各民族创世神话的共性的话，那么从创世主体、创世过程和行为角度出发，不同民族呈现的不同神话情节结构和不同神话母题类型的表达，以及由此而出现的神话情节结构的多样性和神话母题类型的复杂性则是其个性特征。

---

① 刘中平：《满族民间传说及其意蕴》，《满语研究》2011 年第 2 期。

（一）鄂伦春族创世神话情节结构及母题

鄂伦春族创世神话中叙事较为完整的一篇神话是《额尔德穆》，这则神话用生动、形象的话语，较为详细地讲述了巨灵额尔德穆奉天皇之命创造大地的过程。其情节结构是：天皇巡游发现大地荒凉→天皇派遣额尔德穆创造世界→额尔德穆下界创造了山川河流、花草树木→额尔德穆不想返回天堂→天皇发怒将额尔德穆开除出天堂→额尔德穆向天皇索要生灵→天皇将天堂飞禽走兽各半划分给额尔德穆。如果再将情节简化，则可直接陈述为：天皇发现大地荒凉，派遣额尔德穆创造世界→额尔德穆创造了山川河流、花草树木及飞禽走兽等众生灵。从创世神话的创世过程出发，分析其神话母题特征，在这则神话里，我们找不到开天辟地的主体人物或其他物类，神话讲到，"很早以前，世上什么也没有，只有奇形怪状的石头和漫无边际的大水。所有的山川树木、江河湖泊、花草蜂蝶、走兽飞禽，都生长在天空白云之上、天堂之下"。后来，天皇巡游，看到大地荒芜，派遣巨灵额尔德穆创造了和天堂一样的世界。这并不等于额尔德穆做了开天辟地举动，因为此时大地只是荒芜而已，他只是改变了万物生长在"天空白云之上、天堂之下"的状态，让大地充满了生机，他创造了大地上的一些事物，使大地呈现了另外一种欣欣向荣的景观。这里，神话采用解释性的语言详细描述了额尔德穆创造大地的过程。并且，在下文的叙述中，也并没有明确提到天地到底如何分开的创世神话情节，这说明万物和人类还未产生之前，天地就已经存在。这在其他民族创世神话母题中很少见。

又如，神话《太阳为什么耀眼》的情节结构可以表述为：大地是混沌沌的一团，万物处在黑暗之中→玉皇大帝派太阳神和月亮神到人间送光明→太阳神和月亮神因分工起争执→太阳神因抓阄抓到白天而苦恼→月亮神给太阳神一把放出无比耀眼光芒的金针→再也没有谁敢看太阳。简化为一句话就是：玉皇大帝封太阳神和月亮神到人间送光明。从这则神话开头"大地原是混沌沌的一团，万物处在黑暗之中"的叙事中，我们能够得知，此时的天地也是已经存在了，从"玉皇大帝派太阳神和月亮神到人间送光明"[1]，可以推断，当时也有了人类。同样，这和第一则神话《额尔德穆》中巨灵额尔德穆创造大地时的天地状态：即万物生长在"天空白云之上、天堂之

---

[1] 黑河地区民间文学集成编委会编《黑河地区民间文学集成》（上），内部印刷，1987，第10~11页。

下"和大地荒芜是基本一致的。这则神话也是采用了解释性的语言阐释了太阳光无比耀眼的原因。

在《中国少数民族神话概论》中,作者根据创世主体将创造世界神话分为无主体创世、神创世、宗教人物创世、文化英雄或神性人物创世、祖先创世、一般人创世、动物创世、植物创世和无生命物创世等九种母题类型。根据创世过程和形式分为自生型、化生型、变形型、卵生型、制造型、婚生型、孕生型和感生型等八种母题类型。① 据此,按照创世主体分类,鄂伦春族创世神话母题可分为两类,一类是按创世主体分为神创世和英雄或神性人物创世。如《额尔德穆》中有巨灵额尔德穆创造世界山川河流、花草树木及飞禽走兽等众生灵,也创造了人类;《太阳为什么耀眼》中的太阳神和月亮神,他们给人间带来了光明;《二郎担山赶太阳》中有杨二郎,同样能射掉十一个太阳,留一个照亮人间,这些神话当然属于神创世;《达公射太阳》中有神性人物达公,射掉十一个太阳,掉在地上还砸出了河、湖,剩下一个太阳,他同时还创造了白雾,这种类型则属于英雄或神性人物创世。按照创世过程和形式分类,鄂伦春族创世神话母题只有一种类型,即创造型。上述无论是神创世还是英雄或神性人物创世神话都属于这一类型,其神话叙事都是在天地已经开辟的前提下进行的。

由此看出,在鄂伦春族创世神话中,开天辟地和创造世界不是同一过程,开天辟地在前,创造世界在后,到底由谁进行了开天辟地的行为,我们无法猜测。这种神话母题也恰恰构成了鄂伦春族创世神话母题的特征:一是鄂伦春族创世神话没有开天辟地的情节过程,而是由神或神性人物直接创世;二是从鄂伦春族创世神话的环境描写、主人公的行为及创造物中,我们也发掘和体验到了鄂伦春族作为狩猎民族厚重的原始狩猎文化气息,体现了浓浓的民族性和地域性,表达了人类早期的思维形式和极为朴素的生命价值观,这是鄂伦春族创世神话母题的又一个重要特征;三是鄂伦春族创世神话多数是解释性的,旨在强调某一事物或现象产生的原因,这样的叙事格调使故事的结构更加完整,情节更加精彩。

(二) 鄂温克族创世神话情节结构及母题

创世神话具有民族性和地域性特征,鄂伦春族和鄂温克族历史上就是相邻的,这两个民族的创世神话情节结构和母题是否相同,下面以鄂温克族创

---

① 文日焕、王宪昭:《中国少数民族神话概论》,民族出版社,2011,第226~230页。

造大地的神话为例来说明这一问题。在鄂温克族自治旗辉河公社，流传着一则神话，大致情节是：

> 在很久很久以前，人类还没有出现，世上仅有一个地球，它是一个叫腾格勒的尊神创造的。开始的时候，这个地球特别小，上面的山是低矮的，河流又窄又细，河水稀稀拉拉，没有多少。①

流行于鄂温克族自治旗南屯的一则神话，大致情节是：

> 天神创造了第一个地球后，又开始造第二个地球。此时，世间出现了神通广大的女萨满，是她把地球变大了，把山变高了，把河流变宽了，让水不停歇地滚滚长流。②

第一则神话的情节结构是：天神创造了矮小的地球。第二则神话的情节结构是：天神创造了第一个地球→天神创造第二个地球时，世间出现了神通广大的女萨满→女萨满对地球进行了再创造→地球变大、山变高、河变宽、水长流。从两则神话情节结构看，地球是天神创造的，尽管很小，但上面有矮山，有又窄又细的河流，有稀稀拉拉的河水。后来，天神又创造了第二个地球，此时，神通广大的女萨满对地球进行了再创造，使地球变大、山变高、河变宽、水长流，从而有了适合人类生存的地球。从创世神话的母题上看，这里与鄂伦春族创世神话不同的是，在鄂温克族创世神话中，首先，明确提出了第一个地球是天神创造的，属于天神创造大地的母题类型。其次，天神创造第二个地球时，神通广大的女萨满帮助改变了地球矮小的面貌，使山变高、河变宽、水长流。这说明，适合人类生存的地球是天神和萨满共同创造的，这又形成了鄂温克族创世神话母题的又一类型，即天神和萨满共同创造大地的神话母题类型。不过这一点在鄂伦春族创世神话中，有类似情况，神话《额尔德穆》讲，额尔德穆来到地上造山移树、治水种草，使大地变得如天庭一样。山神之女也被他感化，和他结为夫妻，生儿育女，从此大地才有了人类。这应该说是山神之女和额尔德穆共同创造和繁衍了大地上

---

① 王士媛、马名超、白杉编《鄂温克族民间故事选》，上海文艺出版社，1989，第21页。
② 汪立珍：《鄂温克族神话研究》，中央民族大学出版社，2006，第71页。

的人类。此外，从以上鄂温克族的两则神话看，采用的是说明性的叙事，简练地概括了两个地球的来历，这较鄂伦春族神话的解释性的叙事在情节性上稍逊色了一些。

(三) 其他创世神话情节结构及母题

流行于黑龙江省同江县街津口的一则赫哲族神话《射太阳》，其大致情节是：

> 很早以前，天上有三个日头，火一样照射着大地，大地上的一切生物都经受着巨大折磨。百姓吃不下饭，睡不好觉，地上的禾苗晒死了，江河里的水晒干了，山上的树晒得枯死了，连飞禽走兽也都躲避起来，不敢露面。一个村子，有一个十六岁的小伙子，大伙叫他莫日根，他膀大腰粗，臂力过人，有推倒一座山的力气，能喝干一条大河的水，能一脚踢出个深潭。他的父亲告诉他，光有力气不行，要苦练箭功，射下两个太阳，为百姓做好事才是个好莫日根。莫日根听从了父亲的建议，日日苦练，九十九张弓被他拉断，九万九千支箭被他射完，他练就了一身好箭术，百发百中，无坚不摧。他辞别了父母，爬过九十九座山，趟过九十九条河，穿过九十九个峡谷深渊，登上了一座大山，山下便是浩瀚的东海。莫日根在山上等着，当三个日头刚刚从海平面上露出头时，他拉满弓，射出两支神箭，一支箭射落一个日头，两个日头落地，第三个日头吓得不敢露面了。莫日根没有射第三个日头，他和第三个日头约法三章：以后每天早晨公鸡一叫，日头就升起来。人们得救了，万物重新焕发了生机。现在的日头就是这样来的。①

这则神话故事的情节结构是：天上三个日头晒得地上万物无法存活→十六岁的莫日根决心为百姓做好事射太阳→莫日根练就好箭术→莫日根射落两个日头→莫日根留下一个日头和它约定每天早晨公鸡一叫便升起来→万物得救。这里，莫日根的父亲告诉他，只射掉两个日头，所以，莫日根的行动目标也是射掉两个日头，并主动留下了第三个。而鄂伦春族的达公和杨二郎最初都是想把天上的十二个太阳全部射掉，但是在射太阳过程中，由于某种原因使得他们被迫剩下了一个。这则神话故事精彩生动，形象地描述了莫日根

---

① 王士媛、马名超、黄任远编《赫哲族民间故事选》，上海文艺出版社，1986，第21~23页。

射太阳的经过，采用的叙事方法和鄂伦春族一样，是解释性的。

为了进一步说明我国北方鄂伦春族、鄂温克族、赫哲族、满族四个民族的射日神话状况，笔者列表 2-1。

表 2-1 北方民族射日神话比较

单位：个

序号	民族	最初太阳的数目	射日主人公	射日所用工具	射日结果
1	鄂伦春族	12	达公	弓箭	射落十一日
		12	杨二郎	山	用山压住十一日
2	鄂温克族	9	三兄弟	弓箭	射落八日
3	赫哲族	3	英雄莫日根	弓箭	射落二日
4	满族	10	普通人	弓箭	射落九日

资料来源：笔者据 2016 年调查资料整理。

从表 2-1 中可以观察到，四个民族的射日神话，太阳的数量和射日的结果是不同的。鄂伦春族神话中最初太阳数目最多，达 12 个。赫哲族神话中最初太阳的数目最少，只有 3 个。射日主人公也是复杂的，有神、神性人物、普通人等，射日过程有的是单独完成，有的则是由兄弟合作完成。射日所使用工具也不完全是弓箭，还有大山。因为最初太阳的数目不同，所以射日的结果自然不一样，有的射落十一日，有的射落九日，有的射落八日，有的射落二日。需要特别指出的是，有的民族在论述射日神话母题的同时，还有其他母题。例如，鄂温克族射日神话《豪英峰》[1]，不但有三兄弟凭借其力射下八个太阳的射日母题，还有三兄弟被玉皇大帝处罚后变成花岗岩的另一母题，即变形母题。

总之，不同民族，同为射日神话，但有不同的射日情节，有不同的母题类型和母题表达方式，这些都增添了射日神话的传奇性和趣味性。而且射日神话母题在世界范围内流传广泛，它为创世神话母题增添了无穷的文化魅力。由此，世界上很多专家学者从图腾崇拜、历法、祭祀仪式等多方面对射日神话进行解读，各持己见。笔者认为，从今天科学的角度来看，最有可能的应该是"日晕"现象造成的结果，我国天文观测到的多日并出的事实足

---

[1] 杜梅整理《鄂温克族民间故事》，内蒙古人民出版社，1989，第 107 页。

以证明这一点。① 当然，对于处在生产力水平极其低下的早期社会人类而言，他们的思维能力还很不发达，改造自然的能力还十分有限，他们通过射日神话体现出来的企图战胜自然和控制自然的英勇顽强的斗争精神，是永远值得我们学习的。

小　结

本章借鉴国内外学界关于创世神话的分类研究方法，运用神话学理论，从鄂伦春族神话的具体文本材料出发，具体问题具体分析，充分考虑鄂伦春族早期发展的历史道路和文化背景以及由此决定的鄂伦春族神话的基本精神、内在结构和本质特征，既注重它的人类共通性，又特别查找其民族的特殊性。本章从鄂伦春族神话中关于宇宙三界的观念说起，对天地的开辟、神创造大地以及日月星辰、山川河流等万事万物的产生进行文本分析和内涵阐释，并通过与鄂温克族、赫哲族、满族等民族的创世神话进行比较，寻找异同，从而更加突出鄂伦春族创世神话与其他民族不一样的民族性特征，更加凸显其独特的历史文化和民族文化发展轨迹。

---

① 陈建宪：《神祇与英雄——中国古代神话的母题》，生活·读书·新知三联书店，1994，第158~159 页。据陈先生统计，1982 年，《羊城晚报》报道，在海南岛东方县板桥公社出现了"五日并出"的现象；陕西西安市在 1934 年和 1986 年分别出现了"七日并出"和"五日并出"的现象；1986 年，新疆昭苏出现了"三日并出"的现象；1987 年，新疆阿勒泰出现了"五日并出"的现象。

第三章

鄂伦春族人类起源与族源神话

关于人类起源与族源神话研究，国内外神话学者提出了很多不同理论和主张。俄罗斯学者李福清在论及台湾少数民族人类起源神话时，将其分为十多种类型，包括自然生人、天地交合生人、石生人、树生人、动物变人、蛋生人等。[①] 日本学者大林太良在《神话学入门》中，将人类起源神话单独列为一章，并将其分为：起源于植物与卵、起源于神的尸体、从地中出现、从天上降临、犬祖神话、死和生殖的起源等几种类型。[②] 美国学者斯蒂·汤普森在《民间文学母题索引》中，将人类起源神话划分为造物主造人、人类自造、第一个人降自天、用木造人等97个母题类型。[③] 王宪昭教授的著作《中国民族神话母题研究》，借鉴国内外诸多民间故事分类方法，在母题对象的选取上，以原生态神话为主体，绘制了中国各民族神话常见母题分类示例，王教授的分类示例为本章鄂伦春族人类起源与族源神话研究提供了范式。为了便于说明，笔者将人类起源母题基本分类摘录如表3-1所示。

---

① 〔俄〕李福清：《神话与鬼话：台湾原住民神话故事比较研究》，社会科学文献出版社，2001，第71页。
② 〔日〕大林太良：《神话学入门》，林相泰、贾福水译，中国民间文艺出版社，1988，第64~81页。
③ 〔美〕斯蒂·汤普森：《民间文学母题索引》，郑海等译，上海文艺出版社，1991，第499页。

表 3-1　中国各民族神话人类起源母题基本分类

	母题类型	一级类目	二级类目	三级类目	备注
人类起源	神造人	1. 神造	①神（女神或男神）身体变化生人	a. 肠子化人 b. 男性神生人 c. 金果变成人	1. 此类母题，以神为造人的主体，在造人情节中起着主导性作用，在人的起源母题中，常伴随"死亡""再生""长生""变形""化身"等母题 2. 人类起源可以包括：族源、姓氏之源等 3. 族的起源：包括氏族起源、族群起源、民族起源 4. 族源母题：一般与造人母题结合在一起 5. 有的神话中人类起源母题连续演化，如树生蝴蝶、蝴蝶与水泡生蛋、蛋孵出人等
			②神用其他物质造人	a. 土 b. 石 c. 灰 d. 蜜 e. 人的排泄物 f. 其他	
		2. 神与神共造	①男神与男神 ②男神与女神 ③女神与女神		
	神、人共造神与人	神与人	①男神与人 ②女神与人 ③天女与人 ④仙女与人 ⑤魔、妖与人		
	人造	1. 人与人	①兄妹婚（姐弟婚） ②子母婚 ③父女婚 ④姑侄婚	a. 生肉球 b. 生怪物 c. 生人 d. 生其他东西	
		2. 人与动物	①人兽婚 ②人鸟婚 ③人与其他动物婚	a. 人男与兽女 b. 人女与兽男 c. 无性别	
		3. 人与植物	①植物的果生人 ②植物的花生人 ③植物其他部位生人 ④植物变形为人		
		4. 人与无生命物			
		5. 人的进化			

母题类型	一级类目	二级类目	三级类目	备注
人类起源	自然产生	1. 天生 2. 地生 3. 动物生 4. 植物生			此母题一般指在没有婚姻关系的情况下产生
	变形产生	1. 自然变形 2. 死后变形	①全身化生 ②身体部分化生	a. 盘古 b. 女娲 c. 虎 d. 鹿	
	感生	1. 感神 2. 感物	①感天而孕 ②感光而孕 ③感龙而孕 ④吞卵而孕		感生较为复杂，其中包括人或神感图腾或崇拜物的变形
	动物生人	1. 自然生 2. 人兽婚生			
	植物生人	1. 自然生 2. 神的作用而生			
	无生命物生人	1. 土生 2. 石生 3. 水生			

资料来源：王宪昭：《中国民族神话母题研究》，民族出版社，2006，序二第 8 页、正文第 74~75 页。

表 3-1 将中国各民族人类起源神话母题分为九种类型，依次划分为一、二、三级类目，其中包括 23 个一级类目，一级类目下有二级类目 27 个，二级类目下有 20 个三级类目。可以说，各民族先祖在探求人类起源问题上，都是以自己民族生存的自然环境、生产方式和生存命脉等为依托，对人类起源和族源做出神圣的解释。从目前搜集整理的鄂伦春族神话文本资料和采录资料来看，其人类起源与族源神话母题类型均在上述九种类型之列。

笔者借鉴中外学界有关研究理论和主张，参考茅盾神话"六分法"中关于"人物变形的神话"分类方法，[①] 尤其参照上述王宪昭教授关于中

---

① 茅盾：《神话研究》，百花文艺出版社，1981，第 5、66 页。

国各民族神话常见母题分类示例，将鄂伦春族人类起源神话分为天神造人神话、生人神话、化生与变形神话、婚配生人与感生神话四种类型，对鄂伦春族人类再生神话和族源神话也是采取逐级分类方式进行归类和文化阐释研究。

第一节 人类起源神话

人类起源神话，鄂伦春族语为"古伦贝亚摸阿萨麻罕"，译为汉语的意思就是：人怎么来的说法。对于鄂伦春族人类起源神话，学界有几种不同的说法：有的说天神恩都力刻石造人，有的说天神恩都力扎鸟毛鸟肉造人，有的说仙人扎桦树皮造人，有的说猎人与母熊结婚造人，还有的说神猎手额尔德穆莫日根与山神之女婚配造人等。对此，本节将做全面的梳理和总结。

一 天神造人神话

在鄂伦春人居住的地区，广泛流传着天神造人神话，它同鄂伦春人普遍崇拜的天神恩都力紧密联系在一起。在鄂伦春人心中，恩都力备受崇敬：他远离凡尘，居于天宇；他无形无状，无所不在；他创立宇宙，无所不能。作为神，他积极入世，是人类始祖的创造者，是人类一切能力和一切文明的创造者，是人类生存和死亡的决定者，是人类困苦和危难的解救者。下面我们进行分别陈述。

（一）天神造人神话类型

天神造人神话是鄂温克、达斡尔、赫哲等北方民族较为普遍的神话母题。作为人口较少的鄂伦春族，其天神造人神话具有浓郁的北方山林狩猎民族的特色。

1. 树木造人

很早很早的时候，恩都力看到地上只有野兽，并无人烟，便用老桦树皮扎成了一帮人，让他们拿着木棒子、石头追打野兽，打死的就吃肉了，没打着的受到惊吓就跑了。从此，世上的人一天比一天多了，野兽一天比一天少了。①

这个神话故事流传于今黑龙江省黑河地区鄂伦春族猎民中，在《鄂伦春民族人类起源神话浅探》中写作"扎老桦树成人说"；在《中国各民族宗教与神话大词典》词条中写作"桦皮造人"。此神话文本根据以上两个参考文献整理而成。为归类更具广泛性，在此称作"树木造人"。

2. 刻石造人

很早以前，地上没有人。恩都力玛发搬来五块巨石（也有二块不同颜色的彩石之说）刻成五块相貌一样的石人，然后用手抚摸石头人的器官，摸过石人双目，石人眼睛立刻转动起来，捅过石人鼻孔，石人便有嗅觉。然后下颌、脖颈等处逐一摸过，使其都能灵活转动，只有肚脐没有摸过，因此该器官无任何用途。五个石人造成后，恩都力在每个石人腰间各击两掌，留下手印，据该族相传，人的肋骨就是这样生成的。后来恩都力嫌石头刻成的人总也不死，人满为患，于是恩都力掌击脚踢，将石人后代全部致死，并用泥捏成的人代替。因为土没有石头结实，所以泥捏的人风吹雨淋的就会生病、死掉，脸也洗不干净，总有土。②

此神话流传于今小兴安岭地区，在《鄂伦春民族人类起源神话浅探》中写作"刻石成人说"，但文中并未提及人的肋骨是如何形成的。在《中国各民族宗教与神话大词典》（词条"人类生死的由来"）、《黑河地区民间文学集成》（"人为什么会死"）、《中国各民族神话》（"人类生死的由来"）三部著作中，增加了人的肋骨形成过程。上文所引材料是根据以上不同版本参考文献综合整理而成的，在此称作"刻石造人"。

---

① 白水夫：《鄂伦春民族人类起源神话浅探》，《民族文学研究》1987年第3期；《中国各民族宗教与神话大词典》编审委员会编《中国各民族宗教与神话大词典》，学苑出版社，1990，第130页。

② 白水夫：《鄂伦春民族人类起源神话浅探》，《民族文学研究》1987年第3期；《中国各民族宗教与神话大词典》编审委员会编《中国各民族宗教与神话大词典》，学苑出版社，1990，第130页；黑河地区民间文学集成编委会编《黑河地区民间文学集成》（上），内部印刷，1987，第5~6页；姚宝瑄主编《中国各民族神话》，山西出版传媒集团·书海出版社，2014，第22~23页。

在内蒙古自治区编辑组与《中国少数民族社会历史调查资料丛刊》修订编辑委员会所编的《鄂伦春族社会历史调查》（二）中，也记载了一则刻石造人神话。

> 很早以前，世界上没有人。天神认为这样不妥，于是从天上下来，用石头刻了两个人，一黑一红，并让红的姓魏，黑的姓葛。后来天神觉得人太少，便又用石头刻了一个人，让他姓孟。天神告诉他们三人，姓魏的和姓葛的是一家，应该和姓孟的结亲。先是葛姓变成女子与姓孟的结亲，生下了很多子女，后来姓魏的也和姓孟的成为亲家。①

此神话也是典型的刻石造人神话，不同的是，这里天神造了三个人。

3. 扎鸟毛鸟肉造人

> 相传很早以前，地球上一个人也没有，光是野兽，有的野兽（飞禽）还能飞行，恩都力怕它们飞来飞去飞到天宇闹事，于是就用手中的两只锤子互相敲击，震死不少飞鸟走兽，并用它们的毛和肉扎成了十个男人。等到再扎制十个女人时，鸟兽肉、毛已不够用，恩都力便用泥土捏女人，致使女人体弱乏力，不负重力。于是恩都力采摘野果，塞进每个女人口中，女人变得美丽聪慧。男人又向恩都力求助，于是得到弓箭，变得善于打猎。②

此神话在《鄂伦春民族人类起源神话浅探》中写作"扎鸟毛鸟肉成人说"，文章仅介绍了男人生成过程。《黑河地区民间文学集成》（上）中的"男人和女人"与《中国各民族宗教与神话大词典》的词条"人类为什么分男女"中，增加了扎女人及女人为何美丽聪慧、男性为何善于涉猎的内容。关于"扎鸟毛鸟肉造人"的说法，《中国各民族宗教与神话大词典》中的词

---

① 内蒙古自治区编辑组、《中国少数民族社会历史调查资料丛刊》修订编辑委员会编《鄂伦春族社会历史调查》（二），民族出版社，2009，第189页。

② 此神话根据不同版本参考文献整理而成，即白水夫：《鄂伦春民族人类起源神话浅探》，《民族文学研究》1987年第3期；黑河地区民间文学集成编委会编《黑河地区民间文学集成》（上），内部印刷，1987，第3页；《中国各民族宗教与神话大词典》编审委员会编《中国各民族宗教与神话大词典》，学苑出版社，1990，第130页；姚宝瑄主编《中国各民族神话》，山西出版传媒集团·书海出版社，2014，第22~23页。

条还有专门介绍，即词条"恩都力造人"，指出了造人的另一个背景因素。故事大意是：鄂伦春族先人认为，他们原来居住地区并不存在人类，被天神恩都力发现后，便仿照日、月、星、辰和山、川、草、木等构造，用飞禽走兽的骨和肉做成了男人和女人，故事后面讲女人不负重力与上述故事内容大致相同。这个神话在流传中也有异文。在《鄂伦春族民间故事选》和《中华民族故事大系》中，都有《恩都力创造了鄂伦春人》的篇目，在《鄂伦春民间文学》和《中国阿尔泰语系诸民族神话故事》中，也有篇目《鄂伦春人是怎么来的》。上述四部编著中的基本内容都是讲：

> 恩都力造了十男十女之后，觉得男女力量相差悬殊，于是又把女人身上加了一些飞禽走兽的骨和肉，结果女人的力量又太大了，连男人也比不上了。于是恩都力又从女人身上抽下一些飞禽走兽的骨和肉，把女人的力量减了些，这回男女力量差距不大了，男女婚配，造了很多鄂伦春人。[①]

这个故事增加了女人曾经比男人负重的内容。在《中国各民族神话》一书中，《恩都力创造了鄂伦春人》神话有不同说法：恩都力造人的目的是"来管理世界"。他造人的过程是"用飞禽的骨头和肉来造人。他先做了十个男人和十个女人，做成功了，又决定造一百对男女"。他在造这一百对男女之时，"造完男人之后，飞禽的骨头和肉已快用完"，这时候，恩都力才决定用泥来补充，女人造完后，男女负重不一样，他又叫男女成婚，繁衍成鄂伦春人。这和前面讲到的用飞禽走兽的毛和肉做人是不一样的。[②]

4. 泥土造人

关于泥土造人，一部分神话在上述的刻石造人和扎鸟毛鸟肉造人中有所提及，不再重复。在《鄂伦春民间文学》和《中国阿尔泰语系诸民族神话故事》中，还记载了流传于小兴安岭北坡毕拉尔鄂伦春猎区的神话故事：

---

① 隋书金编《鄂伦春族民间故事选》，上海文艺出版社，1988，第1页；《中华民族故事大系》编委会编《中华民族故事大系》，上海文艺出版社，1995，第697页；孟淑珍整理《鄂伦春民间文学》，黑龙江省民族研究所印刷，1993，第6页；满都呼主编《中国阿尔泰语系诸民族神话故事》，民族出版社，1997，第319~320页。
② 姚宝瑄主编《中国各民族神话》，山西出版传媒集团·书海出版社，2014，第20~21页。

那里的老人讲，鄂伦春人是恩都力神用泥做成的，做人时，神把肉和泥拌在一起，弄成人形。可是这种人只能呼吸，不能走路。于是神便在肉和泥里增加了一些骨头，人可以走路了，并且高大，但全身是毛，不用穿衣，奔跑如飞，山里野兽都被这些人吃光了。神生气了，在人的腿上安了一块膝盖骨，又把毛烫掉，只留下腋毛和胡须，这样，人捕获野兽的本领降低了，于是学会了用石头、弓箭打猎，个头也不如从前了。①

人与兽不同，身上不长毛的原因，在《黑河地区民间文学集成》（《人身上为啥不长毛》）、《中国各民族宗教与神话大词典》（词条"人身不生毛的缘起"）和姚宝瑄主编的《中国各民族神话》（《人身上不生毛的缘起》）中均有所提及。②

（二）天神造人神话分析

从以上天神造人的神话文本类型中，我们可以做出以下分析。

1. 造人材料的选取与环境有关

鄂伦春族造人神话材料的选取与其狩猎文化紧紧联系在一起。鄂伦春人虽然是天神恩都力所造，但他造人的重要原因便是地上野兽飞禽太多，于是才"仿照日、月、星、辰和山、川、草、木等构造"造人，而他所用的材料明显与一般神话故事不同，他所用的桦皮、走兽的骨头和肉，以及鸟的肉和毛等，都是大兴安岭地区狩猎民族最常见的。神话故事的主人公一般都是猎手。这里似乎以人为中心的观念比较淡薄，重点关注的是恩都力造出的一群人以及他们从事的活动，即神话所主要陈述的是狩猎的人群和人群的狩猎活动。这都是以狩猎为主的鄂伦春人桦皮文化的一种反映，这或许也是在鄂伦春先人选取造人材料时，没有首先选择用"泥土造人"的重要原因。

2. 劳动伴随造人过程

我们可以以"扎鸟毛鸟肉造人"母题为例，通过故事的叙述模式，观

---

① 孟淑珍整理《鄂伦春民间文学》，黑龙江省民族研究所印刷，1993，第 5 页；满都呼主编《中国阿尔泰语系诸民族神话故事》，民族出版社，1997，第 319 页。

② 黑河地区民间文学集成编委会《黑河地区民间文学集成》（上），内部印刷，1987，第 7~8 页；《中国各民族宗教与神话大词典》编审委员会编《中国各民族宗教与神话大词典》，学苑出版社，1990，第 131 页；姚宝瑄主编《中国各民族神话》，山西出版传媒集团·书海出版社，2014，第 23~24 页。

察其中的劳动过程。

  （1）地表有飞禽走兽。
  （2）出现造人者（恩都力神）。
  （3）造人者怕飞禽走兽闹事萌生想法。
  （4）用两只锤子互相敲击。
  （5）震死部分飞禽走兽。
  （6）用飞禽走兽的毛和肉造了十个男人。
  （7）飞禽走兽的毛和肉不够造女人。
  （8）第一种材料造人没有完全成功。
  （9）在飞禽走兽的肉和毛中加入泥土继续造女人。
  （10）两种材料混合造女人成功。
  （11）女人不负重力。
  （12）神采摘野果塞进女人嘴里。
  （13）女人变得美丽聪慧。
  （14）男人求助神。
  （15）神赐给男人弓箭。
  （16）男人学会狩猎。

  恩都力神的一系列连续动作，由简单到复杂，才使造人取得成功，我们看到在这一过程中，是劳动创造了人类，是劳动创造了人类的使用工具，是劳动使人一步步走向成熟和文明，尽管作为劳动的施动者是恩都力神。
  3. 造人过程充满着宗教文化气息
  神话和宗教存在着密切关系。鄂伦春人供奉的神很多，统称"博如坎"，天神恩都力是众神之一。他们认为不仅人有灵魂，日月山河、树木花草、飞禽走兽等都有灵魂。如在上述"刻石造人"中，神话《人类生死的由来》中讲到，天神恩都力玛发用五块巨石刻成五个石人，天神逐一抚摸石人身体的各个部分，使其都能灵活转动。这涉及了灵魂问题，与原始的"万物有灵"思想有关，与鄂伦春人宗教活动中某些特殊的动作或规定性的仪式不谋而合。
  4. 性别问题引起了人们的注意
  神话文本写到恩都力在造人过程中，是先造男人，然后才造了女人，这说明在鄂伦春族神话中，男人出现早于女人。出现了十男十女后，由于造女人的材料中有泥，所以，女性体质天生就弱，不负重力。恩都力给每个女人口中塞了一个果子，女人才变得美丽聪慧。男人有怨气，从恩都力那里又得到弓箭，因而对女人才有了优势。从这些信息中我们可得知，鄂伦春人对性别的最初认识是男性强壮于女性。因为男女来源于不同材料，所以，决定他们的性格、社会分工以及社会地位是不同的。

5. 天神恩都力的一系列行为，具有一定的系统性

作为鄂伦春人的天神，恩都力先是让日月运行有序，然后造男人女人。恩都力规定了人和飞禽走兽有生有死，并让男女不同，不让世界混乱。恩都力使人外形有别于野兽，使人学会穿衣、生火烤肉，让人与飞禽走兽有别，使人成为万物之灵长，统治世界。其实，一切都在恩都力的掌控之中，一切都是按照恩都力的意志进行的，万物进行着生死轮回，世界变得多彩多姿，恩都力才是至高无上、独一无二的。恩都力与鄂伦春人时时刻刻都生活在一起，恩都力是鄂伦春社会进步发展的推动力。这一系列行为说明恩都力神兼有某些阶级社会神至少是父系氏族社会神的表征。

6. 神与人共同维持世界的统治秩序

从故事叙述中，我们可以看到，天地开辟之时是天皇派巨灵额尔德穆创造世间万物，并教会人如何在自然界立足。这说明在很早以前，鄂伦春先民们在生存中有着最朴素的自然观，他们敬天、拜地，他们对自然界种种解释不了的现象充满着神奇幻想，创造出各种神话故事，同时也在与自然的斗争中逐渐成长和进步，推动着社会的演变和发展。当神与人发生冲突时，如太阳姑娘与小伙子相爱、成婚，他们违反了天界规矩，可是，他们还是想办法征服了天界，到人间过日子。该神话又蕴含着这样的信息：鄂伦春先民在长期的生产生活中，也在不断与自然界斗争着，他们也与自然界有着各种矛盾，他们也在试图解决这种矛盾，他们的原始思维已相当发达，想象力非常丰富，所以他们找到了类似太阳姑娘和小伙子一样的解决方式，从而使天、地、人之间尽量和谐相处。

二 生人神话

王宪昭教授在《中国少数民族人类起源神话研究》中对"生人神话"的解释是："人类的产生是以'出生'为基本形式，产生人类的主体可以是动物、植物、无生命物，有时也包括特定的神或人。""'生人'的前提是没

有婚配。"① 生人神话在人类起源神话中是比较常见的母题类型。

（一）生人神话类型

1. 石生人神话

在第二章创世神话讲述中，提到广泛流传于大、小兴安岭一带的鄂伦春、鄂温克、达斡尔等少数民族中的神话故事《小伙子与太阳姑娘》，按照王宪昭教授上文关于生人神话的定义及其分类标准，此神话也属于无生命物生人神话中的石生人神话。故事中的鄂伦春族小伙子和美丽的太阳姑娘邂逅，一见钟情。"太阳姑娘返回天界前，在一绽开裂缝的大石头上小解，小伙子也效仿姑娘小解。七七四十九天后，这块巨石居然育出一婴儿，他是太阳姑娘和小伙子的孩子。"天神恩都力知道了，"将太阳姑娘罚落人间，和凡人一样过苦日子。在人间，太阳姑娘下界与小伙子成婚"②。这则神话，在太阳姑娘和小伙子成婚之前，他们已经有了孩子，属于婚配前的"生人"。

2. 神性人物生人

对于神性人物生人神话，在《鄂温克族研究文集》中，有一段内容涉及此问题，文中谈道：在鄂伦春族人类起源神话中，流传着一种巨人生子的母题类型。③ 据此，笔者2015年在黑龙江田野调查时曾有意问到当地文化局的相关人士，有位姓莫的老人，他曾听说过类似神话，可具体内容已记不清楚了。除此之外，笔者目前在其他研究资料中并未发现相应内容，待日后查证再做补充。

3. 蛋生人

在《鄂伦春族萨满教调查》中，有一则关扣尼老人讲述的《蟒猊与鸡蛋娃》的神话故事讲：

> 古时候，鄂伦春的山顶上住着一个害人精蟒猊，它个子高大，力气过人，长一张血盆大嘴，专门吃人。在山脚下，有一对鄂伦春族老夫

---

① 王宪昭：《中国少数民族人类起源神话研究》，中国社会科学出版社，2012，第87页。
② 隋书金编《鄂伦春族民间故事选》，上海文艺出版社，1988，第22~25页；《中国各民族宗教与神话大词典》编审委员会编《中国各民族宗教与神话大词典》，学苑出版社，1990，第130页；《中华民族故事大系》编委会编《中华民族故事大系》，上海文艺出版社，1995，第718~721页。
③ 黑龙江省编《鄂温克族研究文集》（二），内部发行，2000，第257页。

妇，活了大半辈子，却膝下无子女。有一天，老两口拿着兽肉、兽血，去求"白那恰"保佑他们得子。第二天，老两口果真看到一只鸡蛋，他们觉得奇怪，就用吊锅把鸡蛋扣在了原地。过了几天，鸡蛋却一点点地自动破了壳，竟冒出了个小男孩，拳头般大小，是个鸡蛋娃，他三蹦两跳，有说有笑地跑出去了。他正跑着，遇见了两个被蟒猊追得慌慌张张的猎人。鸡蛋娃告诉他们不用怕，他来收拾害人的蟒猊，为民除害。鸡蛋娃和蟒猊相遇了，鸡蛋娃丝毫不畏惧蟒猊。凶恶的蟒猊没有把小小的鸡蛋娃放在眼里，鸡蛋娃和蟒猊立下规矩，比试武功，谁输了谁滚蛋。先比看谁能以最快的速度横穿过大海。鸡蛋娃下海后，汹涌的大海一点点地干涸起来，变成了"海路"，鸡蛋娃没费力气，轻松取胜了。蟒猊过海时，汹涌的大海咆哮了，蟒猊招架不住，被海水托起来，鸡蛋娃趁势猛用力一吹，蟒猊被吹到大海的尽头，消失得无影无踪。从此，鸡蛋娃战胜蟒猊的佳话传遍了山山岭岭，鄂伦春人也过上了好日子。①

在这则神话中，老两口求"白那恰"保佑他们得子。他们对突然出现的一只鸡蛋细心呵护，"用吊锅把鸡蛋扣在了原地"。几天后，奇迹真的出现了，从鸡蛋里冒出了个鸡蛋娃。这是典型的蛋生人神话。

（二）生人神话分析

正如所有民族一样，探究神话发展的历史还得从这个民族早期特殊的文化环境出发，才能从神话母题类型的表现形态中认识其深远的文化内涵。笔者调查发现，鄂伦春族无生命物生人母题类型较少。尽管如此，我们也能从较少材料的研读过程中找到鄂伦春先民一些久远的文化印记。

1. 源于原始宗教、图腾、信仰

鄂伦春先民在享受带给他们诸多恩惠也带给他们无限迷茫的多彩大自然的同时，也在与自然界进行着不断的斗争。面对千奇百怪的自然现象，在各种各样的自然灾害面前，在打不到猎物、挨饿受冻、九死一生时，他们觉得束手无策，深感自己的渺小，不得已他们转而寻求一种超自然、超人类的力量。于是，他们拜天拜地，供奉日、月、星、辰、风、雨、雷、电等自然物，他们对动植物、山石、水火、图腾等加以崇拜，祈求佑护，求得平安。他们相信"万物有灵"，他们对生儿育女产生种种奇妙想法，对自己的来源

---

① 关小云、王宏刚编《鄂伦春族萨满教调查》，辽宁人民出版社，1998，第85~86页。

充满了好奇。随着他们自我意识和群体意识的增强，氏族、部落之间的交往日益增多，促使那些带有个体色彩的认识进一步扩大并固定为一个氏族和部落的共识。于是，一种整个氏族、部落的思维模式渐趋形成。

2. 生人神话母题的神话思维

任何神话的产生都不是凭空捏造的。鄂伦春先民在生产力极为低下的远古时代，当他们不能解释周围的自然现象时，便认为存在某种神秘力量发源于某种客观存在的物体。由于不同的氏族、部落所处居所和环境的局限，他们往往选择日常容易接触的动植物或无生命物作为对象，并逐渐与其产生一种特殊的感情，在内心设定出与它特殊的"亲缘"或"血缘"关系，并在自我意识和群体意识增强的趋势下上升为族的"标志"。[①] 鄂伦春人认为，山岭上的奇形怪状的岩石是老天爷有意安排的，所以他们每遇形状较为奇特的石头特别是巨石都要非常虔诚地敬拜。如果遇到石砬子上有洞，就会认为这个山岭上有主人，猎人到近旁要叩头，以求得保佑。[②] 而且，在世界很多地方发现了原始人崇拜巨石的证明，巨石作为崇拜对象，用于各种仪式，人们认为大石可以孕育万物。[③] 故此，鄂伦春族石生人神话母题的神话思维产生也找到了依据。

3. 生人神话母题的象征意蕴

无生命物生人神话除了源于原始宗教、图腾、信仰因素，并产生于客观环境基础上之外，还有一个重要因素就是早期人类更注重创造物主体的外部特征，即生命母题特征。如我们熟知的葫芦，因为其形体特征，我国南方彝族、侗族、苗族等很多民族把葫芦与女性的生育联系在一起，创造了众多葫芦生人的神话。同样，一些考古学家认为，巨石生人有其象征意蕴，突起的长柱形的石茎巨石，象征男性生殖器，石缝、石槽或石洞象征女性生殖器。文化人类学家凌纯声将象征男性生殖器的巨石称为"带肩的巨石"，把象征女性生殖器的巨石称为"有槽巨石"。有槽与带肩的巨石，称为阴阳石或雌雄石。[④]《小伙子与太阳姑娘》中，太阳姑娘在一绽开裂缝的大石头上小解，

① 王宪昭:《中国少数民族人类起源神话研究》，中国社会科学出版社，2012，第 90 页。
② 内蒙古自治区编辑组、《中国少数民族社会历史调查资料丛刊》修订编辑委员会编《鄂伦春族社会历史调查》（一），民族出版社，2009，第 51 页。
③ C. M. Edsman, "Stones" in M. Eliade, ed., *The Encyclopedia of Religion* (N. Y. London, 1986), pp. 49-53.
④ 宋龙飞:《民俗艺术探源》（下册），艺术家出版社，1982，第 475 页。

小伙子也向裂缝大石头上小解，七七四十九天，这块巨石育出一婴儿。① 这里，太阳姑娘和小伙子只是在大石头上留下了自己的尿液，并且，他们在婴儿出世之前并未有婚配行为，因此大石头才是孕育婴儿的重要主体。

4. 神性人物生人

如巨人生子母题类型的出现，说明人与神的关系更为亲近。因为巨人毕竟和一般的人不一样，所以他们才能生出人类，从而为自己的来历增加浓厚的神秘色彩，这更符合人的心理接受特征。

三　化生与变形神话

化生、变形神话母题是人类发展过程中思维达到一定程度才出现的，它是人类起源神话中常见的两类神话母题。化生母题侧重物与人之间根本性的改变，而变形母题则侧重外形的差异，本质上一般不发生根本变化。化生、变形神话母题是特定历史文化背景的产物，具有一定的文化内涵。

（一）化生神话类型

生物学对"化生"的定义是："化生是机体的一种组织由于细胞生活环境改变或理化因素刺激，在外形和机能上变为另一种组织的过程。"② 结合这个定义，我国各民族化生神话可划分为动物化生、植物化生、无生命物化生、神和神性人物化生等几种形式。

熊化生人。鄂伦春族的化生神话较少，巴图宝音整理的《鄂伦春族民间故事集》、《黑河地区民间文学集成》（上）、隋书金编的《鄂伦春族民间故事选》、《中国各民族宗教与神话大词典》、徐昌翰等著的《鄂伦春族文学》以及《中华民族故事大系》等都记述了熊化生人的神话故事。故事梗概是：

> 过去，有一个猎人打猎时被一只母熊俘获。母熊将猎人背回熊洞，安顿下来，采来野果、草药、野蜂蜜等，照顾猎人。母熊一直用大石头堵住洞口，以防外面的野兽伤害到猎人，猎人一天天好起来，猎人和熊

---

① 隋书金编《鄂伦春族民间故事选》，上海文艺出版社，1988，第22~25页；《中国各民族宗教与神话大词典》编审委员会《中国各民族宗教与神话大词典》，学苑出版社，1990，第130页；《中华民族故事大系》编委会编《中华民族故事大系》，上海文艺出版社，1995，第718~721页。
② 中国社会科学院语言研究所词典编辑室编《现代汉语词典》，外语教学与研究出版社，2002，第836页。

住在了一起。同居了几年，母熊生了幼仔，一半像人，一半像熊，他们经常出去觅食，像一家人一样。

数年过去了，母熊放松了警惕，可猎人始终没有忘记返回家乡。猎人趁母熊和他们的熊仔出洞觅食之机，推倒母熊堵在洞口的石头，背上弓箭，逃到江边，恰好遇见一放木排的人，他乘机登上木排逃跑了。母熊和熊仔背着觅到的食物回来，见洞口大开，猎人和弓箭都不见了，母熊急忙携带幼仔追赶。跑到江边，发现猎人已经驶向江心了。母熊声嘶力竭呼喊猎人回来，可猎人不理不睬。母熊盛怒之下，提起幼仔，将其撕成两半，一半投向猎人，一半留给了自己，并瘫坐在江边，伤心地哭了许久。据说，后来随母熊的那一半幼仔成了熊，随猎人的那一半幼仔成了鄂伦春人。①

故事中，猎手被母熊所获，囚禁于洞中被迫同居，交配而生幼仔。猎人逃跑，母熊将幼仔撕成两半，随母者化为熊，随父者则成为鄂伦春人。幼仔由半人半兽到变成鄂伦春人，实现了由兽到人的本质转变。鄂伦春人自古禁猎熊，对熊不能直呼其名，而是称它为"雅亚"或"太帖"，意思是祖父和祖母，并有熊葬的风俗，以此求得熊的宽恕。

（二）变形神话类型

"变形"属于神话的情节母题之列。斯蒂·汤普森在《世界民间故事分类学》中，指出"变形"是"一个人、一个动物或物体改变了自身的形状并以另一种新的形态出现，我们称之为变形"②。所以，"变形"母题主要侧重事物外形的改变。变形神话的母题类型多种多样，动植物、无生命物以及神都可以变形为人。例如，我国西北地区的土族有猴变人之说，南方布依族等有蛇变人之说，德昂族有鱼变人之说，哈萨克族有瓜变人之说，布朗族有

---

① 巴图宝音搜集整理《鄂伦春族民间故事集》，中国民间文艺出版社，1984，第4页；黑河地区民间文学集成编委会编《黑河地区民间文学集成》（上），内部印刷，1987，第25~26页，书中熊和猎人的故事和其他参考书目讲述有不同之处，笔者将在下文婚配生人神话中进行系统论述；隋书金编《鄂伦春族民间故事选》，上海文艺出版社，1988，第3~5页；《中国各民族宗教与神话大词典》编审委员会编《中国各民族宗教与神话大词典》，学苑出版社，1990，第131页；徐昌翰、隋书金、庞玉田：《鄂伦春族文学》，北方文艺出版社，1993，第31~32页；《中华民族故事大系》编委会编《中华民族故事大系》，上海文艺出版社，1995，第699~701页。

② 〔美〕斯蒂·汤普森：《世界民间故事分类学》，郑海等译，郑凡校，上海文艺出版社，1991，第309页。

木头变人等无生命物变人之说，还有诸如德昂族《葫芦传人种》中神变人等神、人的变形以及侗族的祖母神萨天巴肉痣变人等神、人的某些部位变人神话。在鄂伦春族，有无生命物变人的神话。

肉球变人。在鄂伦春族变形神话中，有一则《召日姑姑神》的神话，讲述了肉球变人的经过。

> 从前，深山里有一乌力得恩（部落），住着一对老夫妻，无子女，清冷孤单，老太太每天痴痴地拜神求子。一次，老太太煮肋条肉时从笊篱里蹦出个圆圆的小肉球，正好跳进老太太嘴里，于是，老太太怀孕了。不久，老太太生下一女儿，名叫召日姑姑罕。召日姑姑罕天性善良，长得又漂亮，全乌力得恩的人都喜欢她。后来，隔座山的另一个乌力得恩借用老太太的笊篱，召日姑姑罕在送完笊篱返回家的路上，被马粪堆绊倒，离开了人世。从此，人们把召日姑姑罕当作招魂的神，并用竖立笊篱的方法进行占卜、祭祀活动。人们编了词，配了调，编了舞，请召日姑姑罕神为他们招魂、祝福。①

在这则神话中，肉球跳进老太太嘴里，日后变为人出生。肉球不但改变了自身的形态，同时以人的姿态出现，正符合斯蒂·汤普森对"变形"的说法。

在研究人类起源神话时，我们所说的变形神话，主要是研究变形为人的神话母题。当然，与神、人的变形母题相联系，也存在着人变为其他异物的情况。如在巴图宝音整理的《鄂伦春族民间故事集》、《中国各民族宗教与神话大词典》、徐昌翰等著的《鄂伦春族文学》中，有人变为熊的神话故事。故事梗概如下：

> 古时候，有一鄂伦春族中年妇女，她右手腕上戴着红手镯，到深山老林里采摘野菜、野果。可她在返回途中却迷失了方向，此后，她就变成了一只熊。
> 几年后，这个妇女的丈夫进山狩猎，恰巧遇见一只正在埋头吃杜柿

---

① 孟淑珍整理《鄂伦春民间文学》，黑龙江省民族研究所印刷，1993，第 20~22 页；满都呼主编《中国阿尔泰语系诸民族神话故事》，民族出版社，1997，第 329~330 页。

的熊，他开枪打死了熊。当剥熊皮的时候，发现熊的前肢上戴着一个和他失散的妻子一模一样的红手镯，猎人好生奇怪，莫非这是他几年前失踪的妻子？难怪找不到她。从此，熊被认为是鄂伦春人的化身。①

在这则神话故事中，鄂伦春族妇女因在山林里迷失了方向而变为熊。在《塔河民间文学集成》里，有一则《黑瞎子的来历》的神话故事，也讲述了人变为熊的故事。故事中讲：

> 从前有兄弟俩，弟弟是个傻子。因为弟弟经常干傻事，不仅使哥哥打不到猎物，还把自家东西扔在河里被水冲走，把家里的马弄死。哥哥气急了，想着把弟弟害死。出猎途中，哥哥在山顶上烧红一块大石头，谎称是一只鹿，让弟弟死死抱住，结果傻弟弟被烧死了。傻弟弟死后变成了一只大黑熊。②

满族神话《恩都乌勒胡玛》也记述了一则关于乌勒胡玛（野雉）变形为人的故事，故事讲道：很早以前，天神恩都力从笼子里放出最喜爱的五只色彩斑斓的乌勒胡玛（野雉）。它们从天上降落下来成为世界上最初的人类，并且都是女人，后来，五个女人出嫁了，有了赫哲人、鄂温克人、鄂伦春人、满人、蒙古人……③这里，乌勒胡玛（野雉）本是鸟类，在天神恩都力的授意下，由鸟的形态变为女人形态，下界繁衍人类，属于典型的变形神话。

（三）化生与变形神话分析

据统计，与西南、华南和中东南地区相比，我国北方地区各民族的化生与变形神话数量较少，尤其是鄂伦春族。目前，笔者搜集到的鄂伦春族化生与变形神话仅有上述三则。

1. 神话故事发生的环境背景具有典型的民族性特征

众所周知，鄂伦春人以采集和狩猎为生，是"住在山岭上的人"。材料

---

① 巴图宝音搜集整理《鄂伦春族民间故事集》，中国民间文艺出版社，1984，第 5 页；《中国各民族宗教与神话大词典》编审委员会编《中国各民族宗教与神话大词典》，学苑出版社，1990，第 131 页；徐昌翰、隋书金、庞玉田：《鄂伦春族文学》，北方文艺出版社，1993，第 32 页。
② 黑龙江省塔河县民间文学三套集成编委会编《塔河民间文学集成》，内部印刷，1987，第 8~9 页。
③ 富育光：《萨满教与神话》，辽宁大学出版社，1990，第 259 页。

中猎人、熊、野果、草药、野蜂蜜、山岭等一系列物象组成了鄂伦春人的生存环境。

2. 图腾观念是化生、变形产生的重要原因

在初民意识里，图腾就是一种与自己有着统治属性或体征的东西。鄂伦春族对熊的崇拜同对祖先崇拜的观念紧紧联系在一起，这种崇拜很可能与鄂伦春族远祖世世代代在狩猎活动中对熊的观察有关：熊的凶猛、像人一样直立行走、像人一样的生殖器官、一系列神奇能力等。鄂伦春族先民由对熊的神秘不解产生敬畏，进而将其视为同族，产生了人熊为血缘关系的神话观念。于是，熊化生人的神话便产生了。

3. 化生、变形母题中隐含着某种宗教巫术仪式

鄂伦春族在猎熊后有一整套风葬熊骨的仪式、吃肉的规则和禁忌。其中一个重要原因就是认为熊能"死而复生"，它象征整个氏族的生生不息，象征着灵魂再生，实际上是灵魂的转体附形观念，而这种再生只不过是灵魂转移到其他物体上而已。在《熊的传说》中，熊仔被撕开两半，一半变成熊，另一半变成人；在《召日姑姑神》中，肉球进入老太太腹内，产下婴儿，都是这种形式的体现。

四 婚配生人与感生神话

人类社会发展到一定程度，才产生了婚姻形式。从字面上分析，"婚配"有"婚姻""交配"的意思。所以，婚配生人神话也应包含这两层含义。感生是婚配生人的另一种形态。感生神话产生过程虽然不是像婚配生人过程一样通过异性交合产生生命体，但也是男性、女性或者其他物体，有感于动物、植物、无生命物等，孕育出新的生命体的过程。在鄂伦春族人类起源神话故事中，婚配生人和感生神话也是一个重要组成部分，这两种母题类型的出现是不同社会历史发展阶段的反映，其丰富内涵当然也会在神话文本中不同程度地展现出来，这反映了鄂伦春人在远古时期的另一方面的民族特征。

（一）婚配生人神话类型

1. 人神（仙）婚配生人

赵复兴在《鄂伦春族文学简论》中，在提及《奇星的故事》时，结尾列举了巨灵额尔德穆莫日根和山神之女的婚姻故事。

天神派巨灵额尔德穆莫日根下凡治理大地，他把大地修建停当后，

看到它太美丽了，自己也不想回天堂去了，天神一怒之下把他开除出天宫。在他的请求下，天神把天上一半野兽拨给地面，山神之女也被他感化，和他结为夫妻，生儿育女，从此大地才有了人类。[①]

这里，巨灵额尔德穆和山神之女婚配，生儿育女，繁衍了人类。有关这则神话故事，本书在第二章创世神话的天神创造大地神话研究中曾提到过，但侧重点不同：第二章重点强调大地是如何产生的，这里重点强调人类是怎样产生的。

在生人神话中，有《小伙子与太阳姑娘》的神话，它同时也属于人与天女成婚的神话母题类型。作为凡人的小伙子与天女太阳姑娘邂逅，"两人互相倾慕"，他们在巨石上的裂缝中小解，七七四十九天后生出一婴儿，后取名莫日根布库。后来，太阳姑娘降临人间与小伙子成婚。再后来，天女太阳姑娘被母亲召回天界，不得再回人间。经过种种磨难和斗争，小伙子和他们的儿子莫日根布库登临天界，带回太阳姑娘，继续繁衍人类。在这个神话故事中，虽然他们通过巨石生婴儿在前，可是结婚后，他们仍然具备了"婚姻"和"交配"两个因素，可以想见，正常情况下，他们婚后还是会继续繁衍人类的。

2. 血亲婚配生人

婚配生人神话的另一种形式是血亲婚配生人母题类型，在鄂伦春族主要是父女婚生人。如清代末年流传于小兴安岭的那翁河、库玛尔河、那亚河、刺尔滨河、卧都里河、坤河、嫩江等诸流域内原库玛尔路鄂伦春族猎民中的一则《没脑袋的神》的神话，其故事梗概是：

古时候，有个没脑袋的神，没有眼睛，没有耳朵，但他能用"屋混"（即乳头）看东西、听声音，间隔十八座山远也能听得一清二楚。他没有嘴，但能举起满桦皮篓的酒倒进"穷固鲁儿"（即肚脐眼）里。他两只脚前后左右都能走路，他能上天，能入地，力气大，谁也打不过他。他有十五个姑娘，个个美如天仙，来求亲的小伙子络绎不绝，但没脑袋神有个要求，要求来求亲的小伙子必须打败他，他才把姑娘嫁给求亲的人，如果打不过，没脑袋神就将同自己的姑娘成亲。结果，有十五

---

① 　赵复兴：《鄂伦春族文学简论》，《内蒙古社会科学》1995 年第 3 期。

个求亲的小伙子都被他打死了，他也与自己的十五个姑娘结了婚。当第
十六个求婚人米里于哥恩来求娶没脑袋神的第十六个姑娘的时候，米里
于哥恩通过比武、射箭都没有赢得没脑袋神。最后，是没脑袋神的第十
六个姑娘给米里于哥恩出主意："你只要把桦树上的喜鹊窝射掉就行，
里面装着他的心呢！"米里于哥恩照做了，战胜了没脑袋神。最后，米
里于哥恩领着没脑袋神的第十六个姑娘过打猎的日子去了。①

在上述神话中，十五个姑娘是没脑袋神的亲生女儿，她们与没脑袋神有
着最为直接的血缘关系，但没脑袋神与她们一个一个地成了亲，繁衍着后
代。这里的父女婚是鄂伦春族内群婚状态的反映。恩格斯曾指出："不仅兄
弟和姊妹起初曾经是夫妇，而且父母和子女之间的性交关系今日在许多民族
中还是允许的。"②神话还强调了男性（没脑袋神）的主动性，可能带有父
系氏族社会婚姻状况的痕迹，反映了鄂伦春族曾经经历过的血缘乱婚时代，
即曲折的婚姻史。

3. 人与动物婚配生人

从目前搜集到的资料看，在鄂伦春族，人与动物婚配神话母题主要集中
于人与熊婚配生人，并且婚配生人中的动物是以鄂伦春族的图腾物熊为主。
前文化生神话中提到的《熊的传说》（《中国各民族宗教与神话大词典》中
词条：熊与猎手）是人与动物婚配的典型神话故事。故事中，猎人被母熊
俘获后，生有一幼仔，他们虽没有和人类一样的婚姻嫁娶方式，但人和母熊
发生了类似"婚姻"的形式，母熊将猎人"安顿下来"，"好生照顾"，"猎
人和熊住在了一起。同居了几年，母熊生了幼仔，一半像人，一半像熊"。
他们一起同居，发生了交配关系，并产下了后代。

在《黑河地区民间文学集成》（上）中有《小伙子与黑母熊的传说》
的神话故事，故事中熊和小伙子（也是猎人）的故事与前文讲述有不同
之处：

一个小伙子在走路时候，被一只黑母熊抓到，背进山洞。黑母熊每

---

① 黑河地区民间文学集成编委会编《黑河地区民间文学集成》（上），内部印刷，1987，第
20~22 页；《中国各民族宗教与神话大词典》编审委员会编《中国各民族宗教与神话大词
典》，学苑出版社，1990，第 130 页。
② 《马克思恩格斯选集》（第四卷），人民出版社，1977，第 30 页。

天出洞给小伙子打食吃，出洞时将洞口用大石头堵住，防止小伙子逃跑。一到晚上，黑母熊就逼着小伙子和它睡觉。开始的时候，小伙子不同意，后来小伙子觉得逃不出去了，于是他就和黑母熊睡在了一起。天长日久，小伙子身上也长起了毛。过了两年，黑母熊生下了两个小孩，浑身上下都是毛茸茸的。一天，黑母熊出去觅食，留下两个小孩和小伙子在洞里，小伙子丢下两个小孩，趁机逃跑了。逃到江边，正好看到一只桦皮船，他跳上了船。桦皮船刚好离岸，黑母熊追上来了，它哭喊着让小伙子回来，可小伙子怎么也不理它。黑母熊生气了，将两个小孩一撕两半，全都扔进江里，扔完后，它自己也跳进江里淹死了。小伙子吃了三年的盐，身上的毛才褪掉。①

这里，小伙子被黑母熊抓进洞中后，慢慢地浑身长了毛。黑母熊与小伙子生下两个孩子，小伙子逃跑后，黑母熊将两个孩子全部一撕两半，抛向江中，至于两个孩子后来怎样，并没有提及。只是小伙子吃了三年的盐，浑身的毛才褪掉。这是上述故事的异文。

王宪昭教授在《中国少数民族人类起源神话研究》中，曾对阿尔泰语系各民族及汉族神话主要动物图腾崇拜与动物婚母题进行过详细统计，他将这些民族的动物婚神话母题分为综合型、兽、鸟三种类型，并指出了阿尔泰语系突厥语族、蒙古语族、满-通古斯语族、汉族目前存在与上面三种类型动物中哪些具体动物有婚姻关系的神话或传统。其中，鄂伦春族综合型中包括龙（蛇）；兽类中包括熊、狼、猴；鸟类中没有。② 笔者在调查和梳理有关鄂伦春族人与动物婚神话过程中，并没有得到相关龙（蛇）、狼的文本资料，需在后续研究中进一步考证。

关于人和猴婚配生人神话，在满都呼主编的《中国阿尔泰语系诸民族神话故事》和《鄂伦春族社会历史调查》（一）中记载了一则神话，讲述了鄂伦春人的来历。

很早的时候，山里头的人都像动物，只是用两条腿走路。那时人都

---

① 黑河地区民间文学集成编委会编《黑河地区民间文学集成》（上），内部印刷，1987，第25~26页。
② 王宪昭:《中国少数民族人类起源神话研究》，中国社会科学出版社，2012，第196页。

是雄性的，只有一个年龄较大的雌性人，每天留在山洞里看管食物，雄性人都很尊重她，管她叫妈妈。

有一天，山洞里来了一只雄性猴子，对妈妈表示好感。老妈妈对猴子也感到很中意，于是有了感情，他们同居在一处。日久天长，老妈妈生下两个白胖胖的娃娃，一男一女。今天的鄂伦春人，正是那一男一女繁衍而来的。①

在上述神话中，长得像动物的老妈妈与雄性猴子"同居在一处"，产生了事实上的婚配关系，并且老妈妈产下"一男一女"，繁衍发展为"今天的鄂伦春人"。

（二）婚配生人神话分析

1. 婚配生人神话的产生

婚配生人神话是社会发展到一定阶段的产物，至少它是在人类对性别有了初步认识后产生的。早期人类在生产力极为低下的情况下，首先要做到的就是具备较高的生育率，才能在充满各种危险和灾难的大自然中生存、繁衍，并不断壮大。人们开始想到并探索自己的来源问题，他们将目光聚焦在了婚姻、性和生殖上，但先民们还意识不到人的产生是男女交合的结果。在原始的直觉思维和"万物有灵"思想的指引下，他们最初想到的是"神灵"，甚至认为只有神灵佑护，妇女才能怀孕。② 进而，他们又认为与自己联系最密切的对象——动物、植物等有生命的以及无生命的，尤其是他们的图腾物、崇拜物等同自己具有血缘关系。与此同时，他们创造了一个个婚配生人神话。

2. 婚配生人神话母题类型重点强调的是人的产生

以人与动物婚配生人神话为例，它的内容是一种朴素的原始状态，不涉及文明社会所具有的人伦关系和道德标准。这里的动物不是一般意义上的动物，它们是一种"抽象物"，是同时兼有神性和人性的特殊载体，体现了早期人类对自身以及本族人的关注。当然，本质上，这种人与动物婚配还是源于人们对某种动物的崇拜心理。而且，随着社会道德观念的出现和逐渐强

---

① 满都呼主编《中国阿尔泰语系诸民族神话故事》，民族出版社，1997，第319页；内蒙古自治区编辑组、《中国少数民族社会历史调查资料丛刊》修订编辑委员会编《鄂伦春族社会历史调查》（一），民族出版社，2009，第5页。

② 中国先秦史学会编《夏文化研究论文集》，中华书局，1996，第164页。

化，出现了人类不愿意与他们的图腾物或崇拜物发生婚姻关系的神话，尤其是出现了人类不想继续与作为图腾物或崇拜物的兽类发生婚配关系的神话，这都是人类婚姻形式在特定历史阶段所产生的必然结果。王宪昭教授在提到人与动物婚时说："'人与动物婚'形式，并非真正意义上的人与这些动物结婚产生人类，而应是对偶婚的一种变异形态，只不过是用具体的动物代替了氏族或民族的图腾物，人与动物结合实际上是族与族之间的婚配关系。"①

3. 婚配生人神话中常常出现不同母题组合现象

如《小伙子与太阳姑娘》就出现了两种母题组合，即婚配生人母题和造人母题的组合。小伙子和太阳姑娘先在大石头缝隙中孕育出了他们的孩子莫日根布库，然后太阳姑娘再次下界与小伙子结婚，繁衍人类，这属于先造人后婚配。而《额尔德穆》则属于先婚配后造人，巨灵额尔德穆莫日根和山神之女"结为夫妻，生儿育女"，从此大地才有了人类。

（三）感生神话类型与分析

第一，从世界范围来看，感生神话的基本类型有感动物生人、感植物生人、感无生命物生人、感神生人、感多种物质生人以及动植物、无生命物等感生人。在鄂伦春族，感生与其他母题相组合，前文变形生人神话中论述的《召日姑姑神》是有代表性的一则神话。

《召日姑姑神》的神话主体是感生母题，老太太因嘴里跳进了肉球而怀孕，并生一女。同时，肉球变人又属于变形母题。它将感生母题与变形母题相结合，使这则神话叙事得以完整。应该说，这种叙事给人的来历赋予了更多神奇色彩，它强调了感生物的神圣和不平凡，也使人的产生过程更符合逻辑。

神话中老太太作为召日姑姑罕得以产生的主要载体，是因为人类最早感生神话的创作者也应该是女性。在遥远的过去，当女性腹部膨胀，并生出孩子时，她们并不知晓只是因为两性交合而致。女性把导致自己怀孕生人的原因归结为自己遇到的动物、植物，或者触及了自然界的风、雨、雷、电等，或者是体内进入了什么东西。她们唯独没有想到的是，致使自己怀孕的真正使者是男人。当神或图腾观念产生后，因神或图腾的感应而生人，成为她们怀孕生人最神圣也最完美的解释。

第二，感生母题主要强调了生育的原因，让人们了解了早期关于婚姻信

① 王宪昭：《中国少数民族人类起源神话研究》，中国社会科学出版社，2012，第178页。

息的来龙去脉，尽管这些信息在今天看来很荒唐，很不可思议，但它反映了人类思维不断成熟和人类社会不断演变发展的踪迹。另一方面，它在一定程度上达到了实用目的。就个人而言，它凸显了个人的神圣和不平凡；就族群而言，它使族群对自己的来源充满荣耀感。如历朝历代的帝王对自己的出生、所属族群或者国家等来历都有一段佳话，多数与感生密切相关，这对他们宣扬个人荣耀和巩固统治地位起到了很大的帮助作用。

第二节 人类再生神话

前文阐述的鄂伦春族人类起源神话，主要侧重于宏观上的整体的人类的诞生，即人类的初次诞生。鄂伦春族人类起源神话还有一种母题类型，就是人类再生神话，主要讲述洪水、火灾或其他劫难过后人类是如何得以再生和繁衍的。在鄂伦春族，这类神话多与洪水神话及姐弟婚神话母题联系在一起，也有少数神话是与火和洪水联系在一起的混合型。因为它重在强调人类的第二次产生，许多研究者直接将其命名为洪水神话。为了突出强调此类神话与前文生人、化生与变形、婚配生人和感生几个神话母题在产生时间、背景、特征等方面的不同，本书将其单独列为一节予以论述。

一 洪水型人类再生神话

笔者根据洪水后遗民类型，对鄂伦春族洪水型人类再生神话进行总结，将其划分为两种类型加以陈述。

（一）洪水后剩一男一女，男女成婚繁衍下一代

在隋书金编的《鄂伦春族民间故事选》、《中华民族故事大系》编委会编的《中华民族故事大系》、姚宝瑄主编的《中国各民族神话》和满都呼主编的《中国阿尔泰语系诸民族神话故事》中，有《九姓人的来历》，故事情节是：

很久很久以前，山火成灾，无法控制，树木被烧焦，野兽被烧得绝迹，人也被烧死了一大半。山火将熄时，山洪又暴发了，洪水淹没了所有的山坡和平地。地上只剩下一男一女，女的比男的岁数大，他们被狂涛冲到一座小山上，只能靠吃蘑菇活着。日久天长，两人成为夫妇，在山里靠游猎生活。他们共生了九个儿子和九个姑娘。孩子渐渐长大，父

母教会了他们怎样打猎和采集野果吃。长大成人后，这十八个兄弟姊妹不是兄妹俩一起出去打猎，就是姐弟俩一起出去打猎，时间长了就结为了夫妻。

后来，十八个人两两一对分别去了不同的地方，父母就根据他们所住的地方立了姓氏。老大、老二、老三和老四这四对留在了库玛尔浅，就姓孟、葛、魏、关；老五、老六两对就上了托浅和多布库尔浅，姓何、白；老七、老八、老九三对到了毕拉尔浅，姓莫、杜、吴。鄂伦春人古代的九大姓形成了。①

这则神话叙事为：（1）洪水发生时间：很久很久以前；（2）洪水发生原因：山火成灾；（3）洪水发生前征兆：几乎一切尽毁，人只剩下一半；（4）洪水制造者：山火；（5）洪水遗民：只剩一男一女，女的比男的岁数大；（6）遗民的婚姻：日久天长，自然成为夫妻；（7）生子女：十八个兄弟姊妹共九对，两两结婚，成为古代的九大姓氏。

在这则神话中，洪水后剩下的一男一女没有血缘关系，但他们成为夫妇后，生下的十八个孩子，九男九女，两两一对，长大后成婚，却是典型的血缘婚。

造成人类再生的原因有两个：首先是因为"山火成灾，无法控制，树木被烧焦，野兽被烧得绝迹，人也被烧死了一大半"。这里强调，山火是事件发生的诱因，即导火索。其次是"山火将熄时，山洪又暴发了，洪水淹没了所有的山坡和平地"。这又说明，山洪是事件进一步发展的推动力。两方面的原因造成了"地上只剩下一男一女"。因此，这则神话既属于洪水型人类再生神话，也属于洪水与其他灾难联系在一起的混合灾难型人类再生神话。在鄂伦春族中这类神话较少。

在中国民间文艺研究会黑龙江分会编辑的《黑龙江民间文学》（第11集）、黑河地区民间文学集成编委会编的《黑河地区民间文学集成》（上）、隋书金编的《鄂伦春族民间故事选》以及满都呼主编的《中国阿尔泰语系诸民族神话故事》中，有《五姓兄弟的传说》：

① 隋书金编《鄂伦春族民间故事选》，上海文艺出版社，1988，第6~7页；《中华民族故事大系》编委会编《中华民族故事大系》，上海文艺出版社，1995，第702~703页；满都呼主编《中国阿尔泰语系诸民族神话故事》，民族出版社，1997，第315~316页；姚宝瑄主编《中国各民族神话》，山西出版传媒集团·书海出版社，2014，第28~29页。

　　很早以前的一天夜里，兴安岭突然天降瓢泼大雨，河水出槽了。许多人都被淹死了，只剩下一个大姑娘和一个小小子。大姑娘领着小小子上了山，并用小树和桦树皮搭了"撮罗子"住。天长日久，二人结为夫妻，生了五个小小子，他们渐渐长大。

　　一天，阿曼（父亲）决定让五个儿子分头去办一件好事，然后给他们起名字。三天后，老大拿出五张弓，全用红木头做成，阿曼给他起名叫"魏拉依嫩"，取"红木头"之意。自此，老大姓魏。老二扛来一只狍子，阿曼给他起名叫"古兰"，取"公狍子"之意。从此，老二姓关。老三亮出一顶帽子，阿曼给他起名叫"戈钦"，取"真聪明，非常好"之意。从此，老三姓葛。老四将打来的狍子稳妥放在地上，分成六块，把狍头献给阿曼，把四条腿分给四个弟兄，阿曼给他起名叫"吴恰它堪"，取"没私心，办事公平"之意。自此，老四姓吴。老五把三天中打来的狍子、野猪、飞龙、香鼠等猎物堆放在一块，阿曼给他起名叫"莫日根"，取"打猎能手"之意。从此，老五姓莫。

　　五个小伙子都有了自己的姓名。几年后，阿曼满意地闭上了眼睛，五兄弟将阿曼好生安葬。后来，魏、关、吴、葛、莫五姓兄弟也都各自成家立业了。①

　　这则神话叙事为：（1）洪水发生时间：很早以前；（2）洪水发生原因：一天夜里，突然天降瓢泼大雨；　（3）洪水发生前征兆：河水出槽了；（4）洪水制造者：瓢泼大雨；（5）洪水遗民：只剩一个大姑娘和一个小小子；（6）遗民的婚姻：天长日久，小小子长成小伙子，两人成婚；（7）生子：生五个小小子，形成五大姓，成家立业，繁衍人类。

　　洪水后，剩下的大姑娘和小小子没有血缘关系。他们接下来的一代是五个儿子，他们都分别成家立业，也不存在血缘关系。但这则故事在《中国各民族宗教与神话大词典》编审委员会编的《中国各民族宗教与神话大词典》里，神话名称为《鄂伦春族五姓的由来》，故事主人公不再是姑娘和小

①　中国民间文艺研究会黑龙江分会编《黑龙江民间文学》（第11集），黑龙江省文联铅印室，1984，第9~11页；黑河地区民间文学集成编委会编《黑河地区民间文学集成》（上），内部印刷，1987，第29~31页；隋书金编《鄂伦春族民间故事选》，上海文艺出版社，1988，第370~372页；满都呼主编《中国阿尔泰语系诸民族神话故事》，民族出版社，1997，第316~318页。

伙子，而是姐弟俩，后来结为夫妻，生五子。这和《九姓人的来历》就有了相同之处，即洪水后的血缘婚。①

（二）洪水后仅剩一男，男性与动物结婚繁衍下一代

在内蒙古人民出版社编的《鄂伦春民间故事集》、巴图宝音整理的《鄂伦春族民间故事集》、隋书金编的《鄂伦春族民间故事选》、《中华民族故事大系》编委会编的《中华民族故事大系》和姚宝瑄主编的《中国各民族神话》中，都记载了神话《大水的故事》：

> 从前，一个寡妇有个儿子，是个有名的猎手。他十七岁时因心疼母亲，娶了媳妇帮助母亲料理家务。可不到两年，母亲去世了。在打猎途中，他将一位在树林里痛哭的可怜老奶奶背回家中，可妻子嫌弃老奶奶，他只好自己照顾。一天，老奶奶突然让他卖掉家中的两匹马、猪、猎狗，并告诉他："不要人家钱，只要纸，什么纸都行。"他很奇怪，但还是按照老奶奶的话做了，换回无数的破纸。几天后，老奶奶说："孩子，你虽然个子矮，但是你有巨人的胸怀，世界上只有你这样的好人才配活下去。你快上船吧，马上要发大水了。切记，见了兔子可救，见了人千万别救！"老奶奶说完不见了。霎时，洪水肆虐，淹没了一切，他在船上得以生还。他还搭救了一只正在水里挣扎的兔子，他将兔子抱回家，搭了"仙人柱"一起居住。猎人每次外出打猎回来，饭菜都做好了，色美味香。他再次佯装出猎，却提早返回，他从门缝里看到一个美丽的少女在做饭。过了一会儿，少女拎着桦皮桶去汲水了。猎人走进屋发现兔子不见了，只是一张兔皮留在床铺上，他恍然大悟。当他得知少女是兔子变成的，他立刻向她求婚，结为夫妻，生儿育女，延续至今。②

这则神话的叙事是：（1）洪水发生时间：很久以前；（2）洪水发生前

---

① 《中国各民族宗教与神话人词典》编审委员会编《中国各民族宗教与神话大词典》，学苑出版社，1990，第131页。

② 内蒙古人民出版社编《鄂伦春民间故事集》，内蒙古人民出版社，1981，第10~12页；巴图宝音搜集整理《鄂伦春族民间故事集》，中国民间文艺出版社，1984，第22~25页；隋书金编《鄂伦春族民间故事选》，上海文艺出版社，1988，第8~11页；《中华民族故事大系》编委会编《中华民族故事大系》，上海文艺出版社，1995，第704~707页；姚宝瑄主编《中国各民族神话》，山西出版传媒集团·书海出版社，2014，第25~28页。

征兆：老奶奶出现，考验猎人，认为猎人忠诚孝顺，有巨人胸怀，需要活在世上，并告知猎人洪水将至；（3）避水工具：用此前卖猎马、猪、猎狗换回来的破纸造了纸船；（4）洪水遗民：猎人；（5）遗民的婚姻：猎人与自己救助的由兔子变成的少女结婚，繁衍人类；（6）婚前难题考验：兔子在洪水中挣扎，被猎人搭救，兔子每天变成美丽的少女，为猎人整理家务，做饭担水。神话故事中的男性是与动物结婚，繁衍下一代。

此故事在《中国各民族宗教与神话大词典》中，有词条"洪水神话"，也有类似记述，故事主要内容为：

> 据传，很早时候，有一位猎人，进入山林打猎时，遇见一老太婆正在痛哭。猎人怜悯老人，便将其背回家中，好生照顾奉养。一天，老太婆突然告诉猎人："天将发大水，令其赶造船只，以求生存，并说只有像他这样的好心人，才配活在世上。"告诉猎人之后，老太婆也随之隐身而去。结果，洪水横溢，众皆溺水，唯有那猎手得以生存，并与他所救助者结成夫妻，繁衍后代。①

这则神话故事没有说被猎人救助的是什么。从故事的叙事中，我们能够猜测，这则神话和上面《大水的故事》很可能是同一个故事，或许因为讲述者不同，或许因为流传久远而出现差异，这是口头文学的一个特点。但它们有一个相同点，就是洪水后所有人都溺水而死，只有猎人生还，并且猎人和被救助者结为夫妻，繁衍后代。

在隋书金编的《鄂伦春族民间故事选》中，还有一则《五大姓的来历》神话，主要讲述了洪水过后，仅剩的一个男性与动物（小花猫）结婚，繁衍下一代，故事梗概如下：

> 很早以前，在大兴安岭上，一个男人打猎回来路上遇见一白胡子老头，他对猎人说自己体弱多病，打不到猎物，想先从猎人那借些，以后归还。猎人感觉老人和善，便把狍座子都送给了老人。白胡子老头看猎人心眼儿好，又敬重老人，于是告诉猎人："明天就要涨大水了，山洪

---

① 《中国各民族宗教与神话大词典》编审委员会编《中国各民族宗教与神话大词典》，学苑出版社，1990，第 131 页。

将会淹没这条山谷，只怕所有的人都要淹死了。"他还赠送了猎人一张桦皮和一只小花猫，留作急用和做伴。第二天，山谷里果然一片汪洋，除了猎人和小花猫外，所有的人都淹死了。洪水退后，小花猫陪着猎人一起过着顺心日子。有一天，猎人打猎回来，吊锅子里手把肉煮好了，一连几天都是如此，猎人很奇怪。最后，聪明的猎人发现，所有一切都是小花猫所为，她是个神仙，变成美丽的姑娘，为猎人烧火做饭。于是，他俩给火神爷磕了头，结为夫妇，恩爱生活。几年间，他们生了五个男孩。长大后，妈妈给每个孩子起了一个姓，老大至老五分别姓玛拉依尔（孟）、吴卡尔康（吴）、古拉依尔（关）、葛瓦依尔（葛）、魏拉依尔（魏）。于是，留下了鄂伦春人五大姓。他们给孩子都娶了媳妇，五个兄弟分开过活，繁衍子孙。他们的子孙相互结亲，鄂伦春人逐渐多起来，子孙繁衍成了现在的鄂伦春族。①

这则神话的叙事是：（1）洪水发生时间：很久以前；（2）洪水发生前征兆：白胡子老头出现，考验猎人后，认为猎人心眼儿好，又敬重老人，告知猎人将涨大水，所有人要被淹死，并赠送猎人一张桦皮和一只小花猫；（3）避水工具：一张桦皮；（4）洪水遗民：只剩猎人和小花猫；（5）遗民的婚姻：猎人与小花猫变成的少女结婚，生五个儿子，娶妻繁衍人类；（6）婚前难题考验：小花猫为猎人整理家务，烧火煮饭。

二　人类再生神话的文化阐释

在鄂伦春族神话中，人类再生神话多与洪水神话联系在一起。洪水型人类再生神话是一个典型的神话类型，在我国各民族中数量较多，分布较广。所以，笔者在此也着重以洪水型人类再生神话为例，分析其产生、发展过程，解释其文化内涵。鄂伦春族洪水型人类再生神话与其他民族有相似之处，同时又有其民族特点。

（一）洪水型人类再生神话产生于人类社会的文明初期或之后

洪水型人类再生神话讲述的不是人类的初次诞生，而是洪水劫难后的人

---

① 隋书金编《鄂伦春族民间故事选》，上海文艺出版社，1988，第368~371页；内蒙古自治区编辑组、《中国少数民族社会历史调查资料丛刊》修订编辑委员会编《鄂伦春族社会历史调查》（二），民族出版社，2009，第189页。

类再生，也就是说，在洪水发生之前，人类早已存在。洪水后再生的人类社会属性更加明显，客观地说，它是人类经过自身的努力和付出获得的第二次重生。"研究表明，原始部落或氏族多数依水而居，特别是到了旧石器时代晚期，人类已经开始制作并使用简单的工具，能够从事集体采集或狩猎活动，原始农业也在此萌芽，而大河的泛滥成灾或天降大雨等自然灾害，不仅与生产生活密切相关，还迫使先民们不得不与之进行经常的抗争，于是洪水便作为一种典型的自然现象较早地进入神话中，神话中反映的洪水毁灭世界具有客观基础。"[①] 不论神话《九姓人的来历》中九对兄妹相互结婚，还是《五姓兄弟的传说》中五个儿子分别成家立业，各自繁衍后代，抑或是《五大姓的来历》中，五个兄弟娶了媳妇，他们的子孙相互结亲，繁衍更多的鄂伦春人，都说明了一个客观事实：即当时的人类已经进入了文明社会。否则，他们怎么能对这些婚姻关系如此关注？又如何对婚配问题进行反思？从神话发生发展的过程看，它明显有人类加工创作的痕迹，为人类起源寻找更接近现实生活的内涵。

（二）洪水型人类再生神话具有比较稳定的叙事结构和叙事内容

各民族的洪水型人类再生神话在长期流传和积淀中已经形成了一个较为稳定的叙事结构。基本线索是：（1）洪水发生时间；（2）洪水发生原因；（3）洪水发生前征兆；（4）洪水制造者；（5）避水工具；（6）洪水遗民；（7）遗民的婚姻；（8）婚前占卜或难题考验；（9）生怪胎；（10）怪胎被处理（砍开、剁碎等）繁衍人类。当然，并不是所有民族的神话都一定包含上述所有元素，不同的神话按照事件发生发展变化，在这些元素的运用上或增或减，但整体上叙事顺序基本相同。比如，在前面叙述的鄂伦春族洪水型人类再生神话中，基本情节是（1）至（8），甚至情节（8）也很少，即使像《大水的故事》中，兔子每天脱掉兔皮变成美丽的少女，为猎人整理家务，做饭担水等情节，也不是男主人公猎人有意而为，所以事实上，这里不属于婚前难题考验范围。对于（9）生怪胎和（10）怪胎被处理繁衍人类的情节，笔者目前在鄂伦春族神话中还未查阅到。

与人类起源中人类初次诞生神话或创世神话相比，洪水型人类再生神话的叙事篇幅、情节都有了很大变化。人类初次诞生神话或创世神话一般篇幅短小，情节简单，没有过多的情节变化。而洪水型人类再生神话在情节上比

---

① 王宪昭：《中国少数民族人类起源神话研究》，中国社会科学出版社，2012，第227页。

较曲折复杂，一波三折，人物形象比较丰满突出，感情色彩比较浓厚，叙事更加充实和完整。如《大水的故事》，这是一篇内容丰富，情节完整的神话故事，时间、地点、人物、事件、经过、结果等六要素一一俱全。尤其是故事中猎人遇见老奶奶之后，老奶奶的一系列异常举动，以及发洪水后妻子的狠毒，都叙述得非常精彩。猎人虽然个子矮，但有巨人的胸怀，所以老奶奶救了他。兔子脱皮后变为美丽的少女，为猎人烧火煮饭，整理家务，尽管荒诞离奇，与现实相去甚远，但这样更让整个故事叙述充满神奇色彩，虽属意料之外，但也在情理之中，符合人们的审美标准。

（三）洪水后人类再生方式的合理性

各民族洪水型人类再生神话很多，人类再生方式各异，但都是探讨人类从何而来的问题。不论是《九姓人的来历》中兄妹的血缘婚、《五大姓的来历》中五兄弟的正常婚，还是《大水的故事》中寡妇的儿子与兔子变成的美丽少女结婚，都说明当时的人们对社会上的一些问题已经有了比较粗浅的思考：人类从哪里来？又怎样为其找到一个合理的解释？于是，先人们以神话的方式，幻想了人类初次诞生后，因为某场洪水或其他灾难，只剩下极少数的男人或女人，并在神的指点和帮助下，新的人类重新产生了。由此，人们找到了自己所谓的"源"或"流"，为自己的来源找到了合理解释。同时，也反映了在人类社会发展过程中，人与自然是不断斗争、相互依存的，人在这一过程中显示了积极主动的斗争精神，提升了自我价值。

第三节 族源神话

研究鄂伦春族神话，不得不提及其族源神话。鄂伦春族族源神话很多都是和洪水型人类再生神话联系在一起的。之所以将它单独列为一节论述，主要是为了凸显其民族名称与鄂伦春族的关系，强调其氏族、部落以及民族起源方面的特征。在论及族源神话时，富育光曾指出："如果说，创世神话是人类萌生初期的思想轨迹，那么族源神话便是人类进入氏族社会发展的历史阶段重要的富有特征的文化显示。"[①] 那么，鄂伦春族神话在这一阶段又显示了怎样的特征？下面我们从氏族起源神话、部落起源神话和鄂伦春族起源

---

① 富育光：《萨满教与神话》，辽宁大学出版社，1990，第 252 页；〔德〕马克思：《摩尔根〈古代社会〉一书摘要》，中国科学院历史研究所翻译组译，人民出版社，1965，第20页。

神话三个方面加以论述。

一 氏族起源神话

美国摩尔根说："构成民族的有氏族、胞族、部落以及部落联盟，他们是顺序相承的几个阶段。后来，同一地域的部落组成一个民族，从而取代了各自独占一方的几个部落联盟。"① 这就是说，在人类社会发展的历史进程中，氏族是这一过程中的重要阶段。鄂伦春族在这一阶段呈现的氏族起源有以下三种类型。

（一）天神赐予姓氏型

关于鄂伦春族氏族起源神话，前文刻石造人中讲述的魏、葛、孟三姓氏的来历中，神话前半部分是典型的人类起源神话，属于天神造人神话类型中的刻石造人母题类型；后半部分则属于氏族起源神话，天神不但规定了三人的姓氏，还规定了三姓之间的婚姻规则。从神话的表述中，明显透露了一个信息，此时的人们已经开始注意到异姓间的婚姻问题。这较血缘婚来说是历史上的一大进步。这也是蔡俊生曾指出的"两合氏族婚姻联盟"形式。②

（二）人类自身繁衍氏族型

神话《九姓人的来历》属于这一类别。故事首先向我们讲述了在经过洪水后，"地上只剩下了一男一女"，当然，他们或许不存在血缘关系。但他们结合后，生下了十八个儿女，恰好九男九女。这十八个兄弟姊妹每次都是兄妹俩或姐弟俩一起出去打猎，两两配对，时间长了便结成夫妻。他们两两成婚后，父母在他们所住的地方立了姓氏，形成孟、葛、魏、关、何、白、莫、杜、吴最初的九大姓氏。马克思曾说："血缘家庭是第一个社会组织形式。"③ 上述神话中兄妹或姐弟间的两两结合，便是很好的诠释。

同样，神话《五姓兄弟的传说》记述了"兴安岭突然天降瓢泼大雨，河水出槽了。许多人都在这场大水中淹死了，只剩下一个大姑娘和一个小小子活着。……天长日久，小小子长成了小伙子，姑娘自然和他结为夫妻。几年时间，姑娘接连生下五个孩子，并且全是小小子，他们渐渐长大"。他们的阿曼（父亲）为他们取了名字，定了魏、关、吴、葛、莫五大姓氏。阿

---

① 〔美〕摩尔根：《古代社会》（上），杨东莼等译，商务印书馆，1977，第234页。
② 蔡俊生：《人类社会的形成和原始社会形态》，中国社会科学出版社，1988，第202页。
③ 〔德〕马克思：《摩尔根〈古代社会〉一书摘要》，中国科学院历史研究所翻译组译，人民出版社，1965，第20页。

曼死后，五个兄弟也各自成家立业。从此，鄂伦春族魏、关、吴、葛、莫五大姓氏形成了。

（三）人和动物繁衍氏族型

神话《五大姓的来历》主要讲述了洪水过后，"山谷里果然一片汪洋，除了猎人和小花猫外，所有的人都淹死了"。男性猎人与动物（小花猫）婚配，他们同样生下五个男孩，形成了鄂伦春族孟、吴、关、葛、魏五大姓氏。

通过考察以上三种类型氏族起源神话，我们不难发现，氏族起源神话与人类起源神话中的人类初次诞生神话很相似，但仔细观察，二者又不是完全等同的。氏族起源神话有三个特征：一是它关注的是具体的鄂伦春族某一氏族的产生，而不是宏观上的整体人类的诞生。二是鄂伦春族氏族起源神话更多地强调了人的社会性，而不像人类起源神话中人类初次诞生神话那样强调的是人的自然性。这体现了鄂伦春人对自身来源的深刻思考，展现了鄂伦春族先民的精神世界和内心追求。而这一阶段的鄂伦春族先民更懂得如何在与自然界斗争中求得生存。三是洪水后，《九姓人的来历》中剩下一男一女，《五姓兄弟的传说》中剩下一个大姑娘和一个小小子，他们都是靠采集蘑菇得以活命，说明鄂伦春族在这一时期，采集经济还占据主要地位，而原始的采集、狩猎生产与鄂伦春族的母系氏族公社发展阶段相一致。①

二　部落起源神话

在鄂伦春族，若干个同姓"乌力楞"组成一个氏族，他们是一个祖父传下来的九代以内的人们所组成的共同体。或者说，氏族是由同一血缘关系组成的一种基本社会组织。随着这一组织的发展，出现了更大一级的组织，即部落。但在鄂伦春族，有关部落起源的神话很少。很多关于部落的神话文本中，都没有明确陈述最初的部落是如何起源的。论述的重点是当部落处于危难或者即将遭到灭顶之灾时，部落中会出现某一英雄人物拯救部落，或者是英雄人物在神的帮助下完成拯救部落的重任。

例如，在中国民间文艺研究会黑龙江分会编辑的《黑龙江民间文学》（第 11 集）、隋书金编的《鄂伦春族民间故事选》和满都呼主编的《中国阿

---

① 《鄂伦春族简史》编写组编《鄂伦春族简史》（中国少数民族简史丛书），内蒙古人民出版社，1983，第 21 页。

尔泰语系诸民族神话故事》中，均有《鄂伦春民族起源的传说》的神话故事（在《中国各民族宗教与神话大词典》编审委员会编的《中国各民族宗教与神话大词典》中，词条为"鄂伦春族的由来"），都讲述了一位莫日根老爷爷保卫部落的故事：

> 鄂伦春人很早就生活在祖国北疆，大、小兴安岭是他们的家园。有一年，不幸的事发生了，这里来了一群魔鬼，四处横行，见人就杀，杀了就吃，它们还要永远霸占兴安岭。部落里有一年迈的莫日根老爷爷，他带领大伙与魔鬼斗争，但没有打败魔鬼。兴安岭的人们处在濒临灭绝的险境。正当人们一筹莫展的时候，天上下来一位白胡子老头。他告诉莫日根老爷爷，要制造弓箭，用弓箭射死魔鬼。
>
> 莫日根老爷爷听从了白胡子老头的话，领着全部落的人用弓箭驱逐魔鬼，魔鬼们有的被射死，有的身上带着箭头狼狈地逃到外兴安岭去了。
>
> 白胡子老头再次从天上降临，他告诉莫日根老爷爷搭建撮罗子，避风挡雨，结群围猎，吃兽肉、穿兽皮，并世代住在森林里，过自由狩猎生活。莫日根老爷爷带领大家照做了，保全了这个部落。据说，后来的鄂伦春民族就是由这个部落发展而来的。①

从上述陈述中可知，故事情节结构为：魔鬼横行→莫日根老爷爷率众与魔鬼抗衡→抗衡失败→白胡子老头及时传授方法→莫日根老爷爷率众制造弓箭→赶走魔鬼→部落得以留存并世代留在森林里以狩猎为生。故事中，人们生活的部落遭到魔鬼的侵袭，人迹将绝，而莫日根老爷爷在白胡子老头（神）的帮助下把部落保全下来，这是原来部落的又一次重新组合，在一定程度上可以说是新的部落的诞生，并世代繁衍，成为今天的鄂伦春族。莫日根老爷爷也自然成为部落的英雄。

关于鄂伦春族部落间的战争，《鄂伦春族社会历史调查》（一）中有记

---

① 中国民间文艺研究会黑龙江分会编《黑龙江民间文学》（第11集），黑龙江省文联铅印室，1984，第1~2页；隋书金编《鄂伦春族民间故事选》，上海文艺出版社，1988，第373~374页；满都呼主编《中国阿尔泰语系诸民族神话故事》，民族出版社，1997，第314~315页；《中国各民族宗教与神话大词典》编审委员会编《中国各民族宗教与神话大词典》，学苑出版社，1990，第131页。

述：额木克产老人听长辈说，鄂伦春人在黑龙江北游猎时期，世道不太平。部落间为了扩大自己的势力范围，经常打仗，方式是远距离射箭打或近距离用棍棒打。战争结束后，战败者归战胜者，并且相互间平等相处。后来，有了官府，有了皇帝。皇帝把他们分成不同氏族，赐予了姓氏，分了不同民族。① 这进一步证明了神话的产生是有现实生活的影子的，体现了艺术来源于现实、反映现实这一本质。

三　鄂伦春族起源神话

鄂伦春族民族起源神话较多，并且大多和人类起源神话联系在一起，包括很多类型。

（一）人与动物诞生型

满都呼主编的《中国阿尔泰语系诸民族神话故事》（《鄂伦春人是怎么来的》）和内蒙古自治区编辑组、《中国少数民族社会历史调查资料丛刊》修订编辑委员会所编的《鄂伦春族社会历史调查》（一）中记载，鄂伦春族起源于："一个年龄较大的像动物的雌性人与一个雄性猴子结合，生下两个白胖胖的娃娃，一男一女。今天的鄂伦春人，正是那一男一女繁衍而来的。据说那个雄性猴子是善良的神仙的化身，他是特意到深山密林中来创造鄂伦春人的。"②

（二）神助型

在内蒙古自治区编辑组、《中国少数民族社会历史调查资料丛刊》修订编辑委员会所编的《鄂伦春族社会历史调查》（一）中，记述了鄂伦春自治旗扎托敏努图克关于鄂伦春族的来源：

> 恩都力神造了人以后，开始也没有分民族，只是后来人繁殖得多了，恩都力神就让像皇帝一样的人，把人一伙一伙地分到各个地方去居住，慢慢有了自己的语言，就变成了一个民族。③

---

① 内蒙古自治区编辑组、《中国少数民族社会历史调查资料丛刊》修订编辑委员会编《鄂伦春族社会历史调查》（一），民族出版社，2009，第67~68页。
② 满都呼主编《中国阿尔泰语系诸民族神话故事》，民族出版社，1997，第319页；内蒙古自治区编辑组、《中国少数民族社会历史调查资料丛刊》修订编辑委员会编《鄂伦春族社会历史调查》（一），民族出版社，2009，第5页。
③ 内蒙古自治区编辑组、《中国少数民族社会历史调查资料丛刊》修订编辑委员会编《鄂伦春族社会历史调查》（一），民族出版社，2009，第67页。

恩都力神不仅造了人，并在他的指使下，还让像皇帝一样的人把人分了民族。在上文部落起源神话中，《鄂伦春民族起源的传说》讲述了"一群魔鬼不但到处吃鄂伦春人，还抢占了他们的家园，人们濒临灭绝。部落里年迈的莫日根老爷爷带领大伙与魔鬼斗争，但无济于事。天上下来一位白胡子老头，告诉了莫日根老爷爷制服魔鬼的方法，人们将魔鬼赶走。莫日根老爷爷又按照白胡子老头的指示，率众搭建'撮罗子'，避风挡雨，结群围猎，吃兽肉、穿兽皮，并世代住在森林里，过着自由狩猎生活，成为后来的鄂伦春民族"①。在这里，莫日根老爷爷在白胡子老头（神）的帮助下，不仅拯救了部落，还繁衍发展了后代，使之成为今天的鄂伦春族。满族神话《恩都乌勒胡玛》也记述了一则关于鄂伦春族起源的故事，大意是：

> 很早以前，天神恩都力从笼子里放出最喜爱的五只色彩斑斓的乌勒胡玛（野雉），它们从天上降落下来成为世界上最初的人类。但她们都是女人，可是她们谁也不愿意在世间生活，都想重新回到天庭。正好，她们看见山下河边有个顶天立地的枯木。于是，她们抱着枯木就往上爬，突然枯木断裂，把她们五人甩向四方，有掉在河里的，有掉在高山上的，有掉在白杨树林里的，还有掉在平川的。后来，五个女人出嫁了，有了赫哲人、鄂温克人、鄂伦春人、满人、蒙古人……②

这则神话中，在恩都力神的授意下，天女与人类结合，产生了鄂伦春人。从材料中我们还得知，五个仙女重返天庭不成，出嫁后有了鄂伦春人、赫哲人、鄂温克人、满人、蒙古人，这也说明鄂伦春族、赫哲族、鄂温克族、满族、蒙古族等民族自古就有亲缘关系。

（三）人类自身繁衍型

在内蒙古自治区编辑组、《中国少数民族社会历史调查资料丛刊》修订编辑委员会所编的《鄂伦春族社会历史调查》（一）中，也记述了一则关于

---

① 中国民间文艺研究会黑龙江分会编《黑龙江民间文学》（第11集），黑龙江省文联铅印室，1984，第1~2页；隋书金编《鄂伦春族民间故事选》，上海文艺出版社，1988，第373~374页；满都呼主编《中国阿尔泰语系诸民族神话故事》，民族出版社，1997，第314~315页；《中国各民族宗教与神话大词典》编审委员会编《中国各民族宗教与神话大词典》，学苑出版社，1990，第131页。

② 富育光：《萨满教与神话》，辽宁大学出版社，1990，第259页。

萨格吉勒铁汗的神话故事，具体内容是：

> 听一个鄂伦春老人说，在某满文书籍上记载，早年有个叫萨格吉勒铁汗的国王，一年六月，他率领大队人马横渡黑龙江，他先派遣一个大臣去看江水是否结冻，去看的大臣回来禀报说没有冻，大王盛怒之下当场把这个大臣斩了。国王又派遣另一个大臣去打探，回来报告说还是没有结冻，这个大臣又被国王斩了。第三个大臣被派出去了，他看到前面已经斩了两位大臣，他想反正都得一死，不如说个谎试试，于是他回来报告说："结冻了。"国王到达江边一看，虽然没有结冻，但有无数的乌龟给搭上了桥，于是大队人马从龟桥上过了江。国王率领一群人先到达对岸，问部下："过完了没有？"有人随口回答："过完了。"话音刚落，龟桥突然拆掉了，这时正在桥中间的国王的儿子就落入了江中。已渡过江来的儿媳妇十分不满，一气之下和公公分开了兵马。为划清界限，就动员士兵挖边壕。国王先率兵挖，可他的兵都是老弱病残，没有挖成。他的儿媳妇率士兵继续挖，完成了任务。国王对其率领的人马，按其各部分特点，分住在各地，而鄂伦春人善于打猎，就住在山里了，形成了现在的鄂伦春族。①

在这则故事中，由于萨格吉勒铁汗的蛮横娇纵，使得自己的儿子落入了江中，儿媳妇无法忍受丧夫之痛，"一气之下和公公分开了兵马"。从此"国王对其率领的人马，按其各部分特点，分住在各地"，也正是因为这样一个原因，促使了"鄂伦春人善于打猎，就住在山里了"，从而形成了现在的鄂伦春族。

在黑龙江省嫩江鄂温克族地区，流传着一则《来墨尔根与巨人》的神话，故事大意是：

> 很久以前，一群人住在黑龙江发源地一带，靠吃山果兽肉生存。这群人的首领叫来墨尔根。最初，他们只是吃苔藓度日。来墨尔根降生后，他带领人们学会了用弓箭捕获猎物，用火烤肉。后来，黑龙江边野

---

① 内蒙古自治区编辑组、《中国少数民族社会历史调查资料丛刊》修订编辑委员会编《鄂伦春族社会历史调查》（一），民族出版社，2009，第68~69页。

兽被打光了，来墨尔根便去黑龙江北岸狩猎。他在山顶上发现了像红松似的独眼巨人和一匹独眼高头大马。独眼巨人想欺辱一下来墨尔根，要来墨尔根敬烟。来墨尔根抽出自己的烟袋正要给他递过去的时候，他的枣红马突然跳蹿起来，驮着他向河的南岸飞奔而去，独眼巨人穷追不舍，枣红马驮着来墨尔根跑到了黑龙江南岸。独眼巨人没敢继续过河追赶。来墨尔根回到部落，把遇到独眼巨人的事情告诉了大家，并说"到江对岸打猎不行，还是到别处寻个好猎场吧"。他准备带领大家到别处狩猎，但部落里的人有的愿意走，有的不愿意走。来墨尔根说："愿意跟我走的，睡觉时头朝西南方；不愿意走的就朝北睡。"第二天，他带着愿意和他一起走的人顺着黑龙江朝西南方向走去，并在大河边居住下来，成为索伦鄂温克族。那些不愿意走，留在山上的就是鄂伦春族。①

这则神话主要讲述的是鄂伦春族与鄂温克族本是一个部落，后来分化成两个独立的部落。英雄来墨尔根，作为部落的首领，从降生时就带领人们学会了使用弓箭猎获野兽，学会了用火烤肉。只有他能与形象奇特的独眼巨人一比高低。而独眼巨人与来墨尔根的较量，最终造成他们南北两岸分庭而居，这样一种二元对立模式也反映了先民们的巨人崇拜意识，人与自然、人与神对立抗争并存的表现。不论是顺着黑龙江朝西南方向走去并在大河边居住下来的索伦鄂温克族，还是那些不愿意走而留在山上的鄂伦春族，他们都重新形成一个部落，居住下来，都反映出人类的生存能力和生存智慧。但另一方面，它向我们提供了鄂伦春族和鄂温克族的民族来源信息。

第四节　鄂伦春族和其他民族人类起源
与族源神话比较

一　典型母题分布

王宪昭教授借鉴斯蒂·汤普森的著作《民间文学母题索引》的母题分

---

① 中国民间文艺研究会黑龙江分会编《黑龙江民间文学》（第6集），黑龙江省文联铅印室，1983，第12页。

析法，对中国少数民族人类起源神话进行了典型母题细分与代码，将中国少数民族人类起源神话设定为七大类型和三个层级，七大类型分别编为：A 神或神性人物造人；B 物生人；C 化生、变形生人；D 婚配生人；E 感生人；F 人类再生；G 自然产生。三个层级分别编为：一级母题；二级母题；三级母题。将一级母题的典型类型用"1"加相应的序号表示，如 A1 表示 A 类的一级母题，A1.1、A1.2、A1.3……表示该类型一级母题的第 1、第 2、第 3 等母题类型，依此类推，如 B2.11、B2.12……表示 B 类型二级母题的第 11、第 12 等母题。同时，有的母题可以在其他基本类型中通用。① 据此，笔者参照王宪昭教授上述分类标准，对我国北方满、锡伯、赫哲、鄂温克、鄂伦春 5 个满-通古斯民族人类起源和族源神话进行了细致归类整理，研究发现，其神话母题类型不外乎上面设定的七大类型，这为五个民族人类起源和族源典型神话母题比较研究打下了坚实基础。现将收集到的五个民族典型神话母题数量和分布情况绘制成表格，如表 3-2 所示。

表 3-2　满-通古斯民族人类起源和族源神话典型母题搜集数量及分布

单位：个

类型		满族	锡伯族	赫哲族	鄂温克族	鄂伦春族
A 神或神性人物造人	A11 女神造人	1				
	A21 用泥造人	7		1	6	5
	A32 出现性别	17	2	4	2	6
B 物生人	B27 卵生	1				
	B319 葫芦生人					
C 化生、变形生人	C26 动物变人	2	1			
	C311 猴变人					
D 婚配生人	D12 人神/仙婚	5	3			2
	D13 人与动物婚	2		4	1	10
	D210 兄妹婚	2				3
	D34 难题	1				
E 感生人	E11 感动物	11		1		
	E14 感神	4	1	1	1	2

① 王宪昭：《中国民族神话母题研究》，民族出版社，2006，第 46~50 页。

类型		满族	锡伯族	赫哲族	鄂温克族	鄂伦春族
F 人类再生	F11 洪水后人类再生	4	2			7
	F22 产生民族	9			4	7
	F31 多民族同源	1				2
G 自然产生	G 自然生人	2		1		1

注：栏目中所有数字表示目前搜集到的包含相应人类起源神话母题的数量。

资料来源：参照王宪昭《中国民族神话母题研究》，民族出版社，2006，附表"中国各民族人类起源神话典型母题搜集数量及分布情况统计表"绘制而成。

对比表 3-2 中的数据，可以看出，北方满-通古斯诸民族人类起源和族源神话中，按照 A 神或神性人物造人、B 物生人、C 化生、变形生人、D 婚配生人、E 感生人、F 人类再生、G 自然产生等七大母题类型，搜集到的神话篇目按由少到多顺序排列依次是：锡伯族（9 篇）、赫哲族（12 篇）、鄂温克族（14 篇）、鄂伦春族（45 篇）、满族（69 篇）。母题类型分布情况分别是：锡伯族（5 大类，5 小类）；赫哲族（4 大类，6 小类）；鄂温克族（4 大类，5 小类）；鄂伦春族（5 大类，10 小类）；满族（7 大类，15 小类）。从这些比较中，可以看到，五个民族的人类起源和族源神话，锡伯族的数量最少，满族的数量最多。在母题类型方面，无论是大类还是小类，满族都远远多于其他四个民族，与满族较为接近的是鄂伦春族。

将上述五个民族人类起源和族源神话母题类型做进一步分析发现，满族和鄂伦春族人类起源和族源神话母题类型较为接近，主要集中在 A 神或神性人物造人（A21 用泥造人：满族 7 篇，鄂伦春族 5 篇；A32 出现性别：满族 17 篇，鄂伦春族 6 篇），D 婚配生人（D12 人神/仙婚：满族 5 篇，鄂伦春族 2 篇；D13 人与动物婚：满族 2 篇，鄂伦春族 10 篇；D210 兄妹婚：满族 2 篇，鄂伦春族 3 篇），E 感生人（E14 感神：满族 4 篇，鄂伦春族 2 篇），F 人类再生（F11 洪水后人类再生：满族 4 篇，鄂伦春族 7 篇；F22 产生民族：满族 9 篇，鄂伦春族 7 篇；F31 多民族同源：满族 1 篇，鄂伦春族 2 篇），G 自然产生（G 自然生人：满族 2 篇，鄂伦春族 1 篇）。

同是满-通古斯民族，为什么会产生相同或相异的神话母题，究其原因还是源于不同民族之间的共性和个性，因为共性所以会产生相同、相似或相近的神话母题，而因为个性才出现了母题内涵和外延等个体上的差异。

二　共性与个性

以上分析了满-通古斯五个民族人类起源与族源神话典型母题类型与分布情况，就其本质而言，实则是分析满-通古斯五个民族神话典型母题的共性与个性，即是寻找和比较它们的共同点和不同点。从共同点考虑，"神话是一个民族运用故事形式来表达民族早期的集体思想。因此神话实质上是民族精神关怀的反映"①。所以，只要找出隐藏在五个民族神话母题背后的集体思想和民族精神，其共同点便显而易见。从不同点考虑，即是考虑一个民族神话的个性：它是一个民族与生俱来的，是民族意识、民族情感、民族心理、民族审美等多方面因素融合在一起的民族文化传统，它深深扎根于一个民族的土壤中，彰显着该民族的特色。

（一）相似的原始思维

在人类社会早期，社会生产力水平极为低下，在强大的自然界面前，人类显得渺小无力，先人们用与我们今天不一样的视野观察和感知着周围的世界：在他们看来，自然界的各种存在和自然现象既是它们自身，又可能是别的什么东西。他们认为自然界都是活的，和人一样，是以有形的客体而客观存在的，同时他们又不能把自己和自然界分开，自然界由此被"人格化"了，自然界与人的关系是你中有我，我中有你，息息相通，相互可变，这就是万物皆有灵性。于是他们敬畏自然、崇拜自然、依赖自然，他们用自己独有的方式解释着自然，他们为自己和自然界的一切都披上了神秘的外衣，这便是原始思维。在这种思维指引下，他们根据自己接触的自然环境，通过原始思维和充分想象，将自身予以类比，尤其是常常把人和动物身上的各部位器官与相应的自然物联系起来。生活在北方的满-通古斯诸民族，自然环境多土、多水、多山、多树、多兽，在解释人类起源神话中，他们看到泥土是萌生花草树木、五谷蔬菜等万物之源，认为泥土有神灵，于是通过想象编织出了相关的泥土造人的神话；他们看到树木春夏秋冬四季青了黄，黄了之后又青，还不断结出种子、果实，于是也通过联想编出树木神话；他们看到熊的体貌特征、生长、交配，而联想到人熊同祖，创造出人熊婚配生人的神话。同样，他们还用想象联想等方式创造了洪水再造神话、山石神话、虎神话等。所以，这就不难解释上述多数满-通古斯民族神话中，有用泥造人、

---

① 张应斌：《本原意识与中国上古精神史》（上篇），《嘉应大学学报》1999 年第 1 期。

人神/仙婚、人与动物婚、兄妹婚、感神、洪水后人类再生、产生民族、自然生人等那么多相同或相似的母题类型了，并且这些不同民族神话母题有些时候会出现相似或大致相同的情节结构。

下面我们以鄂伦春族、鄂温克族和赫哲族的泥土造人神话做对比。

鄂伦春族神话《男人和女人》：

> 很早以前，地球上一个人也没有，只有野兽栖息，有的野兽（飞禽）还能飞行，恩都力怕它们飞来飞去飞到天宇闹事，就用手中的两只锤子互相敲击，震死不少飞鸟走兽，并用它们的毛和肉扎成了十个男人。等到再扎制十个女人时，鸟兽的肉、毛已不够用，恩都力便用泥土捏女人，致使女人体弱乏力，不负重力。恩都力采摘野果，塞进每个女人的口中，女人变得美丽聪慧。男人又向恩都力求助，于是得到弓箭，变得善于打猎。①

鄂温克族神话《用泥土造人》：

> 从前，一个名叫保鲁痕巴格西的天神，他用地面上的泥土捏成一个人和生灵万物。自此，天地间有了人类和万物。他还想继续捏，可其余泥土都压在一个名叫阿尔腾雨雅尔的神龟身子下面，他不敢惊动神龟。恰巧此时来了一位尼桑萨满，她想和保鲁痕巴格西一起用泥土造人和万物。她用神箭射醒了沉睡的神龟，射得神龟四脚朝天，尼桑萨满命令神龟用四只脚擎住苍天，不准它动一动，时间过去了很久，神龟的四只脚渐渐变成了四根粗大的柱子支撑着苍天，天和地就这样分开了。神龟整天支撑苍天，有时累了就松动一下身子，可每当它松动身子时天地都随着晃动，有时还出现天火和洪水。于是，世间出现了地震、洪水。②

---

① 此神话是根据不同版本参考文献整理而成，即白水夫：《鄂伦春民族人类起源神话浅探》，《民族文学研究》1987年第3期；黑河地区民间文学集成编委会编《黑河地区民间文学集成》（上），内部印刷，1987，第3页；《中国各民族宗教与神话大词典》编审委员会编《中国各民族宗教与神话大词典》，学苑出版社，1990，第130页；姚宝瑄主编《中国各民族神话》，山西出版传媒集团·书海出版社，2014，第22~23页。

② 王士媛、马名超、白杉编《鄂温克族民间故事选》，上海文艺出版社，1989，第15~16页。

赫哲族神话《太阳和月亮的后代》：

> 从前，世间还没有人，只有天神。一天，太阳神用泥土和水捏了十个泥人，抱在怀里，不大功夫，十个泥人变成了十个强壮的男人。月亮神也用泥和水捏了十个泥人，抱在怀里，一会儿，十个泥人变成了十个美丽的女人。太阳神和月亮神教会了这些人在河里捕鱼，在野外捕鹿，并教会他们用鱼皮和鹿皮制作衣裤，还教会他们钻木取火。渐渐地，这些人有了孩子，世代接续。这些由泥人变成的人，就是最早的赫哲人。现在赫哲人男的腰肥体壮，脾气大，喜爱喝酒、抽烟，是在太阳神怀里吸取了阳刚之气。赫哲人女的长得漂亮美丽，个性温柔，会照顾人，是在月亮女神怀里吸取了阴柔之气。①

对比以上三则泥土造人神话，可以从神话的母题和结构线索发现，三个民族的泥土造人神话在创作思维上存在着的一致性。

一是造人的主角。鄂伦春族：天神恩都力；鄂温克族：天神保鲁痕巴格西；赫哲族：太阳神、月亮神。

二是造人的工具。鄂伦春族：兽肉、兽毛和泥土；鄂温克族：泥土；赫哲族：泥土和水。

三是造人的结果。鄂伦春族：男子用弓箭射猎，女子漂亮；鄂温克族：世间有了人类和万物；赫哲族：男子爱抽烟、喝酒，女子长得漂亮美丽。

（二）相近的历史文化

北方满-通古斯民族，有着长期的历史文化交往，实际上基本形成了稳定的民族共同体。尤其像鄂温克族和鄂伦春族，二者在历史上就存在着一定的渊源关系，而且两个民族都信仰萨满教，在萨满教自然崇拜和万物有灵观念的影响下，他们的民族文化更显得相似，有的还接近相同。如二者自古以来，都认为人和熊存在血缘关系，都是以熊为图腾加以崇拜的，认为熊是他们的始祖，所以都有人与熊婚配的神话。二者人熊婚配的神话形象都是"人兽同体"，或"半人半兽"，尽管是熊，但有人一样的思维，有人一样的情感。在鄂伦春族《小伙子与黑母熊的传说》神话中，黑熊怕猎人逃跑，每天将洞口堵得严严实实，当它得知猎人逃跑后，黑母熊追上来了，它

---

① 黑龙江省佳木斯市民间文学集成编委会编《佳木斯民间文学集成》，内部印刷，1991，第2页。

"哭喊着让小伙子回来"，小伙子怎么也不理它，它"生气了，将两个小孩一撕两半，全都扔进江里，扔完后，它自己也跳进江里淹死了"①。鄂温克族人熊婚配神话也描写了类似的故事：猎人乘木排逃走后，"母熊为此十分懊恼，就把小熊当场撕成两半，一半抛往猎人，一半留在身边"②。观察两则神话的母题及结构，都属于"人与动物婚母题"，其结构线索也是一致的，即猎人狩猎→被母熊抓获→关进山洞→人熊结合生下后代→猎人乘机逃跑→母熊发现后恼怒→将幼崽撕成两半（一半成熊，一半成人）→成人一半成为民族祖先。

（三）神话母题的不同体现

神话与民族有着密切关系，每个民族的神话母题在一定程度上都反映着该民族的特色。可以看到，鄂伦春族经历了人类最漫长的原始社会，在他们使用铁制工具和枪炮之前，他们过的是以打牲为主的狩猎生活，加以食物采集，以及加工一些兽皮、桦皮产品以备日常所用，而这些正是鄂伦春族人类起源和族源神话所展现的生产活动。试想，没有狩猎活动，哪会创造出扎鸟毛鸟肉成人说？同样，如果没有萨满教，哪有鄂温克族萨满帮助天神抟土造人说？没有萨满教，哪会认为树有神灵，出现鄂伦春族扎老桦树皮成人和满族柳枝变成女子的树生人说？如果没有鄂温克人、锡伯人在狩猎生产中与野生动物长期接触，哪有鄂温克族的人熊婚配生人说？哪有鄂温克族和锡伯族的人狐婚配生人说？

其实，即便是同一个民族，人类起源与族源神话的母题也会有多种表现形式。表3-2满-通古斯民族人类起源和族源神话典型母题搜集数量及分布就清楚地展示了这一状况：七大类典型母题下的17个小类中，满族神话除了葫芦生人和猴变人两个母题之外，覆盖其余15个小类。其余鄂伦春族占10个小类；鄂温克族占5个小类；赫哲族占6个小类；锡伯族占5个小类。以鄂伦春族为例，关于人类起源与族源神话母题中有10种不同类型，分别是：①恩都力刻石成人；②恩都力用鸟肉、骨头造人；③恩都力用老桦树皮扎成人；④巨灵额尔德穆莫日根与山神之女生人类；⑤猎人和黑熊生鄂伦春人；⑥"没脑袋神"与自己亲生女儿成亲繁衍人类；⑦雄性猴子与老妈妈

---

① 黑河地区民间文学集成编委会编《黑河地区民间文学集成》（上），内部印刷，1987，第25~26页。

② 姚宝瑄主编《中国各民族神话》，山西出版传媒集团·书海出版社，2014，第121页。

同居繁衍鄂伦春人；⑧洪水后，猎手与所救的兔子成亲繁衍后代；⑨洪水后，姐弟成婚生五子，繁衍五大姓；⑩洪水后，仅剩一男一女，结为夫妻，繁衍九大姓。

总之，北方满-通古斯民族人类起源与族源神话母题既有共性，同时也有自身的独特个性，即民族特色，只有不断廓清这些才能更加清晰地从理论和实践中解释不同民族神话的文化意蕴和深刻内涵。

小　结

鄂伦春族人类起源与族源神话类型较为丰富，与前一章的创世神话相比，无论在内容涵盖上，还是在情节叙事方面，都相对曲折和复杂。神话的结构设置由多个母题构成，既有天神造人、生人、化生与变形、婚配生人与感生神话，也有洪水型人类再生神话，同时在这些神话叙事中，氏族起源、部落起源和民族起源神话也交叉其中，而每一种类型神话都包含了人与动物结合繁衍后代、洪水灾难后人类再生等世界性神话母题。神话叙事的稳定性增强，既体现在叙事元素组合的稳定性和丰富性上，也体现在一些情节或细节方面的独特性上，如在洪水型人类再生神话中，就是由洪水发生时间、洪水发生原因、洪水发生前征兆、洪水制造者、避水工具、洪水遗民、遗民的婚姻、婚前占卜或难题考验等一系列较小的叙事元素或母题组成，其叙事艺术更加完善。很多关节点或者是细节处充分展示了鄂伦春族社会特殊的自然地理环境和人文色彩：猎人、大小兴安岭、桦树、熊、野狼、野兔、蘑菇、野果、草药、野蜂蜜、野雉等北方各类动植物，甚至还有北方独有的冰雪等，这些物象更突出地展示了鄂伦春族在人类起源神话中呈现的鲜明民族特征和社会内涵。而满-通古斯诸民族之间典型母题的分布特征，以及各民族典型神话母题共性与个性差异的展示，更充分地证实了神话的民族性内涵。

综上所述，鄂伦春族人类起源与族源神话是鄂伦春族社会发展到一定阶段的产物，带有一定的世界共性，也表现了独特的民族性，既表现出早期鄂伦春人对自身生存和发展的多视野探索，也让我们体会和感触到人类起源的神奇与人类走向文明的蹒跚步履。

第四章

鄂伦春族英雄神话

　　对于英雄神话的起源和英雄神话中英雄的本质问题，日本学者大林太良总结了古希腊时期的欧赫美尔主义观点：一是"认为神祇是原来立下过丰功伟绩的人"；二是"在欧赫美尔看来，神是死后被人崇拜的英雄，而神话是这种神的事迹的记录"。他还指出了19世纪希腊神学家埃伦赖希的观点："部族、氏族和家族的祖先，以及有名的将领和猎人等在社会共同体中做过贡献的人，可能成为或多或少具有人的性格的庇护神或部族神即英雄。"① 对于他们观点的解释，学界众说不一，毕竟任何理论的提出都有其相对意义，而且他们的诠释也不一定能完全适合解释我国英雄神话的实际，进一步说是不一定符合我国鄂伦春族英雄及英雄神话的实际。我国学者朱狄在研究总结了一些西方神话研究者的理论后指出：英雄神话中的"英雄"，不应当是神，而只能是半人半神或受到神的支持的人，由其及其所创造出来的英雄业绩才能构成英雄神话。② 从众多的神话文本资料中我们也注意到，尽管自然界对初民是非常残酷的，但由于英雄出现和他们种种超于常人的举动，把一些人们无法克服、不可能完成的事情变为可能，它反映了母系氏族社会向父系氏族社会的转变，意味着人类自我意识的觉醒，它给人类社会带来了根本性的转变："一个是部落意识开始出现，并形成传统；另一个是把氏族或部落的始祖神、保护神从兽形的动物转移到男性英雄身上。"而这些英雄则"比较直接地反映了当时的社会生

---

① 〔日〕大林太良：《神话学入门》，林相泰、贾福水译，民间文艺出版社，1989，第4~5页。

① 〔日〕大林太良：《神话学入门》，林相泰、贾福水译，民间文艺出版社，1989，第4~5页。
② 朱狄：《原始文化研究》，生活·读书·新知三联书店，1988，第752页。

活，具有较多的社会属性"①。所以，神话创造者们将形形色色的英雄不断推上神话历史的舞台，让他们走进神的殿堂，上演着一幕幕可歌可泣的英雄故事。这些英雄或以半人半神形态出现，或者得到神的支持，但他们从来都是抱着视死如归的心态去迎接和挑战各种障碍的，最终完成任务，取得英雄的业绩。所以，这里的英雄实际上被认为是"处于神和人之间的中介者，凡人的保护者，灾难和祸患的防御者，苦难的救助者。他们是人们的恩人，是妖怪和大盗的歼灭者，是同仇恨人类的恶魔作战的斗士。如果不崇敬英雄，他们也会为害"②。

　　鄂伦春族的神话里不但有神，而且有极为受人崇敬的神一样的英雄。鄂伦春族英雄神话是鄂伦春族神话的一部分，它的研究属于上述有关神话学理论范畴，它的形成、发展以及特征既有其他民族英雄神话本质上的共性，也有自己发展体系上的独特个性，它是一个复杂的文化综合体。这与茅盾关于神话六分法中"记述神或民族英雄武功的神话"有一定的契合点。③ 结合国内外有关理论和鄂伦春族神话历史发展实际，笔者将本书所要阐释的英雄神话中的"英雄"给予了界定：一是在时间上，处于母系氏族社会向父系氏族社会转变时期，人类自我意识已觉醒，部落意识出现并成为传统。所以这时的"英雄"不同于创世神话中那些对文化起源有着重大贡献的"英雄"。二是这里的"英雄"是半人半神，或者是得到了神支持的人。三是这一时期，氏族或部落的始祖神、保护神已从动物身上转移到男性身上，这些英雄行为反映着当时的社会生活，带有较多的社会属性。恩格斯在谈及此类英雄时说："最初仅仅反映自然界的神秘力量的幻想，现在又获得了社会的属性，成为历史力量的代表者。"④ 四是在上述时间段内，一切对氏族、部落，或者是对鄂伦春族历史发展做出过巨大贡献，有一定的影响，包括那些在拯救氏族、部落，为人们争取生存环境、空间，捍卫民族尊严过程中获得爱情和婚姻的人，都在本书的"英雄"之列，他们的故事同样被视为英雄神话故事。

---

① 汪立珍：《鄂温克族神话研究》，中央民族大学出版社，2006，第265页。
② 〔苏〕M. H. 鲍特文尼克、M. A. 科甘编《神话辞典》，黄鸿森、温乃铮译，商务印书馆，1985，第329~330页。
③ 茅盾：《神话研究》，百花文艺出版社，1981，第5、66页。
④ 《马克思恩格斯选集》（第三卷），人民出版社，1972，第355页。

第一节　鄂伦春族英雄神话类型

据笔者统计，鄂伦春族英雄神话多集中在内蒙古人民出版社编的《鄂伦春民间故事集》、巴图宝音搜集整理的《鄂伦春族民间故事集》、黑龙江省塔河县民间文学三套集成编委会编的《塔河民间文学集成》、大兴安岭地区民间文学集成编委会编的《大兴安岭民间文学集成》（上、下）、隋书金编的《鄂伦春族民间故事选》、姚宝瑄主编的《中国各民族神话》等作品中。当然，不同作品中的英雄神话故事多有重复出现的情况，其叙事情节也有详有略。在这些作品中，英雄神话多姿多彩：有灾害突然降临，不顾个人安危的《懂鸟兽语的猎手》；有为民族、部落、朋友、亲人等斩妖除魔的《阿雅莫日根》《吴成贵莫日根》《白嘎拉山的故事》《阿拉坦布托的故事》《吴达内的故事》《猎人柯阿汗》《阿勒塔涅斩魔记》《神箭手》等；有同情人民苦难，治病救人的《三女神》《白衣仙姑》等；也有歌颂英雄婚姻爱情的《伦吉善和阿依吉伦》《喜勒特很报仇记》《松坦莫日根和仙女埃米艳》等。这些英雄神话反映了早期的鄂伦春人与大自然的斗争、与社会的斗争以及与恶魔的斗争，体现了他们独特的意识、道德和美学观。梳理众多鄂伦春族英雄神话文本材料，笔者将其归为三类，即英雄拯救氏族或部落神话、英雄的爱情与婚姻神话、其他英雄神话。

一　英雄拯救氏族或部落神话

在鄂伦春族神话中，英雄拯救氏族或部落的神话较多，内容大致分为两种情况：一种情况是英雄同自然斗争，拯救氏族或部落；另一种情况是英雄同恶魔斗争，拯救氏族或部落。

（一）英雄同自然斗争，拯救氏族或部落神话

远古时期，人们缺衣少穿、风餐露宿，过着朝夕不保的生活，山火、洪水、地震等自然灾害时有发生，人们的生命、财产经常处于危险的境地。此时，英雄出现并发挥了重要作用。如流传于内蒙古布特哈旗（今内蒙古自治区呼伦贝尔市扎兰屯市）的神话故事《懂鸟兽语的猎手》，故事大意是：

　　一猎手出于好奇，照着蛇的样子舔了一下蛇洞旁的青石，不料他也

像蛇一样进入了蛇洞。洞里面是一个蛇国，所有蛇都会说话，一个蛇王统治着众蛇。蛇王告诉猎手，进了洞就要守洞里的规矩，并且得来年春天才能出洞。猎手学蛇的样子躺在洞里，渐渐睡着了。许久，蛇王将众蛇和猎手喊醒，并告诫猎手："你舔了我们蛇国的神石，你已经听得懂一切飞禽走兽的语言了，可是别人问到你的时候，你绝对不能说出在我们这里的任何事情。不然飞禽走兽会来惩罚我们，我们也会惩罚你的。"猎手满口答应，舔了洞底的青石后，眨眼的工夫出了洞。

此时已是第二年春天，猎手从此有了能听懂各种鸟兽语言的奇异能力。一天，他听到两只猫头鹰在议论："明天天亮以前，这里就要变成汪洋大海啦！""到诺敏大山顶上去！三天以后，大水就撤回去了！"猎手听后立即跨上猎马，喊叫乡亲们天亮前到诺敏山顶上去躲避大水。可乡亲们哪里会相信？情急之下，猎手脱口说出了在蛇国经历的一切。可他刚说完，漫山遍野的蛇向他扑来，他泄露了蛇国的天机，蛇国的神石已经没有用了。蛇王惩罚了他，他不能再张口说话，舌头也不能动弹，其他蛇也向他发起了攻击，直至他最后消失。乡亲们纷纷去诺敏山顶上躲避洪水。第二天，一切事情都像猎手说的一样发生了。①

这个故事还有几种异文，其中一篇结局与这篇不同，摘录如下：

……猎手想救乡亲们的性命，可又无法让乡亲们相信他说的话是真的。情急之下，他把冬天在蛇国中的经历以及答应蛇王不向任何人说出蛇洞的事告诉了大家。乡亲们相信了他说的话，整个"乌力楞"的人们都及时逃到了诺敏大山上得救了。可这位善良的猎手却被蛇王和众蛇处死了，让他变成了一块大石头，永远站立在山坡上。后来，人们为了纪念这位舍己救人的英雄，就把立在山坡上的这块石头叫巨人石了。②

该神话情节结构可以描述为：猎手舔青石进入蛇洞→蛇王告诉猎手蛇国规矩→第二年春天蛇王唤醒猎手并告诫猎手不许说出蛇国之事→猎人有了听

① 内蒙古人民出版社编《鄂伦春民间故事集》，内蒙古人民出版社，1981；隋书金编《鄂伦春族民间故事选》，上海文艺出版社，1988，第115~120页。
② 内蒙古人民出版社编《鄂伦春民间故事集》，内蒙古人民出版社，1981；隋书金编《鄂伦春族民间故事选》，上海文艺出版社，1988，第120页。

懂一切飞禽走兽语言的本领→猎手从猫头鹰那里得知要发大水的天机→猎手违背自己许下的诺言将蛇国的一切告诉了乡亲们→乡亲们得救，猎手牺牲（消失或变成巨人石），猎手成为人们敬仰的英雄。

故事中，猎手意外闯进蛇国，从而成就了他能听懂一切飞禽走兽语言的神奇本领。日后，当洪水威胁到乡亲们的生命时，他不顾个人安危得失，将发洪水的消息告诉了乡亲们，乡亲们得救了，可猎手却牺牲了。这是一种为了他人和集体的利益而牺牲自我的奉献精神，这种精神使得氏族或部落的荣誉感和自豪感得到升华，而英雄理所应当地受到人们的尊崇和崇拜，他们更容易成为人们心中的"神"。

（二）英雄同恶魔斗争，拯救氏族或部落神话

英雄同恶魔斗争神话是鄂伦春族神话中数量相对较多的一种母题类型，既展示了恶魔与人类社会对立，即"丑"的一面，同时也更加凸显了英雄所代表的社会"美"的一面，他们都是神话创造者们创造英雄神话不可或缺的重要因素。下面，我们选择几则典型神话，对鄂伦春族英雄同恶魔斗争拯救氏族或部落的神话进行文本阐释。

流传于内蒙古鄂伦春自治旗的神话故事《神箭手》，其大致内容是：

> 很久以前，在甘奎的深山密林里，有一个古老石洞，里面住着一个神通广大的妖魔，它每次出入洞的时候，都会雷声滚滚，白气冲天。周围的猎人们吓得不敢靠近一步。日久天长，这里的野兽越来越多，而周围的野兽却日益减少。一年冬天，下大雪，人们没有野兽可猎，部落里储存的肉也吃光了。有一个青年猎人，叫绰伦布库，是个有名的神箭手，可以一箭射三只大雁落地。他认为，部落再这样下去，大家都得饿死，"宁肯我一个人死在山里，也不能看着全部落的大人孩子活活饿死"。于是他到深山去寻找飞禽走兽。绰伦布库被妖魔发现了，但他毫不畏惧，和妖魔打斗数个回合不分胜负。最后，妖魔和他打赌：如果绰伦布库能在三天内打到一只野兽，妖魔就离开，永不再来；如果打不到，绰伦布库就离开，也永远不能再来。可诡计多端的妖魔趁绰伦布库睡觉时，用哨子把山里的野兽统统地赶跑，连一只兔子也没留下。一连三天，绰伦布库什么也没打到。关键时刻，一个白胡子老头突然出现了，帮助他打到了一只野兔，并准时到达了妖魔指定地点。绰伦布库赢了，妖魔狼狈地逃离了。绰伦布库带着很多野兽回到了部落，部落的人

们都出来热烈欢迎他。从此，猎人们又可以在这座山上打猎了。①

　　这则神话故事的情节结构是：妖魔占据大兴安岭石洞不让猎人打猎→部落没有肉吃陷入绝境→猎人绰伦布库挺身而出，去妖魔占领地方寻找野兽→绰伦布库和妖魔打斗不分胜负→妖魔提出打赌诡计→白胡子老头帮助猎人赢得打赌→妖魔逃跑，部落的人免于灾难，过上了幸福生活。

　　又如流传于黑龙江省呼玛、爱辉、逊克一带的神话故事《吴达内的故事》，其大致情节是：

　　　很早以前，大兴安岭上一个老太太祈求"白那恰"山神后，怀胎十月生下一个肉蛋。三昼夜后，肉蛋里出来一个三寸长的小男孩，他一天长一寸，一个月后长到三尺高，他下山了。小孩刚下山就遇见了吃人的老蟒猊，可他很轻松地就打败了老蟒猊。他找到父母后，父母给他起了名字叫吴达内，他因为神奇的出生和打败老蟒猊而成为远近闻名的大英雄。渐渐地，他学会了射箭等狩猎技艺，并从父母山谷里放养的马群里挑选了一个懂得人话、会飞行的枣红色宝马。他靠打猎养活自己的父母，快乐地生活。

　　　后来，老蟒猊变本加厉地欺凌大兴安岭的人们。吴达内主动出征，在"白那恰"山神的指引帮助下，他克服了蟒猊设置的乌云峰、落马湖、七星砬子阵等障碍。虽然他屡遭大小蟒猊的陷害，甚至被蟒猊活活地吞掉，幸运的是老渔翁的女儿拉拉杰卡用奇异的法术从蟒猊肚子里将他救出，他重新由一颗心变成了一个小孩，三十天后再次长成小伙子。拉拉杰卡同他和他的宝马一起同仇敌忾，变换成昆虫等形态，捣毁了象征老蟒猊命根子的一把铧，除掉了大小蟒猊，完成了他的使命，胜利返乡，他受到了乡亲们的欢迎和敬仰。他也和拉拉杰卡结婚，过上了幸福美满的生活，他们受到了世世代代鄂伦春人的颂扬。②

　　该神话故事的情节结构是：吴达内出生→吴达内用神奇本能打败蟒猊→

---

① 隋书金编《鄂伦春族民间故事选》，上海文艺出版社，1988，第286~291页。
② 隋书金编《鄂伦春族民间故事选》，上海文艺出版社，1988，第66~92页；姚宝瑄主编《中国各民族神话》，山西出版传媒集团·书海出版社，2014，第43~83页。

吴达内掌握更多狩猎等技艺→蟒猊复仇→吴达内斗蟒猊→吴达内得到拉拉杰卡和宝马等救助→吴达内打败蟒猊→吴达内得胜返乡→吴达内受到敬仰，流传于世。该文本包含内容较多，但整体线索清晰，将吴达内从出生到得胜返乡的一系列故事情节表现得惊心动魄，从而也充分突出了主人公英雄的一面。

流传于内蒙古鄂伦春自治旗的神话故事《嘎仙洞和奇奇岭的传说》讲:

> 古时候，阿里河一带是一片汪洋大海，嘎仙山山谷是一条海峡，嘎仙洞是海眼。一个小龙王经常在这里兴风作浪，使大片岛屿被淹，岛上的鄂伦春人无法生存。一个名叫柯阿汗的猎人，是有名的阿雅莫日根。他勇敢彪悍，有力气，箭法好。他不怕狼熊虎豹，也不怕妖魔鬼怪，愿为大家办好事，他用神箭赶跑了小龙王，救了乡亲。
>
> 有一年，从外兴安岭来了一群吃人的蟒猊，霸占了嘎仙洞。蟒猊让鄂伦春人每天交纳一定数额的野畜，谁不按规定交纳就吃掉谁。柯阿汗得知了蟒猊吃人的消息，立刻从猎场赶了回来。他打死了众多小蟒猊，老蟒猊提出与他比武，谁赢了谁就拥有嘎仙洞的占有权。通过摔跤，没有分出胜负；接着老蟒猊要比扔石头，结果柯阿汗轻松地就把大石头扔到了昆仑山山顶上，老蟒猊输了。第三次较量，老蟒猊提出，谁能三箭把柯阿汗扔在昆仑山上立着的大石头射出窟窿，谁就赢。结果柯阿汗只用一箭便把大石头中心射了个大窟窿。老蟒猊吓得魂不附体，撒腿朝外兴安岭方向逃跑。自此，这一带的鄂伦春人又过上了好日子。柯阿汗替鄂伦春人除掉了蟒猊，人们尊称他为阿汗仙，后来叫成嘎仙了，管这个洞叫嘎仙洞。被柯阿汗扔到昆仑山山顶上的石头变成了突兀险峻的大石砬子，人们管它叫奇奇勒，后来叫成了奇奇岭。①

该神话故事在不同编著中，篇名不同。在隋书金编的《鄂伦春族民间故事选》中，篇目名为《嘎仙洞和奇奇岭的传说》，而在姚宝瑄主编的《中国各民族神话》中，篇目名为《猎人柯阿汗》，两则神话文本内容相同。另外，这则神话的某些片段也出现在了内蒙古人民出版社编的《鄂伦春民间

---

① 隋书金编《鄂伦春族民间故事选》，上海文艺出版社，1988，第140~145页；姚宝瑄主编《中国各民族神话》，山西出版传媒集团·书海出版社，2014，第84~90页。

故事集》（《嘎仙洞的传说》）、巴图宝音搜集整理的《鄂伦春族民间故事集》（《嘎仙洞和窟窿山的传说》）、大兴安岭地区民间文学集成编委会编的《大兴安岭民间文学集成》（上）（《嘎仙洞的传说》）、内蒙古自治区编辑组和《中国少数民族社会历史调查资料丛刊》修订编辑委员会编的《鄂伦春族社会历史调查》（一）中，其中部分内容与《猎人柯阿汗》的故事有相同之处，尤其是嘎仙洞（窟窿山）的来历，几部作品集的内容基本一致，只是主人公的名字与柯阿汗的名字略有不同，笔者在此不再一一叙述。

该神话故事的情节结构是：阿里河一带小龙王兴风作浪，残害人们→柯阿汗用神箭赶走小龙王→海水撤退→外兴安岭来的蟒猊霸占了嘎仙洞→柯阿汗与蟒猊比武较量→老蟒猊输掉比武，逃往外兴安岭→人们更加敬仰柯阿汗并称其为阿汗仙（后来叫嘎仙）。

《阿勒塔涅斩魔记》（该故事在有的作品中篇章名为《阿拉塔涅的故事》）的故事情节为：

很早时候，山里住着一个恶魔，它专门向人间散布天花病，还不断地吃人的灵魂，并用人的白骨建成一座宫殿。有一个"乌力楞"家族来这一带打猎，被魔鬼发现了。魔鬼偷偷地往河里撒了尿，结果，"乌力楞"的人、马匹都因为喝了河里的水一个个死去。一对老夫妻，五个儿子死了四个，只剩下最小的儿子阿勒塔涅，他们不得不连夜逃跑。火神"博如坎"告诉他们，整个"乌力楞"的人就剩下他们三口，而且阿勒塔涅的灵魂不在体内，要马上取回灵魂，否则就没命了。阿勒塔涅在返回取灵魂的路上，尽管万分紧急，但还是用打到的鹿接济了可怜的猎人。一只白色的狐狸告诉他，魔鬼在河里下了毒，他的灵魂已被魔鬼偷走。这只狐狸就是他帮助过的那个可怜的猎人，是神的化身。

阿勒塔涅独闯魔鬼的宫殿，要抢回被魔鬼控制的灵魂，但失败了。他和魔鬼做了个交易：若他帮助魔鬼得到东山上"木昆达"最漂亮的女儿，魔鬼就把灵魂还给他。魔鬼对"木昆达"的女儿觊觎已久，要抢来做老婆，然后再让她回部落里，将天花病带到部落，叫东山上整个部落的人死绝。聪明的阿勒塔涅答应了。离开魔鬼后，他即刻赶到东山，和"木昆达"共同想出了对付魔鬼、夺回灵魂的计策：用假草人代替"木昆达"女儿，结果魔鬼中计了。在大小魔鬼点火庆祝的时候，"木昆达"等人趁势一哄而上，将大小妖魔鬼怪一并绑了起来，点火、泼油、撒酒，火光四起，魔鬼及其宫殿烧成了焦土和白灰。阿勒塔涅搭救了东山部落，"木昆达"把自己心爱的女儿嫁给了这位勇敢、充满正义的年轻英雄，阿勒塔涅将年迈的父母接来，从此共享太平日子。①

该神话故事的情节结构是：魔鬼住在山里害人→新来的"乌力楞"遭到魔鬼迫害→一对老夫妻家里五个儿子只剩下最小的儿子阿勒塔涅→老夫妻领着阿勒塔涅逃走→途中火神告诉他们阿勒塔涅的灵魂落在原来住处需要急速取回→阿勒塔涅返回取灵魂→阿勒塔涅途中帮助打不到猎物的猎人→阿勒塔涅受到狐狸（帮助过的猎人化作的神仙）指点→阿勒塔涅和花斑马遭到魔鬼绑架→阿勒塔涅夺取灵魂失败→阿勒塔涅急中生智以答应为魔鬼娶到东山"木昆达"的漂亮女儿为由骗取魔鬼信任→阿勒塔涅与"木昆达"等人设计草人做假新娘→魔鬼中计上当举行隆重的婚宴→阿勒塔涅夺取自己的灵魂→阿勒塔涅与"木昆达"等人铲除魔鬼→"木昆达"将自己的爱女许配给阿勒塔涅，阿勒塔涅将父母接来一起过幸福平安生活。该神话叙事情节起伏跌宕，内容丰富多彩。

流传于黑龙江省逊克一带的神话故事《阿拉坦布托的故事》，其情节是：

鄂伦春某部落有一对夫妻三十多年后喜得一子，起名阿拉坦布托。不幸的是，一天，恶魔搭鹩拉妈他刊将阿拉坦布托父母抓去做看门的苦工了。小阿拉坦布托痛哭不堪，他一口气吃完了一大锅黏粥后，即刻长成了大小伙子。一天，一只被他追逐的两条腿、半截身子的狍子告诉了他父母的遭遇，他听后决定为父母报仇。

他骑着父母留下的小白马来到一个水泡子跟前，小白马一口气喝完了整个泡子的水，突然长得高大威猛，浑身充满了力量，跑起来像飞一样。小白马驮着主人过铡刀大门，九死一生，寻找恶魔。他们来到了恶魔的城堡前，战死众多喽啰。恶魔想出让阿拉坦布托赴宴、美人计等计策，都被他拒绝。阿拉坦布托骑着小白马横渡大海，逃过了恶魔设下的

① 姚宝瑄主编《中国各民族神话》，山西出版传媒集团·书海出版社，2014，第107~113页；内蒙古自治区编辑组、《中国少数民族社会历史调查资料丛刊》修订编辑委员会编《鄂伦春族社会历史调查》（二），民族出版社，2009，第245~248页。

埋伏。恶魔又设下毒计，将阿拉坦布托扔进装满饿龟和毒蟒的棺材里。他告诉小白马：饿龟和毒蟒吞噬了他最后一块肉，吸干了他最后一滴血。棺材在海上漂流到了玉帝仙女的鱼梁子上。小白马找寻时机，将它和主人的处境告诉了仙女们，并求她们解救主人。最小的五仙女用照妖镜将棺材里的龟、蟒全照死了，把阿拉坦布托散乱的尸骨从棺材里取出来，按照人体结构复原后，让她的仙狗把复原的尸骨从头到脚舔了一遍，尸骨上长满了新肉，和原来的阿拉坦布托一个样子了，五仙女又用宝扇扇了他几下，一个年轻、帅气的阿拉坦布托复活了。五仙女和阿拉坦布托成了恩爱夫妻。他们偷取了恶魔的命根子——三根锉，杀死了恶魔搭鹄拉妈他刊和它的三个老婆、孩子。他们从阴暗的地牢里解救出父母，同时也解救了被恶魔从部落里抓来的很多人，铲除了祸根。他成为部落的首领。因为小白马几次救了他的命，他下令，所有部落的人都要供养自己的宝马，永保平安。①

该神话故事的情节结构是：阿拉坦布托出生→双亲被恶魔抓走做苦工→阿拉坦布托吃黏粥长成大小伙子→狍子提醒阿拉坦布托为父母报仇→阿拉坦布托踏上报仇路→小白马喝了圣洁的泡子水长大→阿拉坦布托骑着小白马渡过铡刀大门→阿拉坦布托战死恶魔的喽啰兵→阿拉坦布托怒闯大海被恶魔所害→小白马与阿拉坦布托海上诉悲苦→五仙女救活阿拉坦布托并与他结成连理→五仙女与阿拉坦布托讨伐恶魔→五仙女偷取了恶魔命根子→阿拉坦布托铲除恶魔及家小→解救了被恶魔禁闭的父母及部落的人→阿拉坦布托成为部落首领，部落人从此供养宝马。

这则神话故事在隋书金编的《鄂伦春族民间故事选》和内蒙古自治区编辑组、《中国少数民族社会历史调查资料丛刊》修订编辑委员会编的《鄂伦春族社会历史调查》（二）中，文本内容有不一致的地方，突出之处是：阿拉坦布托在小白马的帮助下过了铡刀大门之后，打死了众多小喽啰，恶魔吓得胆战心惊，便假意请他做客。阿拉坦布托赴约了，他见到了离开自己十七年的父母。恶魔还把女儿许配给他，他们成为一对恩爱夫妻。从此，恶魔女儿暗暗地保护着他，但恶魔却和萨满串通，设下圈套，将他扔进了大海。恶魔的女儿沿着海边四处寻找自己的丈夫，最后死在了海边的扁石上。装着

① 巴图宝音搜集整理《鄂伦春族民间故事集》，中国民间文艺出版社，1984，第100~108页。

阿拉坦布托的棺材在海上漂了很久，被老满盖的鱼梁子卡住了，老满盖把它扛回了家。他和女儿打开棺材时，一群吃饱的乌龟和蛇爬出来，棺材里放着一堆白骨。老满盖的女儿看出白骨原来应该是个魁梧的莫日根，就从老满盖那骗到了手，并将白骨如人形排好，让自己的小狗在人形白骨上舔了一遍，人形白骨立刻长出肉来，她用宝贝"西瓦"在上面绕三圈，阿拉坦布托便复活了。老满盖的女儿爱上了这个莫日根，一段时日后，她跪在老满盖面前为自己求婚，得到了老满盖的同意，与他结为夫妇。阿拉坦布托诉说了他遇害的事，妻子同情他的遭遇，他们征得了老满盖的同意，老满盖将自己的宝贝"活罗"赠给了他们。他们在海边找到了阿拉坦布托的前妻，并用宝贝"西瓦"和"活罗"将她复原救活，他们找到了失散的小白马，最终在两位妻子和小白马的帮助下，铲除了恶魔。①

以上是鄂伦春族英雄拯救氏族或部落神话中部分篇章的情节，从神话文本内涵看，我们会发现：这类神话基本上都是用较长的篇幅创造了一个个叙事完整、内容丰满的英雄故事，并且都基本遵循英雄诞生→英雄成长→英雄身世→英雄历险→英雄除害→英雄成功这样一个时间顺序，在这一过程中，也产生了诸多英雄神话母题。这样的神话还有很多，为我们今天研究所有民族英雄拯救部落神话的基本内涵提供了不可多得的素材，其参考价值和现实意义不言而喻。

二 英雄的爱情与婚姻神话

英雄的爱情与婚姻神话是鄂伦春族神话不可或缺的一部分，在整个鄂伦春族神话中占有一定的数量，因为这种类型的神话多数是出现在英雄同恶魔斗争等神话中，同英雄的成长与成功同步出现。在英雄战胜那些似乎无法征服的对手、完成那些常人无论如何也克服不了的挑战，从而创造各种奇异功绩的过程中，很多时候他们的爱情与婚姻在其中发挥了重要作用。英雄在同自然灾害、各种社会恶势力顽强斗争的过程中，不管是主动争取，还是意外获得的爱情与婚姻，都给鄂伦春族英雄神话增加了新鲜气息，彰显了鄂伦春族神话的活力。同时，它对我们今天了解和把握鄂伦春族先民的爱情与婚

---

① 隋书金编《鄂伦春族民间故事选》，上海文艺出版社，1988，第53~61页；内蒙古自治区编辑组、《中国少数民族社会历史调查资料丛刊》修订编辑委员会编《鄂伦春族社会历史调查》（二），民族出版社，2009，第90~94页。

姻、探究他们的情感世界具有一定的史学价值。

"考验"母题是贯穿于爱情与婚姻神话情节元素中的一个重要组成部分。鄂伦春族英雄的爱情与婚姻神话中的"考验"主要来源于几个方面，即直接来源于被求婚者；来源于被求婚者的父母等亲人；来源于他人、恶魔、恶霸等外界势力的影响。

（一）美人心计——直接来源于被求婚者的"考验"

婚姻是人的生命中的一件大事，任何时候都马虎不得。鄂伦春族神话《蒲妹》讲，古时候，在库尔滨河岸上，一个叫蒲妹的神仙姑娘爱上了一个名叫彦焦莫日根的猎手。但她没有草率地与彦焦成婚，她给彦焦设置了四次"考验"。第一个"考验"，蒲妹对彦焦说："如果你真是个好样的，就到两千里外的盘古河岸去找一个叫蒲妹的姑娘，她在那等着你。如果你能受得了一路上的艰险，那个姑娘就会嫁给你，帮助你照顾老父亲。怎么样？能行吗？"彦焦为了爱，勇敢而执着地出发了。可等待彦焦的是第二个"考验"：一路上，他英勇顽强地斗战土龙，解救被土龙围困的十八个姑娘，险些丧命，这十八个姑娘每个都想嫁给他，但他拒绝了美色的诱惑。第三个"考验"接着来了：在波涛滚滚的大河，他遇见八个吃人的怪人正锁住一个弱女子，他誓死与怪人搏斗，解救了弱女子，展示了他的正义。第四个"考验"来自蒲妹父亲的三个条件：射箭、在恶劣的环境下生存、越过火障，彦焦都做到了。故事结尾告诉我们，其实这些"考验"都是仙女蒲妹和她的父亲故意而为之的。

神话《人须、龙角和金马驹》讲道，心地善良的年轻人埃亚金诺诺为了能和年迈的老皇帝的独生女儿加拉琪卡托成婚，冒着不是被烧死就是被砍头的风险，忍饥挨饿，历尽艰难险阻，最终获得加拉琪卡托所要求的，就算神仙都难以拿到的聘礼——人须、龙角和金马驹。这个神话故事，加拉琪卡托"考验"埃亚金诺诺"没有勇气的人，对这些条件望而生畏；不聪明的人，为了寻找那三样东西到处碰壁；心怀狠毒的人，为了得到那三样东西会去损害别人"①，而这些都是她最厌恶的人。可见，埃亚金诺诺所完成的"考验"是勇敢、聪明、心地善良。因为他的天性善良，加上他不畏死亡的执着，以及他在"长袍老头"的点化下发挥了聪明与机智，他才顺利完成了加拉琪卡托的"考验"，抱得美人归，从而彼此都找到了自己想要的幸福。

---

① 内蒙古人民出版社编《鄂伦春民间故事集》，内蒙古人民出版社，1981，第67~71页。

(二) 永远的保护神——来源于被求婚者父母等亲人的"考验"

亲属,尤其是父母永远是儿女的保护神。被被求婚者父母等亲人"考验"是鄂伦春族英雄爱情与婚姻神话中常有的现象。神话《小白兔娶媳妇》讲述了一位父亲为保护女儿的婚姻而设计的"考验":在库玛尔河边住着一对叫白阿依博耶的夫妇,他们五十多岁时求恩都力神保佑得一子,但是个小白兔,这不是普通的小白兔,生下三天后就会跑到河边游玩,与邻近"木昆达"的漂亮姑娘依丽娜相识,依丽娜很喜欢这个小白兔,还时常和小白兔说话,喂他好吃的。六天后,小白兔真的会说话了。他对父母说,自己已经长大,要娶依丽娜为妻,共同赡养他们。这事被依丽娜知道了,奇怪的是她也同意小白兔的想法。可当小白兔的父亲向"木昆达"家求亲时,"木昆达"坚决不同意,并想出了拒绝婚姻的花招。他对小白兔父亲说:"限你在明天下晌,用四匹枣红马驮来犴鼻子、熊掌、飞龙和猴头四样名贵山珍,每样都要四对,若是到时拿不来,这亲事就算完了。"因为小白兔是恩都力神所赐,所以小白兔稍稍施展法术,这些东西很快就得到了。意想不到的是,这只是"木昆达"的第一道难题。"木昆达"看到小白兔轻易地渡过了难关,他反悔了,向小白兔提出了令人难以想象的第二道难题。他对小白兔说:"小白兔,你真的要做我的女婿,还得答应我一件事。我要你到珍珠湖去,亲自给我取来一颗珍珠。"这件事的难度超出了小白兔的法术所能达到的限度。但小白兔是勇敢的,他跑了六天六夜,历经千难万险,他的勇敢和执着打动了神仙奶奶和神仙猎人,在他们的帮助下,他打败了嘎鱼精,在珍珠湖拿到了珍珠。与此同时,神仙还帮助他变成了一个帅气的小伙子。最终,他和依丽娜喜结良缘,共同赡养双亲。① 在这则神话故事里,被求婚者依丽娜的父亲"木昆达"提出了两个"考验",小白兔凭借自己的善良、勇敢和智慧,最终娶到了"木昆达"的女儿为妻,实现了自己的梦想。

在神话《松坦莫日根和仙女埃米艳》中,仙女埃米艳的父亲非常欣赏松坦莫日根的勤劳、善良、勇猛、聪慧,想将自己的女儿埃米艳嫁给他。故事中除了埃米艳为自己未来的丈夫设置了一系列为寻找心上人而克服的"美人关"、射箭比赛、寻找戒指等"考验"难题外,埃米艳的父亲和她的弟弟还设置了抢夺由三圈仙女和三圈勇士守护的住在"仙人柱"里面的埃米艳的"考验"难题。最终,通过重重险阻,松坦莫日根赢得了仙女埃米

---

① 隋书金编《鄂伦春族民间故事选》,上海文艺出版社,1988,第 193~199 页。

艳及其家人的赞许，他们成为兴安岭下最幸福的人。①

（三）弱肉强食，适者生存——来源于他人、恶霸、恶魔等外界势力影响的"考验"

英雄在取得爱情和婚姻的过程中，除了要经过被求婚人、被求婚人父母等亲人的"考验"外，还有来自其他方面的"考验"。如神话《伦吉善和阿依吉伦》讲道：深山密林里，美丽的姑娘阿依吉伦和勇敢的青年伦吉善是一对情人。可是，临近深山一个既丑陋残暴又常常吃人的老魔王也看上了阿依吉伦。老魔王派很多小喽啰去抢阿依吉伦做老婆，结果都被伦吉善赶跑了。老魔王并不死心，一次，它趁伦吉善去深山里打猎，偷偷地将阿依吉伦的狗药死，将阿依吉伦和她的父亲用迷药迷昏，把阿依吉伦抢走了。伦吉善打猎回来，为了爱情，为了自己未来的妻子，为了阿依吉伦的父亲和心爱的猎狗，尽管老魔王吃人不眨眼，尽管此去凶多吉少，但他还是带着仇恨，勇敢地踏上了征讨老魔王的征程。最终，他在草仙、树神的帮助下，战胜了老魔王，救活了阿依吉伦的老父亲和她的猎狗，他同阿依吉伦幸福地生活在一起。② 这是外界给求婚人带来的巨大"考验"。

神话《欧新波的故事》，讲述了部落首领的女儿被妖风卷入一个山洞，首领想尽所有办法，还是救不了自己的女儿。于是，部落首领和他的妻子发出命令：谁把他们的女儿救出来，就把女儿嫁给谁。勇敢的猎手欧新波和兰奇决定一试。但他们的动机不一样：欧新波不怕妖魔鬼怪，不顾个人生命，吊着绳索进了妖洞，通过同妖魔殊死搏斗，最终战胜了妖魔，而兰奇却在妖魔洞口坐收渔利。当欧新波把首领的女儿用绳索送出洞后，兰奇的邪念作祟了，他将洞口的绳索立即拿走，欧新波被困在里面。兰奇谎称妖魔突然吃掉了欧新波，经过讨好部落首领和他的女儿，逐渐争得与部落首领女儿结婚的机会。但勇敢的欧新波并没有因此死去，在妖洞，他又一次遇见了妖魔，他再次死里逃生，勇敢地战胜了妖魔，出了妖洞后，将背信弃义的兰奇的诡计揭穿，与部落首领女儿结为幸福夫妻。③

在鄂伦春族英雄的爱情与婚姻神话故事里，有时对英雄的"考验"是多方面的。神话《白衣仙姑》讲，在图库热里山，有一个美丽、善良、孝

---

① 隋书金编《鄂伦春族民间故事选》，上海文艺出版社，1988，第234~248页。
② 隋书金编《鄂伦春族民间故事选》，上海文艺出版社，1988，第249~261页；姚宝瑄主编《中国各民族神话》，山西出版传媒集团·书海出版社，2014，第33~38页。
③ 隋书金编《鄂伦春族民间故事选》，上海文艺出版社，1988，第229~232页。

顺、会一手好刺绣、箭法百发百中的姑娘叫米才伦，追求她的小伙"像河水一样长流不断"，可她一直未嫁。她的阿娘叫素克苏元，老太太选女婿的标准极其严格："不论彩礼多少，就看谁的箭射得比我姑娘准，谁就做我家姑爷。"① 青年猎人基才其爱慕米才伦，通过与姑娘比箭，二人旗鼓相当，得到老太太素克苏元的赏识，当场订下婚约，同房。可刚刚过了两天，一个可怕的吃人蟒猊就把米才伦的阿娘和基才其的爷爷掐死了，把美丽的米才伦毒死，并将她的尸体抢走了。基才其与蟒猊决战，九死一生。最终他的英勇顽强感动了在天池洗澡的仙姑们，在仙姑们的帮助下，基才其铲除了吃人的蟒猊，救活了死去的未婚妻米才伦、素克苏元老太太和自己的爷爷，他和米才伦过上了美满幸福的生活。该故事的"考验"来自于几个方面：米才伦的阿娘素克苏元老太太出的求婚难题；解救吃人蟒猊迫害的未婚妻和两位老人；铲除吃人的蟒猊。这一系列"考验"行动，只有超凡的英雄才能完成，而青年猎人基才其做到了。类似的神话故事还很多，如《七兄弟和卡让花》《魏加格达和孟沙雅拉汗》②。

（四）英雄取得成功的重要因素——神灵的帮助和被求婚者的积极态度

在神话《蒲妹》中，如果没有仙女蒲妹和她的宝珠以及大松树底下宝斧的帮助，仅凭彦焦自己的力量很难破解一道道关卡；在神话《小白兔娶媳妇》中，小白兔没有恩都力的帮助也绝对娶不到媳妇；在神话《伦吉善和阿依吉伦》中，没有草仙、树神的帮助，伦吉善也许战胜不了老魔王……另外，在英雄的爱情与婚姻神话中，"公主"和"小姐"对她们所崇拜的未来的"英雄夫婿"，总是"兴高采烈地加以拥护，私通关节，暗中帮助"，她们对英雄似乎倾注了太多的"爱"和"热情"。③ 这也是英雄赢得爱情与婚姻的原因之一。当然，英雄本身所具有的超凡神奇的能力、勇敢顽强的精神、执着的信念是他们成为英雄的根本原因。

三　其他英雄神话

鄂伦春族英雄神话除了上述英雄拯救氏族或部落神话、英雄的爱情与婚姻神话外，还有其他一些英雄神话，下面列举两个例子说明。

---

① 巴图宝音搜集整理《鄂伦春族民间故事集》，中国民间文艺出版社，1984，第4页；隋书金编《鄂伦春族民间故事选》，上海文艺出版社，1988，第62~65页。

② 隋书金编《鄂伦春族民间故事选》，上海文艺出版社，1988，第134~139、181~184页。

③ 萧兵：《中国文化的精英》，上海文艺出版社，1989，第474页。

神话《三女神》讲道：很久以前，兄妹二人靠渔猎过活。一天，哥哥捕上一条鱼，那鱼一出水面就不停地哭，眼泪把岸上的沙子都滴湿了。哥哥心软，觉得鱼可怜，就放了它。这条鱼是龙王的儿子，为了报答好心的哥哥，龙王叫儿子给哥哥送来了一匹神马。从此，哥哥每天都能打到很多猎物。有一次，哥哥被一只射杀后未断气的鹿顶死。神马给妹妹出主意：让她女扮男装，偷取三星池旁的三位仙女的衣服就能救哥哥。妹妹按照神马的吩咐偷了三位美丽仙女的宝衣，并对仙女们说："你们知道，你们的玉体被我看见了意味着什么？除了嫁给我还有别的选择吗？"仙女们早被这个"帅气的小伙子"迷住，有了爱慕之情，见妹妹这么一说，就高兴地答应了。妹妹让仙女们把脚印留在地上，手印留在纸上作为凭证，便随仙女们飞上天向她们的父王和母后娘娘求婚。可仙女们的父母满脑子都是门当户对，哪里肯轻易答应，他们要妹妹做到三件事才能成婚：一要把门槛踩断；二要在三十步远的地方用箭射碎鸡蛋；三要在百步远的地方用箭射穿针眼。妹妹凭借非凡的箭术顺利地完成了后两项。把门槛踩断，对于她来说有些困难了。她到了玉阁门槛上，纵身一跳，正从空中落下之时，三个仙女变作磐石般重的小蜜蜂落在了妹妹肩上，压得她重重地坠到门槛上，门槛踩断了。仙女们的父母只好让妹妹领着她们返回人间。在回来途中，妹妹以提前回家收拾打扫房间迎接她们为由，急忙赶回家里，脱下哥哥的衣服，给哥哥尸体穿上。接着，她号啕大哭，谎称她哥哥一进屋就死了。三位仙女进屋将仙丹送进了哥哥口中，哥哥复活了。哥哥与三位仙女成了亲。三位仙女拿出仙丹救活了很多临危的病人。三位仙女死后，她们的灵魂在人间变成了娘娘神。大仙女成了"额古都娘娘"，掌管天花；二仙女成了"尼其昆"娘娘，掌管麻疹；三仙女成了"额胡娘娘"，掌管伤寒病和发热病。①

该神话故事的情节结构是：兄妹二人靠渔猎为生→哥哥捕鱼时放了龙王之子→龙王报恩让儿子送哥哥一匹神马→神马助哥哥打猎→哥哥射杀鹿时反被鹿顶死→神马提示妹妹救哥哥→妹妹穿上哥哥的服饰打扮成哥哥模样→妹妹取得仙女们的驾云宝衣→仙女们一见钟情地爱上妹妹→妹妹留下仙女们的承诺凭证随她们求见父母→仙女们的父母出难题刁难妹妹→仙女们想办法帮

---

① 内蒙古自治区编辑组、《中国少数民族社会历史调查资料丛刊》修订编辑委员会编《鄂伦春族社会历史调查》（一），民族出版社，2009，第153页；姚宝瑄主编《中国各民族神话》，山西出版传媒集团·书海出版社，2014，第38~43页。

助妹妹完成了难题考验→仙女们和妹妹一同回人间救活哥哥→哥哥与仙女们成亲，幸福地生活→仙女们用仙丹救治众多临危病人→三位仙女死后成为掌管人间疾病的娘娘神。

我们把上述神话情节结构继续凝练，得出以下信息：一是哥哥打猎，射杀一公鹿后，公鹿没有断气，还顶死了哥哥，这纯粹属于自然灾害造成的意外事故；二是妹妹为了救哥哥，在神马的示意下，女扮男装，求助于山顶天池旁的三位仙女，三位仙女用仙丹救活哥哥并嫁给了他，这是意外之喜；三是三位仙女用仙丹救治了众多临危病人，这是仙女们慈悲为怀的实际行动，所以在她们死后，灵魂在人间变成了娘娘神，大仙女成了"额古都娘娘"，掌管天花；二仙女成了"尼其昆"娘娘，掌管麻疹；三仙女成了"额胡娘娘"，掌管伤寒病和发热病，她们也自然成为人们心目中的"大英雄"；四是从神话的叙述看，此时鄂伦春族社会形态很可能处于母系氏族社会向父系氏族社会的过渡时期，因为神话主题主要是赞颂了猎人的妹妹和三位仙女。

其他如《吴成贵莫日根》的神话故事讲：年轻的猎手吴成贵和孟春生是一对好兄弟，经常一起射飞龙、打狍子、撵兔子，两个人好得像一个人似的。美丽的姑娘乌那堪是"木昆达"的宝贝女儿，是孟春生的情人。有一天，乌那堪被长虫模样的老蟒猊给抢走了，她的父亲"木昆达"没有任何解救办法，便发布命令：谁救了他的女儿，就把女儿嫁给谁做媳妇。很多年轻的小伙子去营救了，但都是无果而终。吴成贵和孟春生也去了，可最终战败老蟒猊设下的一切陷阱，杀死吃人的老蟒猊和老雕，救下乌那堪的却是吴成贵。"木昆达"信守承诺，决定将女儿嫁给吴成贵。父亲的决定乌那堪没有反对的理由，孟春生也无话可说。可吴成贵认为他和孟春生是两肋插刀的好兄弟，在结婚的现场，他真诚地将乌那堪交给了孟春生。乌那堪、孟春生和吴成贵成为生死至交。[①]

在这则神话故事里，主题看似是吴成贵为了好兄弟，出生入死，重情重义，帮助解救兄弟的情人，实则是赞扬了他对氏族或部落的贡献。试想一下，如果不是他将老蟒猊杀死，那么这里的氏族或部落里的人们不知道还要遭受多少苦难，所以我们说吴成贵也是英雄。

---

① 隋书金编《鄂伦春族民间故事选》，上海文艺出版社，1988，第40~45页。

第二节　鄂伦春族英雄神话母题与典型形象分析

从内容上说，鄂伦春族英雄神话类型较周边鄂温克、达斡尔、赫哲等其他民族的英雄神话类型更多，情节结构更曲折复杂，故事主人公形象更丰富。上一节，我们对每一类故事的文本进行了整理和归类，并进行了情节结构分析。这一节，我们将对鄂伦春族英雄神话的母题和英雄、恶魔、宝马等典型形象做进一步分析。

一　英雄神话中的母题

通过上一节英雄神话故事的文本类型梳理，我们看到，从理论层面上，每一类英雄神话故事基本上都会遵循类似于记叙文写作六要素式的叙事结构，即时间、地点、人物、事件起因、经过、结果。在六要素中，事件起因、经过和结果是主要因素，也是故事的主体。在主体叙事中，"任何一个神话，都由一系列故事情节组成；而每一个情节，又是若干个母题的有机组合（也有的母题本身就是一个情节）"①，进一步说，就是"可以包括若干个情节或细节，而每一个情节或细节又可以再生出其他情节"。英雄神话呈现的母题，如：英雄出生、英雄成年、英雄历险、英雄斗恶魔、英雄除害、英雄婚姻、英雄成功、英雄成神等，这一展示神话母题的过程正是故事情节变化和发展的过程，二者是并行的。同时"不同母题在一部作品中的排列往往有较为稳定的顺序"②。

梳理第一节英雄神话文本的情节结构，参照莱维-斯特劳斯的神话结构数字模型的构成情况，我们将下列英雄神话给予类型排序：I《懂鸟兽语的猎手》、II《神箭手》、III《吴达内的故事》、IV《嘎仙洞和奇奇岭的传说》、V《阿勒塔涅斩魔记》、VI《阿拉坦布托的故事》、VII《蒲妹》、VIII《人须、龙角和金马驹》、IX《小白兔娶媳妇》、X《三女神》、XI《伦吉善和阿依吉伦》、XII《欧新波的故事》、XIII《白衣仙姑》、XIV《吴成贵莫日根》。

我们将故事元素和母题大致排列为：

---

① 陈建宪：《神祇与英雄——中国古代神话的母题》，生活·读书·新知三联书店，1994，第11页。
② 王宪昭：《中国民族神话母题研究》，民族出版社，2006，第46页。

母题 1. 英雄诞生：包括出生时间、地点、周围环境、出生情况等。

母题 2. 英雄成长：包括英雄习得狩猎等本领、成年过程、英雄对自己身世的追问等。

母题 3. 英雄身世：包括英雄姓名、父母等亲属的遭遇以及当时的生活状态等。

母题 4. 英雄历险：包括英雄为了拯救氏族或部落以及为了给家人报仇或者为了寻找爱情而同恶魔等恶势力斗争的过程。

母题 5. 英雄除害：包括英雄不畏生死克服千难万阻在历险中除掉恶势力。

母题 6. 英雄爱情与婚姻：这是与英雄历险和英雄除害同步进行的。在这一过程中，英雄克服了包括被求婚者父母等亲属设置的"考验"难题，或者打败了外界恶势力，最终获得幸福婚姻。

母题 7. 英雄成功：英雄铲除了一切障碍，拯救了氏族或部落，或者解救了别人，得到了自己的婚姻，得胜而返。

母题 8. 英雄成神：英雄取得的业绩给社会、人类带来了巨大好处，受到人们的敬仰，被人们奉为神灵，加以崇拜。

以上神话的情节结构和母题的链接模式，可以通过表 4-1 予以表述。

表 4-1　英雄神话母题链接情况

类型	母题链接情况							
	母题 1	母题 2	母题 3	母题 4	母题 5	母题 6	母题 7	母题 8
I			·	·			·	
II	·		·	·	·		·	
III	·	·	·	·	·	·	·	
IV			·	·	·		·	·
V			·	·	·			
VI	·	·	·		·		·	
VII			·	·	·		·	
VIII			·	·	·			
IX	·		·	·	·		·	
X			·		·		·	·
XI			·	·	·		·	

续表

类型	母题链接情况							
	母题 1	母题 2	母题 3	母题 4	母题 5	母题 6	母题 7	母题 8
XII			·	·	·	·	·	
XIII			·	·		·	·	
XIV			·	·			·	

注：表格中的母题 1、母题 2、母题 3、母题 4、母题 5、母题 6、母题 7、母题 8 分表代表故事元素和母题排列中的 1、2、3、4、5、6、7、8；表格中的"·"代表每个类型中相对应的母题情况。

按照莱维-斯特劳斯的神话结构数字模型结构分析，如果上述 8 个母题全部出现在一个故事叙事中，那么会组成一个最完整的故事。但是，在神话创造者们撰写或传承神话的过程中，经常会发生某些母题的缺失，故此会产生许多不同的叙事。[①] 事实上，通过表 4-1 可以看出，在 14 个神话故事中，母题 1：英雄诞生，出现 4 次；母题 2：英雄成长，出现 4 次；母题 3：英雄身世，全部出现；母题 4：英雄历险，出现 13 次；母题 5：英雄除害，出现 12 次；母题 6：英雄爱情与婚姻，出现 10 次；母题 7：英雄成功，全部出现；母题 8：英雄成神，出现 2 次。很明显，母题 3：英雄身世、母题 4：英雄历险、母题 5：英雄除害、母题 7：英雄成功等几乎在每一个神话中都出现了，这几个母题作为重要的情节元素构成了鄂伦春族英雄神话内容的主干。

母题 1：英雄诞生，母题 2：英雄成长，出现的次数较少，均出现 4 次。但它们在神话中发挥的作用是非常重要的，它们往往出现在神话文本的开头，交代英雄人物的出生时间、地点、周围环境、出生情况、学习本领、成长过程、英雄对自己身世的追问等，这些为神话叙事的进一步发生发展，以及为英雄扫除各种障碍，获得巨大成功起到铺垫和衬托作用，能够重点突出强化英雄形象。以目前的统计资料看，很多英雄神话缺少这一部分内容，其有很多原因，"也许是流传的断裂，也许是曾经有过但是没被挖掘、采录出来，等等"[②]。尽管多数神话故事缺失了这一叙述，但这些神话母题的重要

---

① 〔法〕克洛德·莱维-斯特劳斯：《结构人类学》，谢维扬、俞宣孟译，上海译文出版社，1995，第 229 页。
② 汪立珍：《鄂温克族神话研究》，中央民族大学出版社，2006，第 283 页。

性却是不容忽视的。

母题6：英雄爱情与婚姻，出现10次。在鄂伦春族英雄神话里，英雄的出现多与氏族或部落遭到恶魔等外界势力侵害有关，而恶魔侵害氏族或部落的主要目标便是"乌力楞"、"木昆达"或部落首领的女儿，当她们被恶魔抢走，"乌力楞"、"木昆达"或部落首领在无可奈何之下，发布命令，声明谁解救了他们的女儿，便把女儿嫁给谁。于是，英雄（多数为年轻猎手）站了出来，他们在解救他人的同时，也为自己赢得了一份幸福的婚姻。

母题8：英雄成神，出现次数最少，仅2次。无论英雄是为了拯救氏族或部落，还是为了解救"乌力楞"、"木昆达"或部落首领的女儿，还是为了朋友两肋插刀，他们的行为，尤其是当他们的成功业绩给社会、人类带来了巨大利益之时，他们便会受到人们的敬仰。为突出他们的重要性，在有的神话结尾，便会写到人们如何将他们奉为神灵，加以敬仰和崇拜。

总之，鄂伦春族英雄神话的情节结构是复杂多变的，与此相关的神话母体的整体稳定性也更强。所以，有的学者指出"类型是由若干母题按照相对固定的一定顺序组合而成的"[1]。从鄂伦春族英雄神话来看，这种说法不无道理。

二 英雄神话中的英雄形象

通过上述论证和分析，我们可以看到，鄂伦春族英雄神话中的英雄，同创世神话和人类起源神话中的英雄不同，其不同之处，主要体现在如下几个方面。

（一）"半人半神"是英雄的重要特征

通过第一节文本情节的具体阐述，我们看到了英雄"半人半神"的一些特征，如《懂鸟兽语的猎手》中的猎手在蛇国掌握了听懂一切鸟兽语言的本领；《吴达内的故事》中的吴达内如神一样英勇：他的出生就是在"白那恰"山神的示意下神奇出现的，一天一寸地长大，刚出生就力大无比，用桦皮帽子将蟒猊扇到大海边去，他能骑在宝马上飞起来，能起死回生，能在渔翁女儿拉拉杰卡的帮助下变成小昆虫等，最终战胜了蟒猊。这正如苏联M. H. 鲍特文尼克、M. A. 科甘所叙述的那样，这类神话创造者们打造的这些英雄，"或以半人半神形态出现"，"他们从来都是抱着视死如归的心态去

---

① 刘守华：《比较故事学》，上海文艺出版社，1995，第83页。

迎接和挑战各种障碍，最终完成任务，取得英雄的业绩"。他们是"处于神和人之间的中介者，凡人的保护者，灾难和祸患的防御者，苦难的救助者。他们是人们的恩人，是妖怪和大盗的歼灭者，是同仇恨人类的恶魔作战的斗士"[①]。他们像神灵一样，不管出生平凡与否，他们都掌握着神一样的本领，面对人民生命受到威胁时，都是视死如归的真英雄，他们受到人们的崇拜和尊敬，这正充分体现了鄂伦春人崇尚和追求幸福生活的崇高品质。

（二）英雄是一个复杂的文化综合体

英雄的胜利是在自己的努力和外界神力的帮助下才取得的。如绰伦布库是得到了白胡子老头的指点和帮助才能在一夜间从二百里外的地方获得一只野兔，从而使他在与妖魔打赌中取得胜利，赶跑妖魔。[②] 吴达内从母亲怀孕到他出生，以及后来再次出征获得斗蟒猊的方法都是在白胡子老头"白那恰"山神的指点下完成的。吴达内的宝马具有神一样的本领：会飞，能和人说话，能在关键时候使天空立刻风卷云涌、电闪雷鸣、冰雹不断，解救吴达内。吴达内被蟒猊吞进腹中，装入箱子，丢进大河，被老渔翁捡到，老渔翁的女儿拉拉杰卡使其死而复生，他再次神奇般地长大。拉拉杰卡帮助他在蟒猊设置的致命关卡中用宝刀把大石砬子挖开一个洞，将他变作小虫顺利通过，他们被看守蟒猊洞口的老雕吃掉，还是拉拉杰卡用宝刀把老雕肚子挖了个窟窿，逃脱困境，并将老雕碎尸万段。拉拉杰卡最后还把宝刀送予吴达内，在后来吴达内与蟒猊的搏斗中，宝刀发挥了巨大作用。最终吴达内完成了拯救兴安岭人民的使命。[③] 阿勒塔涅是受到火神和另一神仙的示意，从魔鬼手里夺回了自己的灵魂。在与魔鬼的交战中，他联合整个"木昆达"的人一举歼灭魔鬼。上述所举英雄，他们的成功都不是一个人单枪匹马取得的，他们的胜利属于自己，也属于"白那恰"神、火神、树神等神仙，同时也属于拉拉杰卡、宝马、宝物等。从这个角度说，英雄是一个复杂的文化综合体。

（三）人类的自我意识已经开始觉醒

在这一时期的鄂伦春族英雄神话中，人的自我意识已经开展觉醒，人对

① 〔苏〕M. H. 鲍特文尼克、M. A. 科甘编著《神话辞典》，黄鸿森、温乃铮译，商务印书馆，1985，第329~330页。

② 隋书金编《鄂伦春族民间故事选》，上海文艺出版社，1988，第286~291页。

③ 隋书金编《鄂伦春族民间故事选》，上海文艺出版社，1988，第66~92页；姚宝瑄主编《中国各民族神话》，山西出版传媒集团·书海出版社，2014，第43~83页。

自然的心态发生了变化，人对自己的力量有了一定的自信，他们不再是创世神话中那些对文化起源有着重大贡献的"英雄"，这里氏族、部落意识已经出现并形成传统。我们看到，不论是《神箭手》中的绰伦布库，还是《吴达内的故事》中的吴达内、《嘎仙洞和奇奇岭的传说》中的柯阿汗、《阿勒塔涅斩魔记》中的阿勒塔涅、《阿拉坦布托的故事》中的阿拉坦布托，他们首先是有了自身的意识。

绰伦布库沉着冷静地对付妖魔的英雄故事正体现了人类自我意识的觉醒，如：在部落陷入没有野兽吃、即将饿死的境地时，他不顾个人生命安危，挺身而出，"宁肯我一个人死在山里，也不能看着全部落的大人孩子活活饿死"。最终，在神仙——白胡子老头的帮助下，他赶走妖魔，重新抢回了被妖魔占据的山林、石洞，让部落的人免于灾难，过上了幸福生活。吴达内从出生开始就充满了正义的力量，救下了两个被蟒猊追逐的猎人，保全了他们的性命。之后，他主动学习打猎、骑马、射箭等本领。在兴安岭的野兽被蟒猊取走灵魂后，人们去祈祷，祈祷完毕，按照规矩必须留下一人，而且这个人接下来可能受到妖魔鬼怪、豺狼野豹的袭击，生死难料。这个时候，吴达内毅然决定留下来保护众人。在蟒猊复仇时，他骑着宝马义无反顾地踏上了讨伐蟒猊的征程，最终杀死了七个小蟒猊和一个大蟒猊。① 柯阿汗不怕一切妖魔鬼怪、狼豺虎豹，能用神箭赶跑兴风作浪的小龙王。在和蟒猊比射箭时，他一箭胜似蟒猊三箭，与蟒猊摔跤不分胜负，能轻松地把蟒猊抢着费事的大石头不偏不倚地扔到了昆仑山山顶上。他赶跑了小龙王，战胜了蟒猊，换来了兴安岭一带的和平。② 阿勒塔涅是在整个"乌力楞"遭到魔鬼的迫害时，剩下的唯一的年轻人。火神告诉了他实情，他不畏生死，决意取回自己的灵魂。在去取灵魂的路上，尽管情况紧急，但他还是同情并帮助了可怜的猎人，猎人变作狐狸给阿勒塔涅指点魔鬼住处，他才知道猎人和狐狸都是某一神的化身。在夺取灵魂，与魔鬼的交战中，他的灵魂被魔鬼控制，夺取灵魂失败，被魔鬼绑架。但他沉着冷静，想出计谋骗取魔鬼的信任。最后，他联合整个"木昆达"的人一举歼灭魔鬼，将魔鬼宫殿烧毁，"木昆

---

① 隋书金编《鄂伦春族民间故事选》，上海文艺出版社，1988，第66～92页；姚宝瑄主编《中国各民族神话》，山西出版传媒集团·书海出版社，2014，第43～83页。
② 隋书金编《鄂伦春族民间故事选》，上海文艺出版社，1988，第140～145页；姚宝瑄主编《中国各民族神话》，山西出版传媒集团·书海出版社，2014，第84～90页。

达"将爱女许配给他，他接来年老的父母共享快乐。① 阿拉坦布托出生后双亲就被恶魔抓走做苦工，他吃黏粥顽强地长成大小伙子，在狍子的提醒和神马的帮助下，他开始为父母报仇：过铡刀大门、打死恶魔的喽啰兵、怒闯恶魔门前的大海，即使被恶魔所害，但他心里还是装着复仇的烈火，他与五仙女讨伐恶魔，解救了被恶魔禁闭的父母及部落的人，最终成为部落首领。②

除了这里的主人公，在人们的生命遇到极大危难时，广大百姓也不是坐以待毙，他们努力想着各种办法，以各种方式拯救家园，与社会邪恶势力抗争。从这些方面看，可以说，在这一时期的鄂伦春族英雄神话里，鄂伦春人的氏族、部落意识已经出现并形成传统。

（四）英雄的性别

前面讲到的 14 个英雄神话里，有 12 个神话涉及男性英雄。如绰伦布库、吴达内、柯阿汗、阿勒塔涅、阿拉坦布托、彦焦、埃亚金诺诺、伦吉善、欧新波、吴成贵，以及无名猎手、后来变成小伙子的小白兔等，均是男性。值得指出的是，在第三则神话中，吴达内的成功，其中也有渔翁的女儿拉拉杰卡和她的宝刀的功劳。当吴达内得胜返乡之时，所有大小兴安岭的人们在欢呼雀跃、载歌载舞时，他们并没有忘记拉拉杰卡，他们强烈要求吴达内把她接来，一起过幸福生活。③ 作品虽然没有明确说明拉拉杰卡也是一位英雄，但我们能从故事文本叙述中得知，没有拉拉杰卡，吴达内可能就得不到重生，也就没有后来渡过难关再斗蟒貌的经历。笔者曾在本章开头指出：这里的英雄是"母系氏族社会向父系氏族社会转变"时期的英雄。鄂伦春族英雄拯救氏族、部落的神话主要是男性，是因为这一时期鄂伦春族社会已经进入父系氏族社会阶段，只是还没有完全巩固，母系氏族社会的一些社会生产关系还没有完全被父系氏族社会所代替；并且在鄂伦春族宗教信仰方面，祖先崇拜和万物有灵有着十分密切的关系，随着母系氏族向父系氏族社会的转变，他们把氏族或部落的始祖神逐渐从龙、熊、虎、狼、鹿、猴等动物身上逐渐转移到男性英雄身上。又因为母系氏族没有完全退出

① 姚宝瑄主编《中国各民族神话》，山西出版传媒集团·书海出版社，2014，第 107~113 页；内蒙古自治区编辑组、《中国少数民族社会历史调查资料丛刊》修订编辑委员会编《鄂伦春族社会历史调查》（一），民族出版社，2009，第 90~94 页。
② 巴图宝音搜集整理《鄂伦春族民间故事集》，中国民间文艺出版社，1984，第 100~108 页。
③ 隋书金《鄂伦春族民间故事选》，上海文艺出版社，1988，第 66~92 页；姚宝瑄主编《中国各民族神话》，山西出版传媒集团·书海出版社，2014，第 43~83 页。

历史舞台，所以在部分英雄神话里，不免有女性英雄的出现。这一点在《三女神》中表现得尤为突出，三位仙女来到人间，用仙丹救活了年轻的猎人，并与猎人结婚。婚后，她们用仙丹救助了很多临危的病人。死后，人们将她们尊奉为娘娘神。①

（五）英雄是个性与共性的统一

鄂伦春族英雄神话中的"英雄"除了上述三点特征外，还有一个重要的艺术特质，就是在人物形象塑造上，不论男性还是女性，他们在神话中扮演的角色都是"半人半神"的复杂文化综合体。从大的方面看，他们代表了这一时期鄂伦春族神话英雄的整体特质。从这些英雄身上，我们能考察到这一时期鄂伦春族社会，有人类与来自自然界的地震、洪水、毒蛇猛兽、恶魔等危及人类生存和命运的各种灾难的斗争，有婚姻"考验"难题等人类自身生存中所面临的障碍与困惑，这是他们的共性。在不断解决这些共性问题的同时，这里的每一位英雄，他们的人生经历，他们在征服人类自身和外界影响因素的过程中，他们的处理方式、方法又不是完全相同的。如懂鸟兽语的猎手是通过意外进入蛇洞懂得了飞禽走兽的语言而拯救了乡亲；三仙女是通过救活无名猎手，治疗临危的病人而受人尊崇，人们敬她们为娘娘神；而像吴达内、阿勒塔涅、吴成贵等则是通过若干历险，最终成为英雄；等等。他们所走过的英雄道路是各具特色的，这些构成了他们每一个人所独有的个体特征。他们在发展自己个性的同时，最终获得成功，成神，受人尊敬，被人崇拜，这也正是这一时期英雄的整体共性。

（六）与创世神话故事中的英雄神话比较

此时的英雄神话在基本内涵阐释方面，其叙事结构更加完整，情节更加曲折精彩，人物形象塑造更加丰满，细节描写更加生动细致，主题表达更为突出。这在上述神话的文本叙事中表现得尤为明显。另外，这一时期鄂伦春族英雄拯救氏族或部落神话涉及的叙事母题更加多样，如：洪水母题；变形母题；英雄的诞生、历险、除害、成功、婚姻等母题；天灾、人祸母题等。这些都增添了神话的生动色彩，突出了神话的主题内涵。

---

① 内蒙古自治区编辑组、《中国少数民族社会历史调查资料丛刊》修订编辑委员会编《鄂伦春族社会历史调查》（一），民族出版社，2009，第153页；姚宝瑄主编《中国各民族神话》，山西出版传媒集团·书海出版社，2014，第38~43页。

三　英雄神话中的恶魔、宝马形象

恶魔和宝马是英雄神话中着重塑造的另外两个形象，恶魔代表社会中恶或丑的一方，宝马代表着善和美的一方。它们在北方民族神话中较为普遍，在鄂伦春族英雄神话中更是独有特色，下面以具体的案例对其进行解读。

（一）恶魔形象分析

在鄂伦春族英雄神话的大部分文本里，恶魔是有思维、有语言、人格化的形象，其外貌特征极其可怕。一般情况下，恶魔都是长着多个脑袋、体态怪异，有时变作人形出现，有时以"四不像"形态出现，有时在猎人家的灶火膛里以火苗形态出现。它们有超凡异能和神奇功力，它们的脑袋被砍掉了还能立刻长出来。它们善于狡辩，专门吃人。它们经常霸占物产丰厚、野兽众多、环境优美的地方，占山为王，任何人都休想靠近。它们习惯去"乌力楞""木昆达"或部落集中地区抢夺野兽、财务，喜好抢夺兼美丽与智慧于一身的女性做老婆等。如神话《吴达内的故事》中，吴达内第一次看见老蟒猊站在他的面前时，它正在追赶两位猎人，准备将他们当作下酒菜，故事写道："只见来了一个家伙，非人非兽，个头两丈多高，脑袋长得像罕达犴头似的，眼珠子像铃铛似的，嘴有血盆那么大，浑身上下都是毛，手像老鹰的爪子，正拄着一棵大老鸹眼树当拐棍。……嘎嘎嘎地大笑起来，笑声在山谷里震荡，好像有多少个蟒猊在狞笑似的。"①

消灭恶魔非常困难，铲除它们的方法只有一个，就是找到并破坏掉它们的灵魂（命根子），但英雄获得恶魔的命根子的过程是极为艰辛的，甚至要以牺牲生命为代价。因为恶魔的命根子多数都有蟒蛇、老雕、妖熊等凶狠的妖魔鬼怪把守，小恶魔的命根子多数藏在某一深山野林的树上的鸟窝里，同样有妖魔鬼怪变的飞禽猛兽把守。如在神话《阿拉坦布托的故事》中，恶魔搭鹨拉妈他刊的灵魂是三根铁锉，藏在一片森林最密的三棵大松树上，有一只凶猛的老鹰在守卫着；② 神话《喜勒特很报仇记》中，老蟒猊的心——命根子藏在它山下的五棵松树中最高的松树树梢的大乌鸦窝里，去五棵松树的路上有野猪王把守山寨，所以要想拿到老蟒猊的心，必须得先杀死野猪

---

① 隋书金编《鄂伦春族民间故事选》，上海文艺出版社，1988，第69页；姚宝瑄主编《中国各民族神话》，山西出版传媒集团·书海出版社，2014，第47~48页。

② 巴图宝音搜集整理《鄂伦春族民间故事集》，中国民间文艺出版社，1984，第100~108页。

王。而且，五棵松树上还缠着好几条毒蛇，谁想从树干上爬上树梢拿到老蟒猊的心是不可能的，必须是百发百中的神箭手直接将上面的乌鸦射死，才能拿到老蟒猊的心。① 恶魔有狡猾的心理，当它们抵挡不住英雄的进攻时，通常是极为快速地逃跑，或者进行狡辩，或者提出与英雄进行摔跤、射箭、扔石头等比赛，一旦它们取得胜利，它们将会给人类带来更多更大的灾难。面对狡猾的吃人不眨眼的恶魔，英雄必须抱着必死的决心，勇敢地面对和克服一切阻碍，才能获得最终胜利。通过本章第一节英雄神话的文本分析，我们看到，在鄂伦春族英雄神话中，往往是以英雄的胜利而告终的。

在北方民族神话中，对恶魔的称谓不完全相同，如：鄂温克族把恶魔称为"蟒猊"或"满盖"；赫哲族把恶魔称为"蟒貌"或"蟒盖"；蒙古族把恶魔称为"蟒古斯"或"蟒嘎斯"；鄂伦春族经常称其为"蟒猊"、"蟒盖"或"满盖"。从这些称谓看，"恶魔这个形象在北方民族神话中是共有的神话母题，蕴含丰富的文化底蕴与历史意义"②。恶魔站在英雄的对立面，它们是人类的敌人，英雄最终战胜恶魔，是正义战胜了邪恶，象征着人类战胜了自然。这是人类历史发展的必然，表现了鄂伦春族先民是非善恶的朴素的世界观、人生观和价值观。

（二）宝马形象分析

在鄂伦春族英雄神话里，英雄在历险过程中，很多情况下都能看到某一宝马出现，如果没有宝马相伴和帮助，英雄的前途可能会逆转。

鄂伦春族英雄神话中的宝马具有以下两个方面的主要特征。

1. 神奇的来历

《松坦莫日根和仙女埃米艳》中，松坦莫日根的白龙马是由兴安岭上一位老猎人赠送的一只大猎狗"在地上一滚"而变成的。日后，他骑着白龙马一路过关斩将，除掉猛虎、饿狼、妖魔。③《吴达内的故事》中，他的宝马刚生下来的时候就能自己把笼头带上，当天"长得有库房那么高，还长了两个翅膀。枣红色，油光锃亮，膘满腿壮"。之后，吴达内骑着它闯三

---

① 内蒙古人民出版社编《鄂伦春民间故事集》，内蒙古人民出版社，1981，第1~9页；隋书金编《鄂伦春族民间故事选》，上海文艺出版社，1988，第26~39页；内蒙古自治区编辑组、《中国少数民族社会历史调查资料丛刊》修订编辑委员会编《鄂伦春族社会历史调查》（一），民族出版社，2009，第142~147页；姚宝瑄主编《中国各民族神话》，山西出版传媒集团·书海出版社，2014，第90~102页。
② 汪立珍：《鄂温克族神话研究》，中央民族大学出版社，2006，第271页。
③ 隋书金编《鄂伦春族民间故事选》，上海文艺出版社，1988，第234~248页。

关、除蟒猊，宝马为他的胜利屡立奇功。①

2. 主人的得力助手

《喜勒特很报仇记》中，喜勒特很的乌拉沁宝马，主人备好鞍子，骑上去，"宝马就腾空飞起来了"。它还会说话，能助主人攻打恶魔，救主人于危难。在喜勒特很打蟒猊时，宝马告诉他："到了蟒猊住的地方，你和蟒猊厮杀，无论如何也不能离开我，我的粪蛋也会有用处。"后来，正是乌拉沁宝马用粪蛋打死了众多小蟒猊。当喜勒特很和老蟒猊摔跤比赛时，他被摔死，还是乌拉沁宝马将他的尸体及时抢走，并飞越千山万水、克服万千险阻，到达天池，求助"木昆达"的姑娘托恩多艳用仙丹将他救活。它是喜勒特很杀死老蟒猊不可或缺的得力助手。②

马匹是鄂伦春族先民狩猎生产的主要工具之一，在日常生活中发挥着重要作用。鄂伦春先人把它作为英雄们的忠诚朋友和生活伴侣，将它写入英雄的神话故事里，对它的体态、性情、英姿、魄力等多方面做了生动的描述，并在一定程度上将其神化，使宝马的形象十分鲜明地呈现在我们面前。同样，宝马形象在卫拉特蒙古英雄史诗《江格尔》、柯尔克孜英雄史诗《玛纳斯》以及希腊《荷马史诗》中，都有重要的地位，作者给予其高度颂赞。在这些作品中，英雄形象的塑造与宝马（坐骑）的描写是分不开的。作品在歌颂英雄业绩的同时，也对他的坐骑进行了赞颂。这表明，这些民族对于马怀有深厚的热爱、关切和信任之情，也充分地展示了民族的审美价值。

第三节　鄂伦春族与其他民族英雄神话比较

通过对鄂伦春族创世神话、人类起源与族源神话、英雄神话的分析，我们逐渐得到一些基本认识：神话是一个民族历史的反映，从神话中可以看到该民族社会的发展轨迹，包括政治、经济、文化等多方面的历史现象，即神话的民族性，这是其一；其二，生活在同一区域的不同民族，他们的神话在

---

① 隋书金编《鄂伦春族民间故事选》，上海文艺出版社，1988，第66~92页；姚宝瑄主编《中国各民族神话》，山西出版传媒集团·书海出版社，2014，第43~83页。

② 内蒙古人民出版社编《鄂伦春民间故事集》，内蒙古人民出版社，1981，第1~9页；隋书金编《鄂伦春族民间故事选》，上海文艺出版社，1988，第26~39页；内蒙古自治区编辑组、《中国少数民族社会历史调查资料丛刊》修订编辑委员会编《鄂伦春族社会历史调查》（一），民族出版社，2009，第142~147页；姚宝瑄主编《中国各民族神话》，山西出版传媒集团·书海出版社，2014，第90~102页。

文本内容、类型、情节结构、内涵表达等方面或多或少都有一定程度的相似性，即神话具有地域性特点。鄂伦春族是阿尔泰语系诸民族之一，远古时代，他们曾经共同生活在从长城以北到南西伯利亚的辽阔草原和森林地带，共同从事渔业、狩猎和游牧生活，经历过相同的社会历史发展阶段，有过共同的"英雄时代"经历。那么，在"英雄时代"，神话创造者们是否也创作了反映相似时代精神的神话英雄史诗和神话英雄故事呢？这一节，我们将通过阿尔泰语系诸民族英雄神话的比较研究，来分析蕴含在这些神话故事中的相同点和不同点。

一　英雄同自然斗争

远古时期，人类认识自然的能力和水平有限，改造自然更是无从谈起。尤其是阿尔泰语系诸民族的居住地多山多湖泊，江河水涨、山洪暴发、水灾天灾频繁不断。进入民族社会以来，人类在与恶劣的自然斗争中，不断争得了主动权，而且还靠丰富的想象，创作了与自然抗争的诸多英雄神话故事。

鄂温克族有一则《哈尔迪莫日根变巨石》的神话讲：

> 有一个猎手，叫哈尔迪莫日根。一天，他进山打猎，打到一只嘴里叼着一条小蛇的老鸹，巧的是，小蛇掉到了地上，突然变成了一位美丽漂亮的姑娘。姑娘告诉猎人，她是海三娘。猎人救了她的命，为了感谢猎人，她要以身相许，共同到海里过美好日子。可猎人习惯了森林里的生活，他婉言拒绝了海三娘的好意。但海三娘还是要致谢猎人：她教猎人学会了说野兽的语言。但海三娘再三叮嘱猎人，什么情况下都"不许告诉别人"，猎人答应了。

> 一天，哈尔迪莫日根从野兽那里听到了一个惊天的消息，"过几天这里就要闹地震，发大水，不能再待下去了"。哈尔迪莫日根听到这些，哪里还记得海三娘的叮嘱，他把这个秘密立刻告诉了部落里的人，他们听从了哈尔迪莫日根的话，及时撤离到别处。过了几天，事情果然如野兽们所说，一切都发生了，人们躲过了这场灾难。然而，哈尔迪莫日根违背了对海三娘的承诺，泄露了天机，他变成了一块巨石，永远立在了山顶上。人们永远纪念着他。①

---

① 王士媛、马名超、白杉编《鄂温克族民间故事选》，上海文艺出版社，1989，第85页。

　　在这则神话里，猎人哈尔迪莫日根从海三娘那里学会了说野兽语言的本领，他也保证信守"不许告诉别人"的承诺。可是，当部落的人们面临生命危险时，他不顾个人生死，义无反顾地将天机告诉了部落里所有的人，而他却变成了一块巨石。哈尔迪莫日根是鄂温克族的英雄，他永远得到人们的尊重。

　　在鄂伦春族神话里，我们前面曾提到过《懂鸟兽语的猎手》中讲，一个猎手由于好奇，闯入蛇国，从此他能听懂一切飞禽走兽的语言。第二年春天，他离开蛇国，临行前，蛇王告诫他，不要把来蛇国和听懂鸟兽语言的事情告诉给任何人，否则蛇国会遭殃，他也将受到惩罚。从蛇国出来后，猎人一直保守秘密，即便是在他的妻子面前，他也守口如瓶。可有一天，他突然从鸟兽那里听到第二天洪水就要爆发，乡亲们的生命面临危险时，他没有任何犹豫，不顾个人安危，将发洪水的天机告诉了乡亲们，乡亲们及时躲避得以脱险，但猎手却因泄露了蛇国天机而变为巨人石，永远站立在山坡上，受到人们的尊敬。①

　　赫哲族有一则《七女峰》的神话讲：

　　　　很早以前，地上突然大旱，百姓无衣无食，饿殍遍地。有七个姊妹，历尽艰辛，终于找到了象征吉祥、能带来幸福的金翅鸟。七个姊妹回到家乡，带领老幼乡亲，爬上高高的火山。用手指向大江的上游，齐声大喊："乡亲们，金翅鸟飞走了，你们跟它去吧，那里'有吃的'，'有穿的'，你们跟着金翅鸟去吧！"她们的话音未落，便即刻变成了石人。石人越长越高，最后变成了七座秀丽的山峰。乡亲们按着七姐妹指引的方向，果然找到了那块美丽富饶的土地，过上了幸福生活，而七姐妹却永远变成了山峰，久久地矗立在那里。千百年来，人们一直铭记着她们的故事。②

　　在这则神话里，七个姊妹为了拯救即将被旱灾毁灭的父老乡亲，勇敢顽强地克服了重重险阻，终于寻找到了象征吉祥、能带来幸福的金翅鸟。人们

① 内蒙古人民出版社编《鄂伦春民间故事集》，内蒙古人民出版社，1981；隋书金编《鄂伦春族民间故事选》，上海文艺出版社，1988，第120页。
② 王士媛、马名超、黄任远编《赫哲族民间故事选》，上海文艺出版社，1989，第191～120页。

按着她们的指引找到了美丽富饶的生存环境，可七个姊妹却变成了山峰。

以上阿尔泰语系三个民族神话的相同点和不同点，我们通过表 4-2 做一下比较。

表 4-2 阿尔泰语系三个民族神话的比较

内容	鄂温克族《哈尔迪莫日根变巨石》	鄂伦春族《懂鸟兽语的猎手》	赫哲族《七女峰》
神话母题	与水灾抗争	与水灾抗争	与旱灾抗争
神话形象	哈尔迪莫日根，男性，会讲鸟兽语言，死后变成巨石，受人敬仰，半人半神	猎手，男性，能听懂一切飞禽走兽语言，死后变成巨人石，受人敬重，半人半神	七姊妹，女性，得到鸟熊鱼等神的帮助，死后变成山峰，被后人当神敬仰，半人半神
神话情节	哈尔迪救下海三娘→海三娘报恩教哈尔迪学会讲鸟兽语→哈尔迪从鸟兽话中得知要发大水的消息，并告诉了部落的人们→部落的人躲避并脱险→哈尔迪泄露天机变成巨石→哈尔迪受到人们纪念	猎手学蛇舔青石进入蛇洞→蛇王招待猎手并告诉他蛇国规矩→猎手在蛇洞冬眠→春天蛇王唤醒猎手并告诫他保守蛇国秘密→猎手出蛇洞→猎手掌握了听懂一切飞禽走兽语言的本领→猎手从猫头鹰那里得知要发洪水→猎手将发洪水的秘密告诉乡亲→乡亲得救→猎手泄露天机变成巨人石，受到人们怀念	天下大旱人们无衣无食→七姊妹为救乡亲寻找金翅鸟→七姊妹历尽艰辛找到金翅鸟→七姊妹指引众人投奔金翅鸟→众人找到了美丽富饶的地方生存→七姊妹变成山峰，受人铭记

通过表 4-2 对三则神话母题、神话形象和神话情节的比较，我们可以得出：

第一，从神话母题看，它们都是与水、旱等自然灾害抗争型神话母题。

第二，从神话情节看，这些神话主人公都能勇敢、顽强、舍生忘死拯救氏族或部落，使氏族或部落免于灾难。

第三，从主人公形象看，他们主要是男性，也有少数女性，说明了这些神话写作背景是母系社会向父系氏族社会转变的过渡时期。

第四，神话主人公有普通人的外形和思想，但他们掌握着神一样的本领，这说明这一时期的英雄是以半人半神的姿态出现的。

第五，故事中的主人公各具特色，体现了共性与个性的统一，同时也说明了人们在继承、传播和发展神话故事过程中，神话故事在不同程度上发生了变异。

第六，从神话思维看，各民族先民在社会生产力极为低下的情况下，敢于向自然提出挑战，并在与自然斗争中表现出勇敢顽强的精神和不怕牺牲的姿态，他们的英雄精神是值得后人学习借鉴的。

二 英雄同恶魔等恶势力斗争

英雄同恶魔等恶势力斗争的神话是阿尔泰语系诸民族神话普遍存在的另一个神话母题类型。在这些英雄神话故事里，英雄历险、扫除障碍的过程和他们的爱情与婚姻常常是联系在一起同步发展的，英雄成功的同时也收获了一份完美的爱情与婚姻。

赫哲族神话《神叉苏布格》讲：

> 早些时候，一年冬天，临到封江了，人们一条鱼也打不到。神叉苏布格费了九牛二虎之力打到了一条金鲤鱼，问它到底是什么原因打不到鱼，金鲤鱼告诉他：鱼全被海龙王给领跑了。听了这些，苏布格有了打算，他历经千辛万苦，克服了重重阻碍，险些命丧黄泉，终于到达东海找到了龙王，并义正词严地向龙王要鱼。龙王被苏布格的勇敢冒险精神所折服，于是就答应了他的要求。苏布格回到家乡，整个冬天人们打了数不尽的牙莫思哈鱼，高兴得不得了。可是，第二年，到封江时节，同样的情况又发生了，人们还是一条鱼也打不到。苏布格到达江口，发现了两只白熊精，它们堵在江口，把这里的鱼都吃光了。苏布格愤怒了，他冒死和白熊精大战几百回合，最终他战胜了白熊精，从此，这里的人们冬天吃鱼再不发愁了。苏布格成为人人称颂的大英雄。①

在这则神话中，神义苏布格为了人们能够打到鱼，顺利过冬，不畏惧龙王的至尊地位，克服一切艰险找到龙王，龙王被他的勇敢冒险精神所打动，答应了他的要求。后来，当白熊精堵在江口，吃光了江里所有的鱼，人们的生存再次遭到困境时，他又誓死与白熊精搏斗，最终战胜了白熊精，让人们过上了"冬天吃鱼再不发愁"的好日子，他也成为"人人称颂的大英雄"。

---

① 王士媛、马名超、黄任远编《赫哲族民间故事选》，上海文艺出版社，1989，第 145 ~ 149 页。

满族神话《突忽烈玛发》讲：

> 古时候，土伦部落里有个叫突忽烈的人，他一生下来就全身长着闪光的鳞片，两只脚像鸭子爪一样，生下来三天就能钻到水里游玩。部落里的人以为他是魔鬼，曾一度想害死他。他的父母死后，他去了海里。一年，家乡发大水，他知道后，从海里领了一群海龟帮忙，击退了大水。又一年，家乡蒙受旱灾，他又带海龟为家乡的人送去了清水。又一年，地下魔鬼邓路里命令手下的火龙群，强行占领了他的家乡。为了乡亲，突忽烈经过无数苦难，寻遍四海，最后在北海找到了大额真土伦布，并得到了铲除邓路里的方法。突忽烈重返家乡，洒出北海真水，浇灭了火龙身上的火，用箭射瞎了邓路里，将所有妖魔赶走，他的家乡安宁了。可突忽烈又悄无声息地返回了海里。以后，他的家乡家家供起了突忽烈恩都力。①

在这则神话中，英雄突忽烈由于出生后的奇特经历，被部落人误认为是魔鬼，遭到人们唾弃。但他理解人们的心情，忍受屈辱，去了海里。他没有忘记部落里的父老乡亲，他随时注意部落的大小事情。在部落遇到大水袭击时，他带领海龟击退了大水；当家乡蒙受旱灾时，他又带领海龟为家乡的人送去了清水；当魔鬼邓路里的火龙群强行占领他的家乡时，他又历尽艰难，得到北海真水，用箭射瞎了邓路里，将所有妖魔赶走。总之，只要他的部落有难，他就第一个挺身而出，挽救人们于水火。他善良，他敢于与魔鬼殊死搏斗，他不顾个人安危得失，保护部落的安全和幸福。他是部落的保护神和英雄神，后人每年都祭祀他。

锡伯族神话《菱花与巴吐戛热》讲：

> 古时候，拉塔湖边，有个年轻人叫巴吐戛热，他和邻里姑娘菱花是对亲密的情人。一年，他们那里突然来了个石龟精，石龟精破坏庄稼，欺负百姓。巴吐戛热和菱花商量，决定要铲除石龟精，为民除害。这对情人有了主意，下定决心守在湖边，石龟精出来时，巴吐戛热连发两箭，射瞎了石龟精的双眼，但石龟精仍然能站起来与他们搏斗。连续三天三

---

① 傅英仁搜集整理《满族神话故事》，北方文艺出版社，1986，第39页。

夜，菱花体力不支，不小心被石龟精打入湖里，巴吐戛热急于解救自己的心上人，不幸也被石龟精打到湖里。正在紧要关头，菱花突然变成了菱角，巴吐戛热变成了鸡头，他们一起像针一样扎进了石龟精的喉咙，活活把石龟精扎死了。从此，拉塔湖周围几百里都传遍了他们的英勇故事。①

在这则神话里，巴吐戛热和菱花两个情人，为了让石龟精不再糟蹋庄稼、危害百姓，决心铲除石龟精，在与石龟精大战三天三夜后，被石龟精打到湖里。在生死关头，他们变作菱角和鸡头，扎死了石龟精，为民除了害，从而被人们广为传颂。

鄂伦春族神话《吴达内的故事》讲，有着神奇出生经历的吴达内，为了保住兴安岭的人们不被蟒猊吃掉，为了人们能够打到猎物，他在宝马和拉拉杰卡的帮助下，九死一生，与蟒猊进行搏斗，最终战胜蟒猊，给兴安岭的人们换来了安宁。

以上列举了阿尔泰语系部分民族英雄同恶魔等恶势力斗争的神话，类似的神话在鄂温克族（如《特斯贺智斗满盖》）、蒙古族（如《顿布道德夫》）、达斡尔族（如《绰凯莫尔根》）等民族中还有很多，在此不再一一列举。

我们将上述赫哲族的《神叉苏布格》、满族的《突忽烈玛发》、锡伯族的《菱花与巴吐戛热》和鄂伦春族的《吴达内的故事》四则神话绘制成表4-3，进行情节对比。

表4-3　《神叉苏布格》、《突忽烈玛发》、《菱花与巴吐戛热》
和《吴达内的故事》英雄神话情节比较

情节	《神叉苏布格》	《突忽烈玛发》	《菱花与巴吐戛热》	《吴达内的故事》
1	海龙王领跑了江里所有的鱼，人们打不到鱼	突忽烈神奇出生、成长，被部落人误会	菱花与巴吐戛热是情人	吴达内神奇出生、成长
2	神叉苏布格历尽艰辛找海龙王要鱼	部落遭遇水、旱灾害，突忽烈带领海龟解救	石龟精破坏庄稼、祸害百姓	蟒猊占领兴安岭，到处吃人

① 忠录编《锡伯族民间故事选》，上海文艺出版社，1991，第5页。

情节	《神叉苏布格》	《突忽烈玛发》	《菱花与巴吐戛热》	《吴达内的故事》
3	海龙王被苏布格的勇敢和冒险精神所打动，答应了他的要求	魔鬼邓路里命令手下火龙群抢占了突忽烈的部落	菱花和巴吐戛热与石龟精激战	吴达内战蟒猊，蟒猊战败逃跑
4	两只白熊精吃掉了江里所有的鱼，人们又打不到鱼	突忽烈从北海大额真土伦布处得到消灭魔鬼办法	菱花和巴吐戛热被石龟精打败	蟒猊设计陷害吴达内，吴达内在拉拉杰卡和宝马的帮助下死而复生
5	苏布格战胜了白熊精	突忽烈用北海真水消灭魔鬼，赶跑群妖	菱花变成了菱角、巴吐戛热变成了鸡头与石龟精打斗	吴达内再战蟒猊
6	人们冬天再不愁没有鱼吃	部落误会解除，人人供起了突忽烈恩都力	菱花与巴吐戛热扎死石龟精，他们的故事广为传颂	吴达内赶跑蟒猊，兴安岭恢复平安，吴达内获得幸福婚姻，受到人们敬仰

从表 4-3 的比对中，我们得出以下结论。

第一，神话的母题是一致的，都是与恶魔等恶势力斗争的神话，并且英雄最终都取得了胜利。神叉苏布格战胜了白熊精；突忽烈战胜了魔鬼；菱花与巴吐戛热战胜了石龟精；吴达内战胜了蟒猊。

第二，神话情节结构大致相同。这些神话大都遵循这样一个公式：英雄出世（有的出生神奇，且有本领；有的出生时就面临灾难，受神灵保佑指点，开始历险等）+英雄获得武功（在历险过程中，得到神的真传）+英雄历险（有的是与自然、恶魔等恶势力斗争；有的是盗火、纺织或者是发明工具等）+英雄成功（战胜自然、恶魔等恶势力，有时还获取完美的婚姻）+英雄成神（变成石头、变成星星、变成怪兽、变成娘娘神、变成祖先神等）。这些情节结构与本章讲述的鄂伦春族英雄神话情节结构极为相似，即英雄诞生+英雄成长+英雄身世+英雄历险+英雄除害+英雄爱情与婚姻+英雄成功+英雄成神。

第三，英雄的基本形象是相同的，即半人半神的形象。神叉苏布格虽然是普通人，但他能入海寻找海龙王，战胜白熊精，说明他有特异神功。突忽烈和吴达内出生时的外形就是半人半神的，一个是全身长鳞片，一个是肉蛋，且成长过程极为迅速，三天就能玩耍；在与恶魔等恶势力斗争中，他们又都能有神奇的武功，最终战胜恶魔等恶势力。

第四，浓郁的地方特色是这些神话故事的共同特点，同时也显示了不同点。英雄的活动范围，如冬天封江、深山密林打猎等；英雄所使用的宝马、弓箭等也都是阿尔泰语系诸民族生产生活中不可缺少的。另外，在满族、锡伯族、赫哲族等满-通古斯语族英雄神话里，还有更多的盗火英雄神话、农耕纺织英雄神话、工具发明英雄神话等。这就印证了生活在长城以北到南西伯利亚的辽阔草原和森林地带的阿尔泰语系各民族，除了像鄂伦春族等以狩猎为主的民族外，满族、赫哲族、鄂温克族、锡伯族等满-通古斯语族也从事渔业、狩猎和游牧生活。其中还有部分民族在这一时期已经走上了农耕文化道路，这反映在他们的英雄神话里，如赫哲族神话《种子》讲：在很久以前，一对夫妇不愿意长久吃兽肉、鱼肉，他们去汉族人住的地方，从汉人那里学会了春耕、夏锄、秋收的本领。他们还把种子背回所在地，在森林边种植粮食和蔬菜，这也显示了赫哲族和汉族在很早以前就存在民族间交往。① 而这在鄂伦春族英雄神话里出现的却很少，进一步说明北方民族英雄神话共性之中的一些独特之处。

三　英雄神话中的典型形象

研究鄂伦春族英雄神话，除了欣赏其精彩的故事情节结构外，故事的典型形象，即主角形象是我们研究的另一重点内容。英雄神话故事主角形象主要是正面形象——英雄形象和反面形象——恶魔等恶势力形象。

（一）英雄形象比较

1. 相同之处

在鄂伦春族英雄神话中，我们看到，无论是《阿拉坦布托的故事》中的阿拉坦布托、《吴达内的故事》中的吴达内、《猎人柯阿汗》中的柯阿汗，还是《三女神》中的三仙女、《伦吉善和阿依吉伦》中的伦吉善、《松坦莫日根和仙女埃米艳》中的松坦莫日根等，英雄们都是为了本氏族、部落的生存发展，为了人间的安宁与幸福，常常面对许许多多突如其来的灾难和挑

---

① 中国民间文艺研究会黑龙江分会编《黑龙江民间文学》（第 5 集），黑龙江省文联铅印室，1983，第 275 页。

战。在这一过程中，他们历尽艰险，有时会死而复生，有时会彻底牺牲自己，有时也会收获甜美的爱情。也正是在战胜灾难和挑战，达到成功的道路上，他们像神一样奇迹般地完成了常人不可能完成的事，完成了他们的英雄壮举。他们的业绩感人肺腑，足以让整个氏族、部落的人为他们骄傲自豪。这种荣誉感使整个氏族、部落的意识更加强大，使氏族、部落及其成员的凝聚力进一步强化、提升。在这一过程中，英雄是以半人半神的状态出现的，是人性与神性的矛盾统一。他们是人，他们用自己的力量、勇气和智慧，以忘我的牺牲精神，创造了一个又一个传奇；他们是神，他们的出身，成长经历，历险过程，随时都有神灵相伴，受到神的眷顾，在神的护佑下完成了他们的非凡业绩。英雄们的身上表现着浓厚的社会属性，他们代表着人类从远古社会走来，逐渐摆脱蒙昧的状态，开始对人和神的界限有了比较明确的划分，他们已经不再是创世神话中的无所不能的神。

通过本节鄂伦春族英雄神话与满-通古斯各民族英雄神话的比较，我们也发现，满-通古斯各民族先民们对英雄的崇拜是有共同的思想基础的，他们对自然万物不再是绝对的顶礼膜拜，灵物崇拜观念逐渐退出历史舞台，随之而来的"是以自然和社会中的人为中心的思想观念的确立"。与此同时，"神圣的祖先崇拜、英雄崇拜等原始观念便相继产生"[①]。这在《白云格格》《哈尔迪莫日根变巨石》《懂鸟兽语的猎手》《七女峰》《神叉苏布格》《突忽烈玛发》《菱花与巴吐戛热》《吴达内的故事》等神话故事情节结构中已经清晰地表现出来。

2. 不同之处

首先是在英雄从出生至历险成功或成神的过程中，由于不同民族所处的生存环境不同，英雄们的历险过程，他们所经历的困难和阻碍也是不一样的。对于狩猎民族鄂伦春族来说，他们的英雄神话主要描写的是在森林里发生的故事。当时的鄂伦春人，基本的社会组织是氏族和"乌力楞"，更大一级为部落。他们吃兽肉、穿兽皮，用桦树皮、皮革制作工具、手工艺品等，他们居住在用桦皮或兽皮搭建的简易的"仙人柱"里，马和桦皮船是他们的交通工具，生活环境极其恶劣。为了生存，他们一年四季频繁迁徙，到处游猎，过着饥寒交迫的生活。有时氏族、部落为了扩大自己的势力范围，经常发生战争。从这方面说，鄂伦春族的英雄神话是处在原始社会的鄂伦春人

---

① 黄任远：《通古斯-满语族英雄神话比较》，《满语研究》2000 年第 1 期。

依据他们当时的社会条件和认知能力创造出来的。而对于渔猎民族来说，他们的神话故事除描写森林生活外，还有江河湖泊里的故事；对于那些盗火、农耕纺织、工具发明等英雄们，则更多地表现了原始人在极其落后的生产力条件下，在平凡的生产生活中，依靠自己的双手和智慧，创造着不平凡的业绩。

其次是各民族对英雄的称谓有所不同。在鄂伦春族英雄神话里，神话的主角，即某一英雄名字的后面都附有"莫日根"称号，是"好猎手"的意思，如吴成贵莫日根、松坦莫日根等。现实中，在鄂伦春族能称得上"莫日根"的人，必须具备一定的能力：一是熟悉当地的地理环境，无论黑夜还是白天，都能在森林里随便穿梭而不会迷失方向；二是眼睛敏锐，能精确地观察出动物的行踪，能根据早晚风向的细微变化判断动物会在什么地方出现，并且不能让动物闻到自己的气味；三是准确地利用地理环境判断各种野兽活动的时间、地点，掌握各种动物在什么季节、什么地点进行交配和繁殖；四是具备高超的狩猎能力，枪法要准，一般情况下不会出现人为的空枪；五是具有卓越的领导能力。据仁钦道尔吉考证，阿尔泰语系诸民族许多英雄史诗以及英雄神话的主角名字的前面和后面大都附有"一种受人尊重的称号"。实际上，"我国从新疆到黑龙江的阿尔泰语系民族叙事文学中普遍存在着'一可汗'、'巴图尔'、'莫尔根'和'叶尔'等称呼"。这些称谓在不同民族中有不同的发音标准，但他们的基本词语是相同的。"现代语言中，'莫尔根'为'神箭手'或'贤慧'，'巴图尔'意为'英雄'，'叶尔'为'男子汉'。"仁钦道尔吉指出，11～12 世纪以前，这些称号还有其他特指，即这些称谓有的也是部落首领和萨满巫祝的称号。例如，在西突厥《阿勒帕密斯》、《叶尔吐斯特克勇士》、《骑黄马的猎手》和《为人民而生的勇士》等英雄史诗和英雄故事中描写了勇士母亲的神奇的怀孕、勇士的神奇的诞生和神速长大等现象，这无疑是突厥民族叙事文学的共性，在蒙古英雄史诗中同样存在类似现象"[1]。总之，这些称谓都表现出人们对神话中的英雄的无限虔诚和敬畏的真挚情感。

（二）恶魔等恶势力形象比较

阿尔泰语系诸民族英雄史诗和英雄神话故事中，反面人物——恶魔等恶

---

[1]　仁钦道尔吉：《关于阿尔泰语系民族英雄史诗、英雄故事的一些共性问题》，《民族文学研究》1989 年第 6 期。

势力形象是众多研究者关注的话题。如上面神话情节中出现的火龙、满盖、蟒猊、石龟精、海龙王、白熊精、乌鲁古力等，都是比较常见的恶魔（有的作品中写作"妖魔"）。

表4-4是阿尔泰语系部分民族对恶魔的称谓。

表 4-4 阿尔泰语系部分民族对恶魔的称谓

特征	鄂伦春语	鄂温克语	达斡尔语	赫哲语	蒙古语	维吾尔语
名称	蟒猊、满盖、蟒貌	蟒猊、满盖、蟒貌	蟒盖	蟒貌、满盖	蟒古斯、蟒嘎斯、蟒嘎德海（布里亚特方言）	蟒古兹
法力	9头	9头			12头、15头、25头、35头或95头	7头

从表4-4的比较中，我们看到，不同民族的对恶魔的称谓大同小异。更明显的是这些称谓中都有"蟒"（Mǎng）这个词根，而在神话中，它们都是作为英雄的对立面——反面形象出现的。而恶魔的多头外形，则更进一步说明恶魔在呈现人格化、有思维、有语言的过程中，它强大、狰狞、恐怖的形象。这是阿尔泰语系诸民族"万物有灵"思想观念的产物，在"万物有灵"思想观念的指引下，不仅人、动物有灵魂，恶魔同样有灵魂，并且它们的灵魂存在方式和人类的灵魂具有一致性，即"生存的灵魂""投胎转世的灵魂""临时性灵魂"。① 鄂伦春族神话《阿拉坦布托的故事》讲，恶魔搭鹈拉妈他刊把阿拉坦布托困在装有巨龟和蟒蛇的箱子里害死，可他的灵魂还在，仙女们又将他复活。② 神话《伦吉善和阿依吉伦》讲：老魔王将阿依吉伦的爱狗毒死了，可狗的灵魂还在，在神树、神草的帮助下，伦吉善战胜老魔王，猎狗重新复活。③ 在《吴达内的故事》中，蟒猊曾抢走了兴安岭上所有野兽的灵魂，装在一个小匣子里。后来，吴达内战死蟒猊，取回野兽

---

① 仁钦道尔吉：《关于阿尔泰语系民族英雄史诗、英雄故事的一些共性问题》，《民族文学研究》1989年第6期。

② 巴图宝音搜集整理《鄂伦春族民间故事集》，中国民间文艺出版社，1984，第100~108页。

③ 隋书金编《鄂伦春族民间故事选》，上海文艺出版社，1988，第249~261页；姚宝瑄主编《中国各民族神话》，山西出版传媒集团·书海出版社，2014，第33~38页。

灵魂，野兽重新活过来。① 恶魔的灵魂多数都不在自己的身体里，而是藏在蟒蛇、怪兽的体内或由这些怪兽把守的密林里。大多都是三根锉，只有将锉摔碎，恶魔的生命才会结束。

以上是鄂伦春族与其他民族英雄神话故事的比较。通过比较，突出展现了这些民族英雄神话故事共性与个性的关系，深化了英雄等正面形象与恶魔等恶势力反面形象之间的反差，英雄伟岸、高大的形象得到进一步升华。这不仅表现出各民族在早期社会有着较为一致的思维规律，也在一定程度上反映着神话在流传过程中，各民族较为相似或相近的审美特性。鄂伦春族英雄神话通过一篇篇具体感人的英雄故事，既表现出与周边其他民族相近的区域性特征，又呈现了一个狩猎民族的自身特质。

小　结

本章通过对鄂伦春族英雄神话故事的文本内容、情节结构、母题类型以及英雄、恶魔、宝马等典型形象的全面分析，使我们对鄂伦春族英雄神话的研究有了基本掌握。

一是体现了时代特征。一系列半人半神的英雄同自然做斗争，取得了征服自然和改造自然的丰功伟业，或者同恶魔等恶势力做斗争，创下了为民除害、为民造福的英勇壮举。这表明，这一时期，鄂伦春人的自我意识已经开始觉醒，人与自然的关系发生了变化，人们对自己的力量有了一定的自信，人们对自然的心态由绝对崇拜逐渐转向主动改造，而英雄对自然的初步征服，正在引导人们将对自然的极度敬仰与膜拜逐渐转移或加诸英雄身上。

二是稳定的叙事结构。考察众多鄂伦春族英雄神话故事，一个个英雄形象跃然纸上，他们中有的是神奇地出生，有的能听懂鸟兽的语言，有的具有神奇的武功，还有的是通过神的指点具有了神异的能力。他们的英雄之路基本遵循这样的公式，即由英雄诞生+英雄成长+英雄身世+英雄历险+英雄除害+英雄爱情与婚姻+英雄成功+英雄成神等系列母题组成，虽然这些母题在每一则具体神话中会存在某些缺失，但英雄身世、英雄历险、英雄除害、英雄成功等几乎在每个神话中都会出现，这几个母题作为重要的情节元素构成

① 隋书金编《鄂伦春族民间故事选》，上海文艺出版社，1988，第66~92页；姚宝瑄主编《中国各民族神话》，山西出版传媒集团·书海出版社，2014，第43~83页。

了鄂伦春族英雄神话内容的主干，凸显了英雄成长之路的无比艰辛。

三是群体性特征。鄂伦春族英雄在与自然和社会各种势力的斗争中，其业绩的取得一般都是在众多的神或人物等其他外力帮助下完成的，即使有时是英雄个人所为，也离不开其他人的协助帮忙、宝马等的倾力相助，这一过程既承载着鄂伦春人对"典范人物"的渴求和尊崇，对人类自身价值的认知和感悟，同时也凝聚了强大的集体荣誉感和使命感，人们的社会意识、社会属性逐渐增强，氏族、部落意识开始出现并成为传统，从而突出了人类探索文明、征服自然的主题特征。

四是区域性特征。通过鄂伦春族与其他民族英雄神话的比较，我们发现，鄂伦春族英雄神话与阿尔泰语系各民族的英雄神话是有共同性的，即基本相同的生存环境。反映在英雄神话故事里，其文本内容、类型、情节结构、内涵表达等方面必然会出现一定程度的相似性，正如《关于阿尔泰语系民族英雄史诗、英雄故事的一些共性问题》一文指出，"在阿尔泰各民族人民中流传着一种与英雄史诗内容非常相似或相近的英雄故事。英雄故事的流传范围比英雄史诗广。如果英雄史诗仅仅流传在蒙古和突厥民族中的话，英雄故事却在包括满洲-通古斯民族在内的整个阿尔泰民族人民中普遍存在着"[1]。

---

[1] 仁钦道尔吉：《关于阿尔泰语系民族英雄史诗、英雄故事的一些共性问题》，《民族文学研究》1989 年第 6 期。

第五章

鄂伦春族萨满神话

　　通过第一章中有关鄂伦春族文化的概述，我们得知，萨满文化，即以"万物有灵"为思想基础的萨满崇信观念，其在鄂伦春族历史发展中发挥了重要的作用，它是包括口头文化传承在内的所有鄂伦春族文化生存发展的土壤。由萨满、萨满神灵等一系列活动构成的神话，也是鄂伦春族神话的重要组成部分。徐昌翰等人在《鄂伦春族文学》中指出，"萨满神话是一种产生于萨满崇信基础之上的神话系统。它以萨满的跳神仪式，萨满崇信的习俗禁忌，萨满的神偶、祭器、服饰，以及同萨满崇信有关的故事、传说、神歌、神词等为载体，伴随着萨满的产生及其活动的流传而逐渐形成和发展，在我国北方民族的精神生活中占有极其重要的地位"①。茅盾的神话六分法中，第五类是"幽冥世界神话"②。这种定义与分类同样符合鄂伦春族萨满神话的实际。在萨满崇信思想体系下，鄂伦春人将世界分为上、中、下三层，萨满跳神治病除灾、彼岸追魂、赴阴斗恶魔、死而复生等行为，以及萨满神灵的故事有相当一部分也是描写幽冥世界的，所以将这些列为鄂伦春族萨满神话故事，正与茅盾、徐昌翰等人的观点相符。由此笔者做如下定义，即鄂伦春族萨满神话是产生在"万物有灵"思想基础之上的，关于由萨满和萨满所领神灵参与的萨满跳神、招魂、除病祛灾、斗恶魔，以及二者来历的故事，同时也包括萨满崇拜、萨满祭祀等一些与萨满有关的被故事化了的传统。

　　那么，鄂伦春族萨满神话是如何在鄂伦春族历史上发生、发展的？它的主要社会职能表现在哪里？它与周边其他民族萨满神话有何异同？这是本章

---

　　① 　徐昌翰、隋书金、庞玉田：《鄂伦春族文学》，北方文艺出版社，1993，第50页。

　　② 　茅盾：《神话研究》，百花文艺出版社，1981，第5、66页。

所要研究的重点问题。具体来说，包括三个方面：一是鄂伦春族萨满神异能力神话研究；二是鄂伦春族萨满精灵神话研究；三是鄂伦春族与其他民族萨满神话比较研究。

第一节　鄂伦春族萨满神异能力神话

在鄂伦春族萨满神话中，缺少像鄂温克族那样丰富的萨满创世神话文本素材，这也许是萨满神话在鄂伦春族传承过程中的一种缺失。但是，鄂伦春族萨满神异能力的神话却是非常丰富的，从第一个萨满、大萨满的出现到变形为诸多萨满，从精灵附体到利用神鼓等治病救人，从彼岸追魂到死而复生……，无不彰显着萨满的超凡神奇和丰功伟绩。这里的萨满形象是鄂伦春族先民"万物有灵"观念深化与发展的产物，是神性与人性结合一体的特定时代特殊身份的"特殊人"。

一　第一个萨满的神话

鄂伦春族萨满神话基本上是围绕第一个萨满、大萨满起源，及其异能、过阴追魂、萨满的传承等神话母题展开的。

（一）第一个萨满、大萨满创造小神和众萨满神话

流传于黑龙江省呼玛县十八站鄂伦春民族乡的神话《万能萨满》讲：

> 早些时候，有一个老太婆，是恩都力萨满，即万能萨满。她能呼风唤雨，能让人起死回生，还可以飞到太阳出来的地方，并从那儿的山上带回黄金。一次，有一个新萨满同她一块去了那里，她们刚到达，新萨满即刻被太阳晒化，变成了一堆淌着油的肥肉。万能萨满尝了一下肥肉，说道："是啊，人肉一定是很好吃的，怪不得神最喜欢，我看，以后人还得要死！"经她这么一说，死的人果然多起来，年年都要死很多人。
>
> 皇帝的儿子病重，皇帝派人把万能萨满召来为儿子治病。万能萨满知道，王子的灵魂不在体内了，需要九天时间找回灵魂，才能复活。于是她开始跳神，不一会儿，她像死了一样倒在地上，她的灵魂出窍去了冥国。第九天的早上，她还未回来。皇帝看着奄奄一息的儿子，认为万能萨满骗了他，盛怒之下，他下令挖一个九丈深的大坑，把万能萨满的肉体埋葬了，还压上了几千斤重的大石头。

　　萨满的灵魂回来后，找不到自己的身体依附，盘旋在宫殿的上空。皇帝正在花园散步，突然看到天上一个人在飞动，以为神灵下凡，便命令左右一起跪地磕头。万能萨满接受不起这等礼遇，从天上滚落下来。皇帝认定她是妖魔，下令将她也挖个深坑埋葬了，顿时天上乌云滚滚，雷电交加，几声巨雷将埋葬在坑里的石头炸得粉碎。因为坑深，没能把萨满的身体炸出来，但她身上穿戴的法衣装饰、布条、铃铛、铜片之类的都被震得飞了出来，这些东西变成了众多小神和萨满，这就是为什么后来小神和萨满如此之多的原因，但是这些萨满的本领，都远不如以前了。[①]

　　从上述神话中可以得到以下信息：其一，鄂伦春人对萨满尤其是神话中的恩都力萨满，即万能萨满是充满崇敬和尊重的。他们用特有的神话思维把万能萨满推上一个普通人遥不可及的地位，她是神灵的化身：她能飞到太阳出来的地方，在那里，她尝了新萨满的肉后，说："人肉一定是很好吃的，怪不得神最喜欢，我看，以后人还得要死！"于是，世界上死的人多起来，年年都要死很多人。其二，万能萨满被埋葬后，顿时天上乌云滚滚，雷电交加，几声巨雷将埋葬在坑里的石头炸得粉碎。这体现了万能萨满沟通人、神、阴间三界的超自然的神力。其三，万能萨满具有化生人类的本能，她的法衣装饰、布条、铃铛、铜片等，在自己的神力之下，化为众多小神和萨满，显示了她作为鄂伦春族的第一个萨满、大萨满的本能，她是鄂伦春族中众多小萨满的创造者，是他们的始祖母。其四，这里的第一个萨满、大萨满是女性萨满，反映了当时鄂伦春族社会中女性的地位和女性崇拜意识，这在一定程度上证明，萨满崇信产生于母系氏族社会的说法是有一定道理的。

（二）第一个萨满神力神话

　　萨满自身神力神话多数仍然是讲第一个萨满、大萨满的神话故事。内蒙古自治区鄂伦春自治旗流传着一则白依尔氏族的第一个"莫昆"萨满——根特木耳的神话故事，大致情节是：

[①] 内蒙古少数民族社会历史调查组编《黑龙江省呼玛县十八站鄂伦春民族乡情况》，内部印刷，1959，第190页；满都尔图主编《中国各民族原始宗教资料集成》（鄂伦春族卷），中国社会科学出版社，1999，第47～48页；内蒙古自治区编辑组、《中国少数民族社会历史调查资料丛刊》修订编辑委员会编《鄂伦春族社会历史调查》（二），民族出版社，2009，第249～250页；关小云、王宏刚编著《鄂伦春族萨满文化遗存调查》，民族出版社，2010，第237～238页。

以前，白依尔氏族有个"莫昆"萨满，叫根特木耳。他死了以后，灵魂没有传下来就上天了。这个萨满神通广大，是治病能手，治一个好一个。他每次跳神，穿上神衣，先让别人用大斧朝他的头上狠狠地打一下，把他打倒以后，神灵才能附体，然后他才跳起来。跳神时，他用一把猎刀，从肚子右边扎进去，从左边拔出来，再从左边扎进去，从右边拔出来，这样反复扎，直到跳神结束。根特木耳是白依尔氏族的第一个萨满。据说，这个萨满的神灵没有往下传。他死后，神衣放在"奥伦"里，后铜镜变成了"莫昆"萨满，铜铃变成"德勒库"萨满，从此，白依尔中的萨满就多起来了。①

在黑龙江省呼玛县十八站鄂伦春民族乡还流传着一则《尼产萨满》神话，该神话讲：

在兴安岭有一个猎手，名字叫色茹得篇瓜，他偶得重病死去。他的父母极度悲伤，此事感动了天神恩都力，恩都力指示他们求尼产萨满帮忙，救活了色茹得篇瓜。可皇帝认为尼产萨满不该救死去的人，便谎称一人有疾病，要尼产萨满跳神，想乘机陷害尼产萨满。结果尼产萨满被扔下枯井，埋上石头，砸死了。尼产萨满的神衣彩布条飞出来，传给了后人。②

在上述神话中，萨满根特木耳救治病人，治一个好一个。神话虽然没有明确说明他治病的过程，但可以想见，他的法力非凡，功夫超常。他有强大的神力，跳神之前，他先让人在他的头上狠狠地打，神灵就会附体。他能把猎刀在他的肚子上左右扎入，直到跳神结束，这更表明他的神力之强大，也是他的与众不同之处。同时，这里也着重强调了根特木耳作为白依尔氏族第一个萨满的特殊意义：他死后，铜镜变成了"莫昆"萨满，铜铃变成"德勒库"萨满，从此白依尔中的萨满就多起来了。神话《尼产萨满》中，尼产萨

---

① 《民族问题五种丛书》内蒙古自治区编委会编《鄂伦春族社会历史调查》（第一集），内蒙古人民出版社，1984，166~167 页；徐昌翰、隋书金、庞玉田：《鄂伦春族文学》，北方文艺出版社，1993，第 65 页；内蒙古自治区编辑组、《中国少数民族社会历史调查资料丛刊》修订编辑委员会编《鄂伦春族社会历史调查》（二），民族出版社，2009，第 157 页。

② 关小云、王宏刚编著《鄂伦春族萨满文化遗存调查》，民族出版社，2010，第 228~230 页。

满被皇帝陷害，她的神衣也飞出来，传给后人。从上面两则神话中可以看出，这些兼人格化和神灵化于一体的萨满在鄂伦春族精神领域有巨大的影响力。

二 萨满治病救人神话情节结构及程式化

早期的鄂伦春族，社会生产力水平低，文明程度相对落后，人们面临来自自然界、社会等各方面的巨大挑战，常常濒临死亡的边缘。萨满汇聚自然神灵和祖先神灵于一身，祛病免灾，满足人们的生理和精神需求，给处在朦胧模糊状态下的鄂伦春族先民们些许慰藉。在鄂伦春族萨满神话中，萨满通过灵魂附体，配以神衣、神鼓等诸多法器，沟通人界、神界和冥界，给病人治病，必要时进行彼岸追魂，让已经死去的人死而复生。所以，鄂伦春族萨满治病救人神话经常与萨满过阴追魂情节联系在一起，形成一个完整的萨满神话故事。

（一）萨满治病救人神话情节结构

在内蒙古自治区鄂伦春自治旗流传着《尼顺萨满》的故事，大意是：

> 一对老夫妇，大半辈子无儿无女，每天求神保佑，终得一子。孩子十三岁时，偷着跟一个老猎人进山打猎，追一个长着四叉茸的马鹿，跑得急，累死了。老夫妇哭了三天三夜，埋了儿子。他们祈求老天爷，又得一子。该子十三岁时，同样因偷着跟老猎人打猎，追一个长着四叉茸的马鹿累死了。老夫妇又哭了三天三夜，他们舍不得埋葬儿子的尸体。他们的哭声感动了恩都力，恩都力派一个白胡子老头下凡，告诉他们去请一个尼顺萨满帮忙。夫妇俩按照白胡子老头的指示，找到了一位老太太，她就是尼顺萨满。她来到老夫妇的家，让老夫妇准备了一只飞龙鸟，一个犴鼻子，跳起了大神，一会躺在地上不动了，她"死"了。她去阎王爷那取灵魂去了。她途经鬼神掌管的大海，给了鬼神一只飞龙鸟和一个犴鼻子，大海立即变成陆地。在阎王爷那，她谎称有个小孩要出世，弄到了灵魂。三天后，尼顺萨满苏醒了，并救活了孩子。人们说萨满能起死回生。①

---

① 隋书金编《鄂伦春族民间故事选》，上海文艺出版社，1988，第301~304页；《中华民族故事大系》编委会编《中华民族故事大系》，上海文艺出版社，1995，第997~1000页；关小云、王宏刚编著《鄂伦春族萨满文化遗存调查》，民族出版社，2010，第238~241页。

在这则神话里，故事情节结构是：老夫妇老来得子→孩子十三岁时瞒着父母偷跑出去→追逐长着四叉茸的鹿而累死→老夫妇再次得子→孩子十三岁时又因瞒着父母偷跑出去追逐长着四叉茸的鹿而累死→父母哭声感动了恩都力→恩都力指示他们求尼顺萨满帮忙→尼顺萨满灵魂出窍，到冥国索取灵魂成功→孩子死而复生。这里，尼顺萨满是通过彼岸追魂的方式，求得阎王爷赐给灵魂，从而救活了孩子。

类似的故事，如流传于黑龙江省呼玛县十八站的《"恩都力"萨满》讲：色勒古甸片郭得了怪病就要死了，"恩都力"萨满利用三天时间，克服途中坎坷，到了阎王爷那里，取回了他的灵魂，并通过与阎王爷交涉，判官将其阳寿添至90岁。[①] 又如《尼产萨满》中，尼产萨满神通广大，法力高强，灵魂出窍，奔赴阴间，为死去七天七夜的色茹得篇瓜找回灵魂，并与阎王据理力争，使色茹得篇瓜寿命延长至90岁。[②] 还有在《万能萨满》中，万能的萨满为死去九天九夜的皇帝儿子取回灵魂，等等。

黑龙江省呼玛县十八站鄂伦春民族乡葛兰保讲述了一个女萨满为他治病和他成为新萨满的过程：

> 葛兰保说，他二十多岁的时候，全身疼痛，三个月卧床不起，不思饮食，目近失明。他从远方请了一个女萨满跳神，女萨满告知：病人就要成为新萨满了。葛兰保听后，突然浑身有了力气，双眼也能看到东西了。女萨满将神鼓递给他，他接过鼓就跳起来，说是"斯文"神已经附在了他的身上，身不由己了。神退了以后，他清醒过来，并能吃能喝了，不久便恢复了健康。从此以后，"斯文"神每年春、秋下来两次，神附体时，他感到很难受，要用狍子来祭神，后来他成为萨满，经常被别人请去跳神。[③]

这则故事的情节结构是：葛兰保病重→葛兰保请女萨满为他治病→女萨

① 内蒙古自治区编辑组、《中国少数民族社会历史调查资料丛刊》修订编辑委员会编《鄂伦春族社会历史调查》（二），民族出版社，2009，第250~251页；关小云、王宏刚编著《鄂伦春族萨满文化遗存调查》，民族出版社，2010，第233~236页。
② 关小云、王宏刚编著《鄂伦春族萨满文化遗存调查》，民族出版社，2010，第228~230页。
③ 内蒙古自治区编辑组、《中国少数民族社会历史调查资料丛刊》修订编辑委员会编《鄂伦春族社会历史调查》（二），民族出版社，2009，第259页。

满告知葛兰保，他即将成为新萨满→葛兰保突然有了精神，病情转好→女萨满给葛兰保神鼓→葛兰保跳神，"斯文"神附体后恢复健康。这里，女萨满慧眼神通，看透了葛兰保病情的缘由，告知他即将成为新的萨满，并把神鼓给他，葛兰保不由自主地跳神，身体病情完好如初。葛兰保本人也成为新的萨满，为别的病人跳神看病。这里女萨满虽然没有像尼顺萨满那样经过彼岸追魂为病人起死回生，但她通过自己的神通，找到病人的病源，并赐予神鼓使其跳神治好了自己的病。这是萨满最常用的一种治病救人的方法，即手拿神鼓跳神为病人消灾除病。

（二）萨满治病救人的程式化

在鄂伦春族，萨满跳神是其宗教活动的重要内容，也是他们同神灵交往的主要方式。萨满跳神或主持其他宗教活动时，有一整套程序：他们的服饰装束基本是一致的，包括神帽（鄂伦春语为"奔波里"）；特制的神衣（多是老萨满的遗物，也有的是手工缝制的），衣服上有铜盘、"哈甲波屯"（类似小孩的围嘴）、"聂勒波屯"（系在铜盘下方的类似两扇开襟的东西）、飘带、"宽安勒达"（小铜铃）、"布皆兰"（铜管）等多种饰物，分量很重；萨满的法器有手鼓、鼓槌（用犴皮、狍皮、狍筋等特制）。这些法衣、法器绝对禁止妇女触摸，也不能放在妇女们坐卧的床铺上，女萨满的衣物也不例外。

一般情况下，鄂伦春人有重病才请萨满跳神。萨满跳神多在晚上进行，在"仙人柱"内点起篝火，跳神开始。萨满穿上法衣，戴上神帽，披挂整齐，左手拿鼓，右手持鼓槌，盘腿坐在"仙人柱"内或场地的西北角"塔了兰"的专门位子，双眼半睁半闭，接连打几个哈欠，便摆弄神鼓，喝下禽兽血或白酒，开始击鼓，高声呼喊，请求四方神灵。鼓声渐趋强烈，萨满下巴开始哆嗦，牙齿咯咯作响，双目开始紧闭，全身摇晃，是为神灵附体而产生的极为痛苦的情绪。这时候，有人拿一团烧红的炭火，放在萨满的双脚前，为神灵引路。萨满即刻哼起无词的曲调，神鼓声时急时缓。一会儿，鼓声戛然而止，萨满满头大汗，浑身颤抖，开始大声唱歌，每唱一句，周围人帮腔并唱一遍，以鼓声节拍伴奏。这个时候，有前来的祖先灵魂借萨满之口询问：请我来有什么事？萨满助手或病人亲属代答，表示某人生病原因等。萨满站起来，边跳边唱，随后通过主神附体，逐一恭请其他神灵，并探询是病人冲撞得罪了哪位神灵，使病人患症的。当时什么神请到了，什么神不请自到，都可以从精神恍惚的萨满口中得知。对于好久都邀请不来的神，萨满还要做出奔腾飞跃的状态，表示到遥远的地方再次邀请，期间萨满呈现更加紧张的情绪，恍恍惚惚地说出有什么打扰了这位神灵，使它不能看病等。众神请到，萨满再次请安，逐一询问病人冲撞得罪了哪位神灵，若提到哪位神灵的名字时，病人不由自主地颤抖起来，就说明病人冲撞了这个神，是这个神在作祟病人。此时，作祟之神借萨满之口，要求祭供某物，病人或家属照办即可病除。一般情况下，跳神仪式就此结束，众人和萨满开始共同分享祭神的酒肉。但有时出现病人病情严重，甚至病人的灵魂已被某些恶鬼凶神掠走，萨满就要凭借神力进行追魂。这时，萨满的跳神并未结束，而且跳跃会更加激烈，往返奔窜，急速旋转，东击西挡，嘴里发出扑哧之声，表示在用力做某事。身上的饰物也铿锵作响，萨满情绪异常紧张，有时会呈现昏厥状，是为去某地索取灵魂，这时，有的人会把萨满勉强扶起，但萨满会竭力挣扎着拼杀多次。如果是年老的萨满，这时会休息片刻，抽烟喝茶后再度进入跳神状态，进行搏斗，反复多次，直至鬼神等败逃，被鬼神掠走的灵魂被追回，萨满的跳神仪式才彻底终止。在这一过程中，有时萨满也会昏厥过去，时间不一，有的是半小时，有的是少则一两个小时，多则一两天。整个仪式鄂伦春语称为"得姑刻乌聂仁"。当然，也有的萨满在这一过程没有斗过鬼神，萨满会告知，自己法力不行，请病人或家属另请其他萨满跳神。

萨满给族人跳神，一般视为义务，不能拒绝，不能拿任何酬谢，只是在跳神结束时，共同食用祭物酒肉等。据调查，事实上的报酬还是有的，除了共食病人家中的酒肉之外，病人家属也会给他们一些皮张、布或毛巾，多少不拘，给半尺布也可以，认为这些是供给神的，不是给萨满的。有的人家在请萨满跳神之前，给萨满一匹马，先拿着马笼头，挂在萨满"仙人柱"后面的木桩子上，表示用马的生命换取病人的生命，待病人好后，马归萨满。如果跳神治不好病人的病，马可以不给萨满。①

萨满的生活和一般人没有什么不同，男萨满平时和大家一样外出狩猎，女萨满在家从事家务劳动。在鄂伦春族，从无职业萨满。②

上述整个鄂伦春族萨满跳神程序显示：跳神环境——篝火、马匹等动物、"仙人柱"在西北角的特定位置；跳神工具——神鼓、鼓槌（用犴皮、

---

① 内蒙古自治区编辑组、《中国少数民族社会历史调查资料丛刊》修订编辑委员会编《鄂伦春族社会历史调查》（二），民族出版社，2009，第259~261页。

② 内蒙古自治区编辑组、《中国少数民族社会历史调查资料丛刊》修订编辑委员会编《鄂伦春族社会历史调查》（一），民族出版社，2009，第54页。

狍皮、狍筋制作），跳神法衣法饰等，包括跳神仪式上的每一个情节、动作等都显示着鄂伦春族萨满治病救人的程式化特征，体现了萨满教崇奉神灵的复杂多样和宗教活动的集体性，显示出往昔鄂伦春氏族社会复杂的灵魂观念和宗教仪式的原始特色。众多萨满神话客观地反映了鄂伦春人对萨满灵魂观念的信仰，它是萨满教在鄂伦春族历史上留下的"活性态"文化记忆，承载着鄂伦春族先人独特的思维模式和精神价值内涵。

三　萨满彼岸追魂神话情节构成及世俗化

在鄂伦春族，萨满祭祀时摆放神偶的位置和程序，可以反映出萨满教的多层宇宙观：包括上界、人类居住的中界、下界，换言之，即天堂、人间和地狱三界，这是鄂伦春人的萨满崇信观念。在鄂伦春族的英雄神话里，我们常常看到恶魔等夺走了英雄的灵魂，有时还掠走动物等灵魂，然后在诸神或其他外界力量的帮助下，英雄或动物等灵魂又回归体内，死而复生，这是鄂伦春族"万物有灵"观念的反映。在萨满神歌神词，以及萨满神话故事中，同样充满着"万物有灵"的气息，认为人的灵魂可以脱离肉体而独立存在，人死了以后，他的灵魂会前往阴间。而具有超凡神异能力的萨满，能通过前往神灵的世界请神下凡，神灵下凡后附体，凭借神灵的帮助，萨满既可以使人的灵魂离开其躯体，也可以使人的灵魂回归其躯体，萨满可以清楚死者灵魂的去处，甚至进入亡灵存在的地方——阴界，找回死者灵魂，使人死而复生，从而为本氏族人治病消灾。陈建宪先生指出，"追寻彼岸世界，是民间传说和民间故事中一个常见的类型"，它是"人类对于死亡恐惧的精神超越"，"'彼岸追寻'的母题则将彼岸世界与人间紧密联系在一起，人们在现实生活中不能实现的种种希望、理想，借助于驰骋彼岸世界的神仙和英雄得以实现。人间的苦难、压迫、酷刑、欺诈，也通过彼岸世界而得到更为鲜明的反映"[1]。这也是萨满彼岸追魂神话的思想根源。

（一）《"恩都力"萨满》神话情节构成

萨满彼岸追魂神话中最常见的是萨满赴阴追魂神话，它在鄂伦春族萨满神话故事里是一个常见的母题类型，也是萨满神异能力的一种表现，其侧重

---

[1]　陈建宪：《神祇与英雄——中国古代神话的母题》，生活·读书·新知三联书店，1994，第241、270、271页。

点是赴阴这一行为。

黑龙江呼玛县十八站鄂伦春民族乡流传着《"恩都力"萨满》①的神话，其结构线索可简单表述为：病人得病→"恩都力"萨满赴阴间→"恩都力"萨满取回病人灵魂→病人复活。

这里，只将文本的"恩都力"萨满如何赴阴追魂提出来进行分析。我们知道，鄂伦春人一般是得了重病才请萨满跳神的。故事的前半部分讲：有一对老夫妻，有个儿子，叫色勒古甸片郭。可正当其年轻力壮的时候得了暴病，于是他们找"恩都力"萨满治病。"恩都力"萨满提出跳神报酬，老夫妻答应分家产一半给她。"恩都力"萨满告知色勒古甸片郭的灵魂已到阴间阎王爷那里了，得赴阴间追魂（需要三天时间）。可以看出鄂伦春族先人对"恩都力"萨满法术高超的肯定和对其怀有崇高的敬畏，色勒古甸片郭命悬一线，他的家人将他生的全部希望寄托于"恩都力"萨满身上。值得指出的是，"恩都力"萨满往返阴阳途中所经历的一切，是故事的精彩之处，也是萨满赴阴追魂的重要情节："恩都力"萨满路过阴曹地府，忍受饥渴不喝迷魂汤，因为过往的灵魂如果喝下以后，就永远不能回到人间，而且还会把世间的一切事情都忘得干干净净；在一条大河边，她送十碗大酱求得老头带她渡河；她遇见许多早已死去的人的灵魂，到达戒备森严的阎王爷住处，找到色勒古甸片郭，他正在阎王爷院里与一大力士摔跤，但她仅凭自己的能力进不了阎王爷的大院，于是，她拿出自己的雷神，吊起色勒古甸片郭；阎王爷的判官阻止她拿走色勒古甸片郭的灵魂，她与其理论，要求允许色勒古甸片郭在阳间活至90岁，阎王爷的判官收受了她的银子，同意其请求，允许她带色勒古甸片郭回阳间；在返回阳间的路上，"恩都力"萨满遇见了自己的亡夫，亡夫怪罪她当年没有追回他的灵魂使他复活，两人大打出手，"恩都力"萨满先下手为强，将亡夫推进油锅；她还看到在阳间自杀的一个妇女被一群人狠打；看到一个妇女因为在阳间爱说别人坏话而舌头被穿上铁圈受罪；看到一个女人因在阳间淘气，不听老人话，在阴间，她的大耳环上拴着一根绳子，被人硬拉，受尽折磨；看到刚死的一对夫妇在一间冷屋子里考验良心的好坏，良心坏的人受到惩罚；看到一个妇女因在阳间胡搞，被钉在

---

① 吕大吉、何耀华主编《中国各民族原始宗教资料集成》，中国社会科学出版社，1999，第48~50页；内蒙古自治区编辑组、《中国少数民族社会历史调查资料丛刊》修订编辑委员会编《鄂伦春族社会历史调查》（二），民族出版社，2009，第250~251页。

一块大木板上，两个人拿着大锯从中间把她锯开；看到几个女人蹲在地上吃自己在阳间养过的私生子；看到一个妇女舔吃自己在阳间乱扔的月经布；看到一个人因在阳间不珍惜粮食，乱扔剩下的饭菜，在阴间披头散发，趴在一堆垃圾上吃又脏又臭的剩饭。"恩都力"萨满在阴间看到的一切，均是在"万物有灵"思想体系下，呈现给世人的另一个不同的世界——阴间。"恩都力"萨满最后遇见曾经把她的灵魂送往阳间的老太婆，"恩都力"萨满磕头感激，老太婆要求"恩都力"萨满转告她在阴间所看到的一切，要阳间人行善、学好，免得到阴间受罪，这进一步说明了"恩都力"萨满的另一个重要使命——天上、人间、地狱的使者，告诫人们少做恶事，多行善事，这对现实世界的人们起到了一定的劝诫作用。通过赴阴追魂的一系列行动，最后，"恩都力"萨满同色勒古甸片郭灵魂回到阳间，整整三天时间，色勒古甸片郭得以复活。这也正是"恩都力"萨满存在和受人崇信的意义所在。

（二）世俗化观念渐趋明显

在萨满治病救人神话中讲过，萨满跳神一般视为义务，不能拒绝，不能拿任何酬谢，病人及家属给些东西也是多少不拘，并认为这些是供给神的，不是给萨满的。但在上述《"恩都力"萨满》神话中，有这样的谈话片段："既然这样，就讲一讲价钱吧，如果跳神跳好了病人，给我多少报酬呢？……如果你给跳好了的话，他们家的产业可以分给你一半。……把你渡过去，给我什么报酬？……那么着吧，你给我十碗大酱，再加上十块大洋！"① 这些谈话分别是：萨满答应给色勒古甸片郭治病时向前来求她的人提出的条件；前来求助萨满的人答应萨满提出的要求；摆渡的老头带萨满过河提出的条件。后来，在阎王爷的判官那里，萨满与判官据理力争，判官才允许色勒古甸片郭的阳寿到90岁，萨满给了判官很多银子，才带回色勒古甸片郭的灵魂。色勒古甸片郭病好如初，一半家产分给了萨满。这里无论是萨满，还是阴间的鬼魂、阎王爷及其判官，他们都把收取报酬看作治病救人的前提条件，可见这个时期鄂伦春族社会已经发展到了一定阶段，社会中已经有了平等交易的现象，同时这也是鄂伦春族社会一直保持原始公有制社会的现实写照。

---

① 吕大吉、何耀华主编《中国各民族原始宗教资料集成》，中国社会科学出版社，1999，第48~50页；内蒙古自治区编辑组、《中国少数民族社会历史调查资料丛刊》修订编辑委员会编《鄂伦春族社会历史调查》（二），民族出版社，2009，第250~251页。

四　萨满斗恶魔神话及角色分析

萨满斗恶魔神话是鄂伦春族萨满神话故事的另一个重要母题类型。先看一则《萨满斗鬼神》神话：

> 有一个"乌力楞"，住着一男一女两个萨满。一天，几个孩子在树林里玩耍时偶然发现一个骷髅，有的孩子拿起木棍敲打骷髅，骷髅却跳动起来，打一下，跳一下，打得急，它就加快跳动。
>
> 两个萨满预感有事要发生。傍晚，他们穿好神衣，坐在门口，等待鬼神到来。果然，女萨满首先机敏地听到皮门帘"叭"的一声，有鬼神进门了。女萨满身上的铃铛响起来，她边唱边跳，鼓声、铃声、舞步声响作一团。女萨满奋勇厮杀，眼看鬼神要招架不住了。可男萨满毫无知觉，在一旁乱捅篝火，火光时明时暗，鬼神借机逃跑了。女萨满一路追杀，消失在夜幕中。
>
> 第二天清晨，大人们想起孩子们玩骷髅的事，拿起木棍等武器，叫孩子们带路，前往孩子们玩骷髅的树林。在树林里，他们听见女萨满的咆哮声、呐喊声和双手舞斗的声音。原来，是那个骷髅变成了鬼神钻入了地下，女萨满正用双手扒土，头发蓬蓬松松，满身泥土，已经陷入坑穴。她告诉人们，杀两匹最好的马，用马蹄子埋葬骷髅，消灭鬼神。人们按着她的吩咐做了，那鬼神才彻底失败。从那时起，人们说："鬼神怕女萨满，只有女萨满才能战胜鬼神，而男萨满治不了鬼神。"①

这里，重点指出的有四点：一是萨满能够感知到鬼神要闹事，提前做好了与鬼神搏斗的准备；二是鬼神来到，文本虽然没有明确提到鬼神具体长得什么样子，但从听到皮门帘响起"叭"的声音判断，鬼神也是具有非凡本领的，能够神不知鬼不觉地来到人间为害；三是女萨满与鬼神搏斗，从女萨满的手舞足蹈、蓬头垢面、忽缓忽急、充满激情的跳神过程中，我们能够感知她借助神灵，身体中有强大的神异能力，有超凡的武功；四是在鬼神体力不支，即将被女萨满铲除时，由于男萨满胡乱地捅火，鬼神得以借机逃脱，女萨满穷追不舍，彻夜未归，第二天清晨，树林里，女萨满身体陷入地下，

---

① 关小云、王宏刚编著《鄂伦春族萨满文化遗存调查》，民族出版社，2010，第236~237页。

蓬头垢面，扒土与钻入地下的鬼神搏斗，直到她告诉人们拿来八只最好的马蹄子将骷髅埋葬，才铲除鬼神。这一系列灵魂附体、跳神、除鬼神的过程表明，女萨满具有超凡的神通、顽强的意志和全身心投入的敬业精神。英国的埃里克·J. 夏普指出："萨满的经验和作用的核心是萨满（往往还有其他一些人）借以能进入失神状态的一系列手段和技术。不论是瑜伽还是萨满教，其实质都是要进入这一种状态。"① 也许正是这一原因，他们才会受到人们的极大崇信。正如英国的詹·乔·弗雷泽在论述萨满（巫师）的灵魂信仰与通神的法力被氏族所敬仰和信服时说："作为一个阶层，人们十分敬畏他们；作为一种惯例，人们对他们比酋长更加顺从。"②

　　萨满正是以这种恍惚、痴迷、歇斯底里的情感状态，达到了为本氏族消除灾祸、为患者祛除疾病、为生产祈求丰收、为维护一切尽心竭力的最终目的。富育光先生指出，萨满被"族人视为异人，是神的代表，是大智大勇大谋者，有着惊天地晓鬼神的智谋，有着金子一样的善说善辩的嘴，有着通晓古今和未来的人算神术。因此，萨满往昔的地位与威望最显赫最有权威性"。萨满最突出、最核心的职责就是为本氏族祛灾除病，"以维护氏族内部的生命安全与正常秩序"③。

　　萨满斗恶魔神话还有《女萨满木独力堪》，该故事讲述了一个叫庄罕孖的猎手，按照一个女萨满的指示，铲除了掠夺龙神女儿的恶魔。故事中，女萨满告诉庄罕孖，她跳神是为了除掉害人的怪物。接着，女萨满给了庄罕孖两把龙刀，让他除掉了两只吃人的鸟和一只吃人的獐子。这个女萨满是雷神的女儿——木独力堪。庄罕孖最终完成了女萨满交给他的所有除恶任务，接媳妇回了家，途中遇见了好多萨满的神，包括日头神老爷爷。后来，女萨满叫庄罕孖配合她跳神，庄罕孖也成萨满了。④

　　又如《小哥俩的故事》讲：从前有小哥俩儿，母亲是个萨满。一年冬天，哥哥得了重病，母亲为他跳神，可结果哥哥还是死了。一天，母亲出去串门，留下弟弟一个人待在"仙人柱"，"仙人柱"被风刮得哗哗直响，阴

① 〔英〕埃里克·J. 夏普：《比较宗教学史》，吕大吉等译，上海人民出版社，1988，第279页。
② 〔英〕詹·乔·弗雷泽：《金枝》（上），汪培基、徐育新、张泽石译，商务印书馆，2013，第153页。
③ 富育光：《萨满教与神话》，辽宁大学出版社，1990，第199、76页。
④ 关小云、王宏刚编著《鄂伦春族萨满文化遗存调查》，民族出版社，2010，第230~231页。

森可怕。就在这个时候，哥哥的鬼魂回来了，它脱掉手闷子和袜头子，坐在"玛路"边上，一声不响，伸出手和脚来烤火。弟弟给吓坏了，他哆嗦着站起来钻进母亲跳大神的衣服里，由于法衣上的前胸和后背还挂着许多大大小小的铜盘、铜铃，弟弟碰得铜盘和铃铛叮叮当当地响，哥哥的灵魂招架不住才溜出了"仙人柱"。等母亲回来，弟弟把家里发生的事告诉了她，母亲看见地上放着的手闷子和一双袜头子，明白了一切。当天夜里，西北风越刮越猛，不时有孩子的哀叫，母亲被惊醒，听到外面喊着："叮叮当，叮叮当，你还给我的手闷子吧！叮叮当，你还给我的袜头子吧!"。第二天一早，母亲赶快把死去孩子的东西送到他的棺材旁边，以后，再没有发生过类似的事。①

以上两则神话故事，没有赴阴追魂的内容，但萨满斗鬼魂情节却描写得栩栩如生，尽管这只是一种想象，事实上也并不存在这样的一个"世界"，可它给人类精神世界带来了恐怖挑战，尤其是对于崇信萨满教的人们来说，它就是一种"客观存在"。总之，"一切地下、非人间的世界都可以叫作'阴间世界'，那是一种精神世界，是神话中具有特殊象征意义的母题符号"②。

五　体外灵魂神话及文化透视

体外灵魂强调人的躯壳和灵魂的关系，它是鄂伦春族萨满神话中另一个广泛存在的母题类型。在鄂伦春族萨满神话中，萨满很多时候是将人的灵魂从阴间或其他鬼神、恶魔那里抢夺回来，使人死而复生。所以，鄂伦春族萨满神话的体外灵魂母题和死而复生母题是紧密联系在一起的，它们都是鄂伦春人"万物有灵"思想观念的产物。特别强调的是，在第四章第二节讨论鄂伦春族英雄神话中的恶魔形象时，也曾提到人和动物，甚至蟒猊等恶魔的灵魂可以脱离其肉体而独立存在的情节，蟒猊等恶魔摄取人（英雄）或宝马等其他动物灵魂的情节，人（英雄）或宝马等动物通过神仙等外界帮助重新得到灵魂后死而复生的情节，等等，无不透视着"万物有灵"的思想。

对于这一问题，《鄂伦春族文学》有过论述，"鄂伦春族许多故事传说

---

① 吕大吉、何耀华主编《中国各民族原始宗教资料集成》，中国社会科学出版社，1999，第46~47页；内蒙古自治区编辑组、《中国少数民族社会历史调查资料丛刊》修订编辑委员会编《鄂伦春族社会历史调查》（二），民族出版社，2009，第249页。
② 汪立珍：《鄂温克族神话研究》，中央民族大学出版社，2006，第250页。

中英雄死而复生的情节，还具有另外一重同萨满崇信联系密切的意义：主人公的这种死而复生的经历若从萨满文化的角度加以透视，往往脱离不了在萨满传承过程中主人公经受磨难，脱胎换骨，最终成为神圣萨满的味道。也即是说，这些传说和故事中的男主人公原是具有萨满身份的，只是由于历史文化环境的变迁，故事男主人公的萨满面貌在长期口头传承的过程中才被逐渐剥蚀掉了。当然也存在着另外一种情况，就是一度在生活中相当流行的萨满'脱胎换骨'获得神圣称号的仪式在故事化传说化的过程中直接演变为英雄死而复生的母题"①。于是，我们便可以依据这一论断，重新审视一下英雄神话中的那些死而复生的神话故事：《三仙女额胡娘娘》中，英雄猎人被"三仙女"救活；《阿拉坦布托的故事》中，英雄阿拉坦布托被达来麻塔堪害死，老蟒盖的女儿将其救活；《吴达内的故事》中，英雄吴达内被老蟒猊暗害，老渔翁的女儿拉拉杰卡将其救活，等等。② 在这些故事中，掌管人间疾病的"三仙女"、能够使英雄死而复生的老满盖女儿、老渔翁女儿拉拉杰卡等，她们在故事中扮演的角色实际上有着萨满的文化印记，她们或者有着常人没有的神异能力，或者用她们的神器将死去的英雄救活。不论采用哪种方式，其最终结局都是"'脱胎换骨'，'死而复生'，成就为神圣的人这一萨满神话母题已逐渐演变为英雄战强敌遇难，少女挺身相救，死而复生，成婚凯旋的模式，整个故事变成了具有晚近世俗色彩的英雄美人故事"③。我们从现存史料的文本内容中，发现像"三仙女"、拉拉杰卡等女主人公身上的萨满的影子，实属不易。但从她们的行为表现中，我们能够看到："三仙女"有仙丹、老满盖的女儿有宝贝"西瓦"和父亲送的"活罗"、拉拉杰卡有宝刀，我们说她们是"半人半神"丝毫不为过，她们集人性与神性于一体，共同构成了鄂伦春族英雄神话的有机组成部分。

第二节　鄂伦春族萨满神灵神话

"斯文"是鄂伦春族萨满神的总称，只有通过它的帮助萨满才能发挥其非凡的神通。神灵多是通过萨满之口向人们说话，表达它们的旨意和愿望。

---

① 徐昌翰、隋书金、庞玉田：《鄂伦春族文学》，北方文艺出版社，1993，第 53 页。

② 隋书金编《鄂伦春族民间故事选》，上海文艺出版社，1988，第 20～21、53～61、66～92 页。

③ 徐昌翰、隋书金、庞玉田：《鄂伦春族文学》，北方文艺出版社，1993，第 53 页。

萨满在此担当人和神灵的中介人，通过神灵附体来替族人跳神驱鬼治病，消灾解难。它表现了鄂伦春人萨满教"万物有灵"信仰观念的复杂多样性和集体性，体现了往昔鄂伦春氏族社会宗教礼仪的原始特色。

一 鄂伦春族萨满神灵基本概况

鄂伦春族萨满分"莫昆"萨满（氏族萨满）和"德勒库"萨满（流浪萨满）。他们所领的神灵也不一样。"莫昆"萨满也称"阿娇儒"萨满，因领"阿娇儒博如坎"而得名。"阿娇儒博如坎"是鄂伦春族所敬奉的祖先神，每一个家庭都有供奉，可保佑本族子弟繁衍昌盛，永远平安。"莫昆"萨满只能在本氏族内部选出，一般是身患重症的人，由萨满治愈，并有神灵附体，脱胎换骨，成为具有神异能力、超凡法力的新萨满。相比之下，"德勒库"萨满的法力远不及"莫昆"萨满，他所领的神是游散的神，对各神灵的号召力较小，一般请不动各神灵，治病的能力范围有限。"莫昆"萨满和"德勒库"萨满各自宗领的神灵是不能互通的，在给病人治病，或者举行祭祀等活动时，萨满只请自己的神，萨满之间的神不能互请。每个萨满都掌握一套神灵，也就是说，萨满所领的"斯文"不只是一个，有好几个，甚至几十个，所领"斯文"的多少也是衡量萨满法力和神通的基本标准。但有时萨满请到了自己所领"斯文"以外的神灵，从此这个神就成为该萨满的"斯文"。鄂伦春萨满供奉诸神的方式是使用神偶，分三类：一类是木制的，称为"毛木台"；一类是画在布上或纸上的；一类是绣在布上或狍皮上的。木制的多数为供奉"阿娇儒博如坎"，即祖先神，画像的多为野外的神，刺绣的多为管马的神。萨满每一年或两年都有一次隆重的祭神仪式，在仪式上，萨满请来多少"斯文"就在"档士"（木制的四棱棒，长约47厘米，每边宽约0.26厘米）上刻上几个豁口，这也代表了此神成了这个萨满所领的神，日后为此萨满服务。每个萨满最多有多少个"斯文"，连萨满本人也说不清楚。①

据黑龙江省呼玛县十八站鄂伦春民族乡萨满葛兰保、丁西布（女）说，他们知道的神灵有一二十个，主要有："得勒钦"，日神；"别亚"，月神；"阿丁博儿"，风神；"莫都儿"，雨神（龙神）；"阿格迪达尔"，雷神；"白那恰"，山神，掌管众兽；"欧透"，火神；"居拉西其"，灶神；"卡威勒"，

---

① 徐昌翰、隋书金、庞玉田：《鄂伦春族文学》，北方文艺出版社，1993，第54页。

鱼神；"埃尼博如坎"，管天花病的神；"额尼音博如坎"，管麻疹的神；"斯文博如坎"，凶神；"翁库鲁博如坎"，掌管各种疾病的神；"树栓克博如坎"，掌管各种病灾的神；"楚卡博如坎"，马神；"敖律博如坎"（俗称狐仙），恶神。[①]《鄂伦春族文学》，对十八站萨满所领的神灵进行过系统描述，指出了鄂伦春族各萨满供奉的神灵多少不一，除上述葛兰保和丁西布所列举的神灵外，还有："阿娇儒博如坎"，"莫昆"萨满的主神，每家都供奉的祖先神；"玛鲁·布尔干"，家庭的保护神；"奥毛西莫口"，专门护佑孩子的萨满神；"恩古色尔"，专司人蓄疾病的神；"玛鲁毛木合"，阻碍狩猎获得成功的神；"吉雅其"，畜生之神和狩猎丰收之神；"德勒库达日依乐"，专司人蓄抽风病之神，另说也司人周身疼痛；"乌仁哈达尔"，司无名疾病之神；"胡鲁斤哈达尔"，司疯病的神；"额古都娘娘"，司天花病的神；"尼其昆娘娘"，司麻疹之神；"额胡娘娘"，司人身上红斑点的神。其中，重点介绍了张鹏对1980年在黑河市新生鄂伦春乡出土的神像、神偶的描述。张鹏指出，除上面提到的呼玛县十八站鄂伦春民族乡萨满诸神灵外，黑河市新生乡萨满的神灵还有："摩摩泰"，已婚妇女的保护神；"娘娘神"画像，可能是司生育繁殖之神，但有待考证。这个"娘娘神"的画像主体画面是一对男女，盘坐在两朵莲花之上，头部笼罩光环，表情祥和自然，旁边各有一性别相同的侍从列于身旁，画面正前方是香案和供品，画面上方是两只腾飞的龙状动物，下方是兔子、青蛙等动物，这明显带有晚近佛教的某些影子。在鄂伦春族神谱中，萨满所领之神的地位是平等的，神不分大小，没有高低贵贱，这里出土的神像却有侍从列于两侧，又表明画面主体之男女和两侧之男女地位的不同，明显存有阶级差别。并且，出土的神像、神偶中有草神和马神，马匹是鄂伦春人重要的私有财产，在这里出现，反映了私有制社会的某些现象，这可能源于周边汉族、蒙古族、满族等所处的阶级关系的社会对鄂伦春族社会坏境的影响。[②]

① 内蒙古自治区编辑组、《中国少数民族社会历史调查资料丛刊》修订编辑委员会编《鄂伦春族社会历史调查》（二），民族出版社，2009，第258页。
② 中国人民政治协商会议黑龙江省委员会文史资料委员会编辑部编《山岭上的鄂伦春人》，黑龙江人民出版社，1989，第220~222页，转引自徐昌翰、隋书金、庞玉田《鄂伦春族文学》，北方文艺出版社，1993，第54~58页。

二 鄂伦春族萨满精灵神话类型及内涵阐释

萨满通过跳神，使神灵附体，必要时进行彼岸追魂，从而达到祛灾除病等目的。而这一过程，在很大程度上都是萨满精灵附身，帮助萨满完成的。所以，不论萨满神异能力神话，还是萨满彼岸追魂神话，实质上都是萨满精灵神话的表现，只是研究的侧重点不同而已。

（一）萨满精灵治病消灾神话

在《万能萨满》神话中，万能萨满能呼风唤雨，能让人起死回生，能飞到太阳出来的地方带回黄金，能说一句话就年年都要死很多人，能入冥国九天将王子的灵魂找回，在被埋葬后，能使天上乌云滚滚，雷电交加，能打巨雷将埋葬在坑里的石头炸得粉碎，能把身上穿戴的法衣装饰、布条、铃铛、铜片之类的都被震得飞了出来，并使这些东西变成了众多小神和萨满。① 诸如此类的还有《尼顺萨满》神话，尼顺萨满用三天三夜，去阎王爷那取得了老猎人儿子的灵魂。② 白依尔氏族"莫昆"萨满——根特木耳每次跳神，可用一把猎刀，从肚子右边扎进去，从左边拔出来，再从左边扎进去，从右边拔出来，这样反复扎，直到跳神结束。③ 在《"恩都利"萨满》中，"恩都力"萨满利用三天时间，克服途中坎坷，到了阎王爷那里，在雷神的帮助下，取回了色勒古甸片郭的灵魂，并通过与阎王爷交涉，判官将其阳寿添至 90 岁。④《尼产萨满》，尼产萨满用七天七夜，赴阴间，经过和各

① 内蒙古少数民族社会历史调查组编《黑龙江省呼玛县十八站鄂伦春民族乡情况》，内部印刷，1959，第 190 页；满都尔图主编《中国各民族原始宗教资料集成》（鄂伦春族卷），中国社会科学出版社，1999，第 47~48 页；内蒙古自治区编辑组、《中国少数民族社会历史调查资料丛刊》修订编辑委员会编《鄂伦春族社会历史调查》（二），民族出版社，2009，第 249~250 页；关小云、王宏刚编著《鄂伦春族萨满文化遗存调查》，民族出版社，2010，第 237~238 页。

② 隋书金编《鄂伦春族民间故事选》，上海文艺出版社，1988，第 301~304 页；《中华民族故事大系》编委会编《中华民族故事大系》，上海文艺出版社，1995，第 997~1000 页；关小云、王宏刚编著《鄂伦春族萨满文化遗存调查》，民族出版社，2010，第 238~241 页。

③ 《民族问题五种丛书》内蒙古自治区编委会编《鄂伦春族社会历史调查》（第一集），内蒙古人民出版社出版，1984，第 166~167 页；徐昌翰、隋书金、庞玉田：《鄂伦春族文学》，北方文艺出版社，1993，第 65 页；内蒙古自治区编辑组、《中国少数民族社会历史调查资料丛刊》修订编辑委员会编《鄂伦春族社会历史调查》（二），民族出版社，2009，第 157 页。

④ 内蒙古自治区编辑组、《中国少数民族社会历史调查资料丛刊》修订编辑委员会编《鄂伦春族社会历史调查》（二），民族出版社，2009，第 250~251 页；关小云、王宏刚编著《鄂伦春族萨满文化遗存调查》，民族出版社，2010，第 233~236 页。

种小鬼搏斗，在精灵鹰神的帮助下，追回了色茹得篇瓜的灵魂，尽管遭到皇帝暗害而死，但她神衣上的彩布条飞出来，传给了后人。① 考察以上神话，万能萨满、尼顺萨满、根特木耳萨满等，他们有的能在肚子里反复扎刀而安然无恙，有的能升天入地，治病除灾，虽然我们从文本中不能直接看到是哪一个具体的精灵，它的形象怎样，它用什么方法帮助萨满们做到了这些，但我们从逻辑上可以判断：萨满用跳神仪式求得神灵附体，在神灵的协助下才完成了自己的神职。我们看不到神灵，但我们能从萨满神灵附体后一系列恍惚、痴癫、狂舞、痛苦等行为中感受到神灵的存在，能体会到萨满神灵在萨满救人除灾的行动中进行的紧张、激烈、顽强的搏斗，它们和萨满融为一体，行走在上界、人间、阴界，共同完成拯救人类生命的神圣使命。在"恩都力"萨满和和尼产萨满的身上，这种表现更直接一些："恩都力"萨满在阎王爷壁垒森严、岗哨林立的院落外，无力抓到色勒古甸片郭时，她拿出了自己所领的雷神，往天空中一扔，立即出现了一片乌云，托起色勒古甸片郭逃走了。在《尼产萨满》中，尼产萨满看到了色茹得篇瓜，但没办法将其从鬼门关里弄出来时，他拿出了自己的鹰神，鹰神飞过鬼神的宫殿，抢到了色茹得篇瓜，尼产萨满才能及时返回人间，救活色茹得篇瓜。这里，我们看到，在雷神、鹰神的帮助下，萨满完成了不能完成的事情，它们帮助萨满渡过了难关。同样，在《女萨满木独力堪》中，跳神萨满在帮助猎手庄罕尕铲除妖魔鬼怪的过程中，得到了众多神灵的相助，文中写道：庄罕尕接了媳妇回家，路上遇见好多姑娘、小伙都不说话，还遇见了一个老头，姑娘和小伙都是萨满的神，老爷爷是日头神。②

所以说，萨满治病消灾的过程，实际上也是萨满精灵除病祛灾的过程，这一过程中出现的彼岸追魂、死而复生等一系列充满惊险、刺激、神奇的情节，无不是萨满精灵于无声处听惊雷的超凡本领的侧面展示。

（二）萨满精灵争斗神话

如果说，萨满精灵治病消灾神话阐释了萨满与所领精灵共同完成拯救人类生命的使命，反衬出鄂伦春人朴素的生命价值观和积极行善、向上的心理价值取向的话，那么，萨满精灵争斗神话则反映了生活在自然界的各种生物之间一种适者生存、物竞天择，万物既存在矛盾，又彼此共存的事物运动、

---

① 关小云、王宏刚编著《鄂伦春族萨满文化遗存调查》，民族出版社，2010，第228~230页。
② 关小云、王宏刚编著《鄂伦春族萨满文化遗存调查》，民族出版社，2010，第230~231页。

发展和变化规律。

《妇女保护神"乌儿库布堪"》讲：

> 古时候，鄂伦春族有一个很有名气的女萨满——乌儿库。一次，她在内江流域遇见了一个男萨满。男萨满很瞧不起她，想"比试比试，看谁厉害"。女萨满当时没有带神衣、神帽、神鼓，略显难色。男萨满看此情景，挑逗女萨满："你不敢比赛吧，甘拜下风了？"女萨满哪会轻易认输，比赛开始了。男萨满先跳神，他舞动神衣、神鼓，鼓声惊天动地，神衣随着舞步弄得周围忽明忽暗，看出有些功力。女萨满借用男萨满神衣、神鼓跳神，但没有请下神来。于是，女萨满干脆用"枪探子"插在地下请神，男萨满在一旁等着看女萨满出丑："这破玩意儿，还能请神，真是天大的笑话。"可女萨满从容自若，"嗖嗖"转动"枪探子"，越转越快，瞬间"隆隆"作响，如狂风，如雷鸣，一道闪电将男萨满头发"刷"光了，变成了秃子，头顶像被火烧着一样难受。混乱中，男萨满用颤抖的声音呼喊："我彻底服气了，饶了我吧，乌儿库布堪！"就这样，乌儿库布堪出了名，她成为保护女人的神，人们到哪都随身携带乌儿库布堪神偶。①

在这则神话中，男萨满瞧不起女萨满，进行挑衅，结果被女萨满"刷"光了头，直到对女萨满彻底服气，这是矛盾普遍存在的一种反应，也是萨满之间，确切地说是萨满精灵之间一场智慧和神力的较量。女萨满作为胜利者，她的地位更加巩固，她被人们奉为保护女人的神——"乌儿库布堪"，并做成神偶随身携带。在这场斗争中，男女萨满的精灵都没有出现，但萨满跳神的情景和由此产生的风暴、雷电，惊天地、泣鬼神，足以想见萨满精灵之间殊死的搏斗和为自己的萨满竭尽全力地拼杀场面，这也正是人们崇信萨满精灵的原因所在。

《神姑莫兰秀》也讲述了萨满精灵之间争斗的故事：

> 加荫河边的毕拉尔部落里，年轻的莫兰秀为了部落里的老人、孩子、妇女、猎手跳神治病，赠送草药，不收取任何报酬，受到方圆几百

---

① 关小云、王宏刚编著《鄂伦春族萨满文化遗存调查》，民族出版社，2010，第219~220页。

里人们的尊敬和爱戴，但同时也得罪了其他萨满。于是，其他萨满便联合起来欺辱和污蔑她，说她不是真神，是假神，是魔鬼，不让部落里的人相信她，不吃她的草药。最终，莫兰秀和萨满们比射箭、赛马、跳火，比神通，他们输了。此后，人们更信奉莫兰秀是真神，认准那些萨满是假神，有病只找莫兰秀，不找那些萨满了。萨满们治不了莫兰秀，只好甘拜下风，拜莫兰秀为大萨满。①

莫兰秀萨满通过自己的精灵，不但为部落治病除灾，还用神力打败了其他破坏自己名声、一心想置自己于死地的其他萨满，从而更充分地奠定了自己大萨满的地位。这是"万物有灵"观念在鄂伦春族萨满神话中的体现，在这种思想的支配下，自然界的万事万物都充满着矛盾和斗争，萨满的精灵也不例外，而斗争的结果就是物竞天择，适者生存。精灵神力强大的萨满则在这样的斗争中更加稳固自己的地位，精灵神力较弱的萨满则渐渐退出人们的视线，很少有人再找他们跳神。

第三节　鄂伦春族与其他民族萨满神话比较

本章前两节，笔者对鄂伦春族萨满神话中萨满及萨满精灵的状况进行了材料解读和文本分析，从神话学角度对鄂伦春族萨满神话中人神合一、多位一体的萨满文化内涵有了整体把握。那么，作为一种世界文化现象，鄂伦春族萨满神话与满族、鄂温克族、达斡尔族、赫哲族等满-通古斯语族萨满神话又有哪些异同点？这些民族的萨满神话在其发展、传播以及变形过程中带来了哪些文化信息？这些异同点及文化信息能帮助我们追寻、发掘和积累更多关于鄂伦春族萨满神话的独特文化内涵。这是本节的重点研究内容。

一　情节结构与母题

在我国北方诸民族中，广泛流传着尼桑萨满的神话故事。据《鄂伦春族文学》记载，关于尼桑萨满及其书籍整理早在 20 世纪初期就开始了，当

---

① 中国民间文艺研究会黑龙江分会编《黑龙江民间文学》（第 11 集），黑龙江省文联铅印室，1984，第 351~368 页；隋书金编《鄂伦春族民间故事选》，上海文艺出版社，1988，第 305~308 页；《中华民族故事大系》编委会编《中华民族故事大系》，上海文艺出版社，1995，第 1001~1008 页。

时的《尼桑萨满》，仅满、汉两种文字的手抄本就有五六种之多。① 在研究中，笔者把满族《尼桑萨满传》与鄂伦春族《尼顺萨满》、鄂温克族《尼桑萨满》、赫哲族《一新萨满》等文本进行了对比后发现，这几则萨满神话故事在内容、情节、母题、结构等方面有惊人的相似地方，特别是萨满跳神、追魂、还魂这一宏观过程，几乎是相同的。并且，在鄂伦春，与《尼顺萨满》情节类似的神话不止《尼顺萨满》一则，还有《"恩都力"萨满》《尼产萨满》《万能萨满》等。其中《尼产萨满》《万能萨满》神话中，尼产萨满和万能萨满最终都死于皇帝的陷害，这也和满族《尼桑萨满传》结局不谋而合。

表 5-1 是满族《尼桑萨满传》与鄂伦春族《尼顺萨满》的比较。

表 5-1　《尼桑萨满传》与《尼顺萨满》情节比较

基本情况	满族《尼桑萨满传》	鄂伦春族《尼顺萨满》
篇幅	两万余字的长篇故事	不足两千字的短小故事
背景环境	名声远扬的巴彦员外，家财万贯，奴婢、家丁应有尽有	一个部落里的老夫妻
起因	儿子塞尔古岱在十五岁时出猎，突然病死	儿子十三岁时因追鹿累死
丧葬	烧 50 万个金银锞子，杀了 500 头牲畜，准备了 10 桌麦子饽饽、100 桌黄米饽饽、100 桌豆泥饽饽、100 瓶酿制的酒、30 瓶经年的酒、100 瓶果酒等	舍不得埋葬儿子，就将儿子的尸体小心放在了一个棚子上
请萨满	突然出现一神秘老头，示意找尼桑萨满可救活塞尔古岱，巴彦在河边找到正在洗衣服的尼桑萨满，并用车轿请来	"恩都力"派白胡子老头下凡示意，老夫妇按示意找到尼顺萨满并领回家
跳神	场面宏大，惊天动地。萨满身着八宝神衣，头戴神帽，腰系神裙、腰铃，手拿神鼓，站在祭场上，乞求神祇，狂舞、呐喊，如哨箭发射，90 个骨节弯成弓形，80 个骨节连接在一起	场面简单
赴阴准备	尼桑萨满赴阴间追魂，让五个有力气的小伙子捆上她，让人把 40 桶水洒在她脸的周围，并要求准备 100 束纸、100 块酱、60 桶水	要一只飞龙鸟、一个犴鼻子，躺在地上不动了，独自赴阴追魂
赴阴	尼桑萨满带领自己众神祇和鬼祟，聚集起鸡狗赴阴间，途经望乡台、三岔口、渡过红河，克服阻碍过阴间关口，与阎王爷亲属孟古勒岱舅舅周旋，在自己所领神灵和大雕的帮助下，用了许多束纸和大酱，夺取了塞尔古岱的灵魂	途经大海，分别送一只飞龙鸟和一个犴鼻子，顺利通过，从阎王爷那里骗取了一个灵魂

---

① 徐昌翰、隋书金、庞玉田：《鄂伦春族文学》，北方文艺出版社，1993，第 62 页。

续表

基本情况	满族《尼桑萨满传》	鄂伦春族《尼顺萨满》
返回阳间	遇见自己早已死去的丈夫拦路，花费了 10 束纸和 10 块酱，在子孙娘娘宫殿，看到阴间各种善恶报应的场景，子孙娘娘告诫尼桑萨满，让阳间的人多做善事，少做恶事，否则死后在阴间会遭到报应	没有交代
结局	塞尔古岱复活，尼桑萨满因没有治好皇帝亲属的病而被陷害	孩子复活

资料来源：赵志辉等编《满族文学史》，沈阳出版社，1989，第 40 页；隋书金编《鄂伦春族民间故事选》，上海文艺出版社，1988，第 301~304 页；《中华民族故事大系》编委会编《中华民族故事大系》，上海文艺出版社，1995，第 997~1000 页；关小云、王宏刚编著《鄂伦春族萨满文化遗存调查》，民族出版社，2010，第 238~241 页。

从上面的文本概述和表 5-1 的分析中我们可以看到，满族《尼桑萨满传》与鄂伦春族《尼顺萨满》在篇幅、背景环境、丧葬儿子、请萨满、跳神、赴阴准备、赴阴、返回阳间、结局等方面都有很大的不同之处。

通过满族《尼桑萨满传》与鄂伦春族《尼顺萨满》的比较，我们也发现了二者萨满神话故事结构线索的契合点，即二者基本遵循一个情节结构线索：孩子突然死去→家人无奈→家人受到指示寻找萨满→萨满跳神彼岸追魂成功→孩子死而复生，萨满被国王或皇帝陷害致死。

同样，在神话母题上，二者也基本相同，如表 5-2 所示。

表 5-2　《尼桑萨满传》与《尼顺萨满》母题比较

母　题	满族《尼桑萨满传》	鄂伦春族《尼顺萨满》
体外灵魂	巴彦员外的儿子塞尔古岱·费扬古无缘无故得了不治之症而死，灵魂离体；尼桑萨满跳神时躺在地上"死去"，灵魂离体，要去阴间为塞尔古岱索取魂灵	老夫妇儿子追长着四叉茸的马鹿累死，灵魂离体；尼顺萨满跳神时躺在地上"死去"，灵魂离体，要去阴间为老夫妇儿子索取魂灵
彼岸追魂	尼桑萨满到阴间索取巴彦员外的儿子塞尔古岱的灵魂	尼顺萨满去阴间为老夫妇儿子索取灵魂
死而复生	尼桑萨满"苏醒"；巴彦员外的儿子塞尔古岱复活	尼顺萨满"苏醒"；老夫妇的儿子复活

资料来源：赵志辉等编《满族文学史》，沈阳出版社，1989，第 40 页；隋书金编《鄂伦春族民间故事选》，上海文艺出版社，1988，第 301~304 页；《中华民族故事大系》编委会编《中华民族故事大系》，上海文艺出版社，1995，第 997~1000 页；关小云、王宏刚编著《鄂伦春族萨满文化遗存调查》，民族出版社，2010，第 238~241 页。

从表 5-2 中可以看出，满族《尼桑萨满传》与鄂伦春族《尼顺萨满》在体外灵魂、彼岸追魂、死而复生等众多萨满神话母题上基本相同。它们共同体现了萨满神话"万物有灵"的主题观念。

再看鄂温克族《尼桑萨满》与赫哲族《一新萨满》神话。

其中鄂温克族《尼桑萨满》讲，一个叫巴拉图白音的富裕人，有一独生子叫舍热古黛偏库。一天，舍热古黛偏库外出打猎突然得暴病而死。巴拉图白音因此哭瞎了双眼，想尽办法救孩子，还是无济于事，便把孩子尸体接回家，藏于石棚里。一天，来了一位衣衫褴褛的老人，巴拉图白音认为儿子没了，留着财产也没有用，另外，他可怜这个老头，所以他让老头随便吃、随便拿家里的东西。老头感谢他的好意，告诉他到东南六十里的尼斯盖河找到尼桑萨满，可以救活他的孩子。第二天，巴拉图白音将尼桑萨满请到家里跳神，尼桑萨满把自己的神灵派出去九天九夜，取回了舍热古黛偏库的灵魂，舍热古黛偏库复活。尼桑萨满成为举世闻名的大萨满。消息传开，清朝皇帝请尼桑萨满到宫廷给国母治病，可这次尼桑萨满并没有治好国母的病，皇帝龙颜大怒，认为尼桑萨满欺骗了他，将其用铁绳捆绑，扔进九尺深的枯井。后来尼桑萨满的神法传给了索伦族萨满。①

赫哲族《一新萨满》讲，明末清初，有一富户，户主叫巴尔道巴彦，夫妇四十五岁时，妻子怀胎十月生下一对男儿，大儿取名斯勒福羊古，小儿取名斯尔胡德福羊古。十五岁时，他们去赫连山打围，打围途中突然被一阵旋风围困，旋风过后，他们双双命归黄泉。巴尔道巴彦夫妇得知后悲苦万分，准备为儿子举行葬礼：新衣数件；选红马十匹、樱色马十匹、白马十匹、青马十匹、黄马十匹；肥猪十头、肥羊十只、牛十头；买纸两大车，烧酒一百箱……。正准备葬礼时，来了一位衣衫褴褛的老头示意他们去五十里外请一新萨满。找到后，一新萨满告知，斯勒福羊古阳寿已尽，不能复活，但斯尔胡德福羊古还可以救活。巴尔道巴彦许诺以家中所有牛马牲畜等物，分一半给她。一新萨满并没有收受，只是要求他每年秋后，预备肥猪十头、肥羊十只、牛两头，祭祀她领的众神。一新萨满要求巴尔道巴彦请来了那林福羊古作为自己的助手，开始跳神。并听神示意，要他们准备板床一张、公鸡两对、黄狗一只、黑狗一只、酱十斤、盐十斤、纸箔百匹，一并烧了，可带到阴间路上使用。一会儿，一新萨满灵魂离体，赴阴去了。她领着自己的

① 王士媛、马名超、白杉编《鄂温克族民间故事选》，上海文艺出版社，1989，第26~27页。

众神，经过了人死后必经的卧德尔喀阿林（山峰）；她用自己的神鼓变成小船穿过了第一条大河；她碰见了三年前死去的丈夫，不得已叫自己的爱新布克春神将其骗开；她看到了以前娘家的心腹家人达哈，送给他很多酱、盐、纸钱等物，并由他乘船护送过了第二条大河（喝了此河水就会忘记世间一切）；她又来到一座有三两道关门的大城，前两道关门，分别送了纸钱，得以通过；到了第三道鬼关门，守门的八名鬼头绝不让进，一新萨满变成"阔里"飞了进去，顺利带走了斯尔胡德福羊古的魂灵。返回途中，正好被收留斯尔胡德福羊古灵魂的鬼头德那克楚碰见，通过一番辩论，一新萨满为斯尔胡德福羊古多争得30年寿命，可活88岁。一新萨满返回阳间附体，又一阵跳神，斯尔胡德福羊古苏醒了。几天后，巴尔道巴彦以两匹快马酬谢了那林福羊古，又拿出两大包新衣物给一新萨满带上，并亲自送她回家。①

　　总结上面对鄂温克族《尼桑萨满》和赫哲族《一新萨满》的文本概述，再次对比满族《尼桑萨满传》与鄂伦春族《尼顺萨满》，可以发现：家主不幸丧子→请萨满→萨满跳神→赴阴→返回阳间→死者复活等方面都基本相同，这说明四则神话的基本情节结构是一致的，而体外灵魂、彼岸追魂、死而复生等母题也都具备。

　　只是在篇幅、背景环境、赴阴准备等方面，四者有很大区别。在篇幅上，赫哲族《一新萨满》是一万三千多字；满族《尼桑萨满传》是两万余字；鄂伦春族《尼顺萨满》和鄂温克族《尼桑萨满》分别是两千余字。背景环境直接决定赴阴准备，研究发现，在四篇神话中，只有鄂伦春《尼顺萨满》中，家庭主人公比较清贫，请萨满过阴追魂过程比较简单，萨满所带阴间用物自然不多，仅带了一只飞龙鸟和一个犴鼻子，返回阳间还魂后，也并未拿走任何物件作为报酬。其他三则神话中，家庭主人公都是富户，萨满带到阴间用物很多，报酬也自然丰厚。如赫哲族《一新萨满》中，一新萨满赴阴时，要巴尔道巴彦准备板床一张、公鸡两对、黄狗一只、黑狗一只、酱十斤、盐十斤、纸箔百匹，一并烧了，带到阴间路上使用。巴尔道巴彦还给了那林福羊古两匹快马作为酬谢，拿出两大包新衣物给一新萨满，而且每年秋后，要预备肥猪十头、肥羊十只、牛两头，祭祀一新萨满领的众神。鄂温克族《尼桑萨满》中，虽然没有直接叙述这些，但故事开头介绍，主人巴拉图白音是个极为富裕的人，可以想见，他的儿子舍热古黛偏库灵魂

---

① 凌纯声：《松花江下游的赫哲族》（全2册），民族出版社，2011，第915~938页。

追回，他少不了要重重答谢尼桑萨满。

通过鄂伦春族、满族、鄂温克族、赫哲族萨满神话的情节结构、母题、细节等分析，发现四个民族的萨满神话既有相同点，也有不同之处，其中最大的相同点是四则神话的情节结构和线索基本相同。最大的不同之处来源于两个方面：一个是故事文本篇幅长短不一；另一个是主人公家庭条件的贫富差距悬殊。为什么会出现这样的区别？笔者通过调研发现，其原因大致来自两个方面：一是各个民族所处的社会环境和发展程度不同，反映在文学艺术里必然有别；二是萨满神话故事的采录者不同，不同的采录者采录条件不同，个人的喜好不同，采集的神话文本自然有别。下文将做进一步梳理总结。

二 传承与变异

针对鄂伦春族、满族、鄂温克族、赫哲族萨满神话出现的故事文本篇幅有长有短，神话主人公家境条件贫富悬殊问题，笔者经过细心查阅相关文本资料，了解到大致原因：主要来源于神话文本的传承、变异，即神话采录者和不同民族社会发展状况等原因。下面以满族和鄂伦春族萨满神话为例做进一步梳理说明。

（一） 社会发展环境起决定作用

首先，《尼桑萨满传》和《尼顺萨满》不仅写出了萨满跳神、过阴追魂、死而复生等过程，也给我们描绘了不同社会环境的风俗人情。从《尼桑萨满传》看，巴彦员外的第一个儿子死了，他杀的牲畜堆得像山一样高，用的酒有池一样深。第二个儿子死了，他用的金银锞子、牲畜、麦子饽饽、黄米饽饽、豆泥饽饽、酒、纸、酱等，更是数不胜数，而这些物品明显是农耕文化的产物。总之，从对巴彦员外万贯家财、奴婢、牲畜无数的家庭环境描写，到他们为死去的儿子办理丧事极尽奢华的排场，再到他们为所请萨满设置的盛宴，不论情节怎样起伏跌宕，都让我们看到了一个富甲一方的贵族社会状貌。这也恰恰"反映了十七世纪初满族封建社会内部各种关系的发展，封建道德伦理关系对原始信仰的冲击与取代，以及当时满洲社会的风土人情"[①]。而鄂伦春族至 20 世纪 40 年代末以前还处在原始社会末期，所以对鄂伦春族而言不可能出现像满族那样极尽奢华的封建贵族的家庭环境和丧

---

① 徐昌翰、隋书金、庞玉田：《鄂伦春族文学》，北方文艺出版社，1993，第 62 页。

葬排场。《尼顺萨满》中，故事的主人公是猎人，老猎人朴素的居家环境，第一个儿子死了，哭完直接埋了。第二个儿子死了，没舍得埋葬，放在了棚子上，乞求萨满跳神，也没有提到酬劳，只是用一只飞龙鸟和一个犴鼻子，作为追魂所用。一切都显得十分简单、朴素，显示了鄂伦春族所处的原始氏族社会狩猎生活的古朴特色，也符合鄂伦春族当时社会的发展水平。

其次，从两则神话的萨满活动线索来看，《尼桑萨满传》中，巴彦员外的第二个儿子塞尔古岱死后，他用车轿将尼桑萨满请来。尼桑萨满首先请来一个助手——纳里·费扬古萨满，帮助其敲打神鼓，助其祈求到神祇——大雕、银鹡鸰、蛇、蟒等，与神祇对话，道出神祇的示谕等，可谓惊天地、泣鬼神。然后，故事用了相当长的篇幅写了她阴间追魂、还魂过程，每一个细节都有一个基本固定的程式。这些详细的叙述表明，以萨满崇信为中心的满族原始信仰，甚至宗教、巫术等在当时满族社会已相当成熟。而在《尼顺萨满》中，只写了尼顺萨满跳了一阵神，就躺在地上不动了。在阴间，两个大海挡住了她的去路，她扔下一只飞龙鸟和一个犴鼻子便顺利通过，在阎王爷那里轻松地骗到了一颗灵魂，这便是《尼顺萨满》的全部追魂过程，写得极为简单，《尼桑萨满传》中的很多情节在《尼顺萨满》中完全没有。对比两种情况，我们有理由相信，在当时的鄂伦春氏族社会里，萨满崇信观念的接受并没有 17 世纪初的满族社会那样全面，它的根基还没有在满族社会那么牢固，这也是符合萨满文化在鄂伦春族社会的发展水平的。

再次，萨满为病人治病除灾，逐渐有了金钱观念渗透进来。例如在《"恩都力"萨满》中，病人的亲属找到了"恩都力"萨满，但"恩都力"萨满开门见山地说："既然这样，就讲一讲价钱吧，如果跳神跳好了病人，给我多少报酬呢？"来的人想了想："如果你给跳好了的话，他们家的产业可以分给你一半。"双方达成一致意见。当"恩都力"萨满来到一条大河岸边时，她再三哀求摆渡的老头将她渡过河，可老头儿说："把你渡过去，给我什么报酬？"接着又说，"那么着吧，你给我十碗大酱，再加上十块大洋！""恩都力"萨满答应了才顺利过了河，来到"丰都城"，找到了阎王爷。[①] 其实，考察鄂伦春族历史，在以物与物交换为主的氏族社会中，他们并没有金钱意识。那么为

① 吕大吉、何耀华主编《中国各民族原始宗教资料集成》，中国社会科学出版社，1999，第 48~50 页；内蒙古自治区编辑组、《中国少数民族社会历史调查资料丛刊》修订编辑委员会编《鄂伦春族社会历史调查》（二），民族出版社，2009，第 250~251 页。

什么在萨满神话里出现了金钱现象,这应该和鄂伦春族与外部的联系往来有密切关系。以狩猎经济为主体的鄂伦春族社会,在清朝初期就与周边的汉族、蒙古族、满族等民族有了政治经济往来,这种交际往来必然带来一定程度的思想文化碰撞、交流、渗透和融合,反映在经济领域上,出现金钱意识实属情理之中的事,这种变化是随着社会生产和生活的变迁而变化的。

(二) 萨满神话收集传播者的作用不容忽视

萨满神话的出现,甚至以什么样的内容形式出现,社会因素固然重要,但在这一过程中,萨满神话收集传播者的作用同样不容忽视。

首先,从满族《尼桑萨满传》和鄂伦春族《尼顺萨满》神话的情节结构线索和基本内容看,前者描写的是 17 世纪初的满族社会风俗画面,而后者当时还处于原始氏族社会阶段,但为什么二者却出现了情节结构线索惊人相似的萨满神话故事?二者存在什么样的关系?从上文分析中,我们得出,处在原始氏族社会的鄂伦春族社会的萨满崇信观念并不像满族社会那样牢固。从事物发展逻辑上考虑,先进社会的生产关系和社会意识形态影响其他民族是必然的。对于满族的《尼桑萨满传》,徐昌翰、隋书金、庞玉田著的《鄂伦春族文学》有过调查,韩国明知大学成百仁教授译注的《满洲萨满神歌》序文中提到俄国远东大学的格列边希科夫发现了 1908 年的齐齐哈尔满文手抄本、1909 年的瑷珲满文手抄本和 1913 年的海参崴满文手抄本。其中,1913 年的手抄本内容最全,韩国的《满洲萨满神歌》、中国台湾的《尼山萨满传》以及内蒙古学者白杉译注的《尼山萨满传》,均由该本译出。中国社会科学院民族研究所珍藏的满文手抄本《尼桑萨满传》一册,内缺 13 页,是个残本。汉文手抄本《宁三萨满》(宁安本),也是一个残本,约 5000 字。内蒙古学者白杉译注的《尼桑萨满传》由海参崴满文本译出,最初在 1986 年刊载于《呼伦贝尔文学》第 4 期和第 5 期。① 笔者在绪论中也详细论述过,鄂伦春族萨满神话的搜集整理始于 20 世纪五六十年代。鄂伦春族萨满神话的收集整理较满族萨满神话的收集整理整整晚了近半个世纪,但二者情节结构线索却惊人地相似。笔者认为,这不是偶然。这些根据表明,满族的《尼桑萨满传》不仅仅是早于鄂伦春族的《尼顺萨满》,而且二者是继承关系,至少是鄂伦春族传承了满族的萨满神话。

其次,针对萨满神话在鄂伦春族的流传、传承问题,笔者对黑龙江省呼

---

① 徐昌翰、隋书金、庞玉田:《鄂伦春族文学》,北方文艺出版社,1993,第 62 页。

玛县白银纳鄂伦春民族乡进行了实地采访。采访结果是：当地流传的萨满神话多数都是某个人从另外一个人那里听说来的，如果追究到底是从哪个人那里听说的，所有被采访的人的回答都是：说不清楚，或者是不知道。但据当地人介绍，神话的流传与神话采录者的个人喜好因素有关，如采录者本人喜欢讲短小精悍的故事，那么其采录后整理的内容也相应地言简意赅。这样的神话被流传后，一传十，十传百，流传久了，有时就成了书本的东西了，故事也就基本定型了。①

由此可见，笔者认为，鄂伦春族的一些萨满神话很可能来源于其他民族，其中最有可能的是来源于满族。正如20世纪30年代初，凌纯声在《松花江下游的赫哲族》一书中，以《一新萨满》篇名记录的一则赫哲族长篇萨满神话故事一样，实则"《一新萨满》与满族《尼桑萨满》是赫哲语与满语在语音上的自然对应，二者实为同一"②。那么鄂伦春族有没有这种可能，其具体证据当然还有待于日后进一步考证。另外，如孟举花护士所说，"故事又不是指定哪个人去讲，谁讲都可以。只不过谁讲的流传久了，有时就成了书本的东西了"。任何文学作品都有作者的主观因素存在，何况对于没有文字记载只有口头传承的鄂伦春族的萨满神话了。对于一个喜欢讲简洁故事的传播者，只讲故事梗概是极有可能的，对于一个记忆力不是很好的传播者，忘记了中间哪一环节，只讲故事的其中一部分也是有的。

总之，无论是来自氏族社会的内部变迁，还是来自外部世界的影响，抑或是传播者个人因素的作用，以狩猎经济为主导的鄂伦春族社会，在长期的生产、生活和社会实践中，既创造了自己丰富多彩的创世神话、人类起源与族源神话、英雄神话，又在兼容并蓄中发展着自己的神话内涵和类型。

小　结

通过以上鄂伦春族萨满神话类型、情节结构、母题，以及传承与变异等问题的深入分析，我们可以得出这样的结论：鄂伦春族的萨满具有崇高的地位，是沟通人神的中介：萨满用跳神等方式和诸多的神灵交往，转达人的意愿，传达神的意志；萨满能通天入地，来往于此岸世界与彼岸世界之间，并

---

① 笔者2015年8月的调查材料。
② 徐昌翰、隋书金、庞玉田：《鄂伦春族文学》，北方文艺出版社，1993，第63页。

在必要时与魔鬼和鬼魂搏斗，为族人消灾治病，求生子女，救民于困惑、苦难以至于生死，保佑一方平安。围绕萨满这些异能，鄂伦春先人们创造了萨满神异能力神话、萨满神灵神话等神话故事。

在鄂伦春族萨满神话故事中，具有神性并几乎无所不能的萨满使神化了的自然力与人类的关系呈现新的时代特征，更多地体现了人的特性，人已不再像早期社会那样在自然力面前表现得束手无策和绝对的顶礼膜拜，而是表现为既畏惧又斗争，既崇拜又努力挣脱或改变的复杂局面。这让我们意识到，一方面，萨满教"万物有灵"观念确实在鄂伦春族历史上留下了深刻烙印，所以在鄂伦春族萨满祭祀的一些自然神祇、祖先神祇中，我们还会看到很多地方仍然带有远古图腾崇拜的遗韵。另一方面，鄂伦春族萨满神话也不是独立存在的，它的发生、发展、传承和变异，是随着社会的发展而不断出现新的状况，在这一过程中，鄂伦春族萨满神话既保持着朴实、粗犷的原始氏族社会的精神风貌，又以博大的胸怀兼容并蓄，展示了民族文化的多元价值观。

第六章

鄂伦春族神话的社会文化价值与当代传承

鄂伦春族神话是凝结鄂伦春族先民集体智慧的"百科全书",其中蕴含着历史学、人类学、社会学、文化学、宗教学、伦理学乃至价值体系的起源,体现了鄂伦春族先人认识自然、宇宙和自身的独特的思维方式和方法,它集文学、历史、宗教、哲学、律法、道德等多学科于一体,承载着鄂伦春族传统的文化记忆。它以极其深厚的文化底蕴传承于当代,给当代鄂伦春族社会文化生活注入了更多传统气息,它是人类弥足珍贵的非物质文化遗产。鄂伦春人充分认同和珍视本民族神话作品,在不断延续和发扬神话的社会价值、文化价值的同时,也在探索将神话作品广泛运用于日常生产生活实践之中,将它投向了更为深广的社会经济、文化等领域:如神话的舞台剧展演等,赋予了神话更多的现实意义和价值,使独具特色的鄂伦春族神话在当代社会舞台呈现了无限生机与活力。

第一节 鄂伦春族神话的社会文化价值

任何民族的形成和发展都经历过一段相对漫长的过程,在这一过程中,民族历史文化由开始积淀到逐步形成传统。鄂伦春族是人口相对较少且没有文字的民族,其神话作为历史上较早出现的口头文化,凭借其便于大众记忆和流传的特性,在某种程度上担负起了承载历史传统记忆的重任,神话里蕴含的大量社会历史文化信息,天地开辟,人类起源,世界万物的出现,从宇宙到人间,从家庭到社会,氏族、部落、战争、英雄等,几乎无所不包,无所不及,将早期鄂伦春人的生产生活尽其所能地呈现在世人面前。这些历史记忆,承载着鄂伦春人对宇宙、人类、自然万物起源的思考和解释,体现了他们在哲学、美学、宗教等各方面的文化诉求，它是鄂伦春族集体智慧的结晶，是人类历史上弥足珍贵的文化成果，也是当今人类非物质文化遗产的重要组成部分。它曾在历史发展中发挥了巨大的推动作用，引导着鄂伦春人一步一步走向现代文明。这些历史记忆时刻提示着人们，要永远铭记那段尘封已久的历史岁月。同时这些历史记忆也是我们今天研究鄂伦春族，甚至是研究整个中华民族、整个人类社会不可多得的宝贵精神财富。

一　古朴的哲学思想

鄂伦春族神话包含着朴素的哲学思想。哲学的基本问题是思维和存在的关系问题，或者说是意识（精神）和物质的关系问题，思维和存在（物质和意识）谁是第一性的问题，也即是唯物主义和唯心主义争论的焦点问题。早期鄂伦春人虽然不懂得什么叫哲学，也没有涉及思维和存在（物质和意识）的概念，更谈不上争论谁是第一性以及认识论和辩证法的问题。但通过鄂伦春族神话，我们看到，早期鄂伦春人在日常生产、生活中从来没有放弃过对这些哲学问题的探索和追寻，他们往往用最简单的思维和认识方式表达着他们朴素的哲学思想。

（一）关于世界物质性的认识

鄂伦春族神话在表述物质世界本身时，往往是从物质文化的角度予以描述的。在第二章鄂伦春族创世神话研究中，《太阳为什么耀眼》神话讲"大地原是混沌沌的一团，万物处在黑暗之中"。这"混沌"状态，不论是以气态、液态、固态、混合态存在，还是以其他什么形式存在，说到底，说明世界是由物质构成的。佟德富曾指出，中国少数民族早期哲学宇宙观的特点，即"用某一种或某几种具体物质形态来说明世界的本原"①。这种观点是对上述"混沌"状态的最好诠释。

世界是物质的世界。《达公射太阳》神话，讲述了白雾是由达公射出的第十二支箭的箭杆烧成白灰变成的；在《北斗星的来历》神话中，北斗星的四个角是由奥伦（仓库）的四根柱子变成的；在《雨和雪的来历》神话中，天空中的雨、雪是玉帝用原来天上落下的豆油和白面改变而来的；在《额尔德穆》神话中，地上的山岭、树木、飞禽走兽都是由天神额尔德穆从

---

① 佟德富：《中国少数民族原始意识与哲学宇宙观之萌芽》，《中央民族大学学报》（哲学社会科学版）1995 年第 4 期。

天上弄下来的；等等，说明大千世界的各种存在都是物质的。在第三章人类起源与族源神话研究中，讲述了恩都力用桦皮造人、刻石造人、扎鸟毛鸟肉造人、泥土造人，还讲述了蛋生人、熊化生人、肉球变人等，这里的桦皮、石头、鸟毛鸟肉、泥土、蛋、熊、肉球等，无一不是物质的，这些则说明了人类来源于物质。

（二）反映事物对立统一的关系

在第二章鄂伦春族创世神话研究中，曾介绍了鄂伦春人的宇宙三界观念：从萨满祭祀时摆放神偶的位置和程序上，表达了人们对天、地、人的独特认知，而这种认知说到底是将世界分为了上、中、下三个部分，上面是天，中间是人间，下面是地狱。在天地开辟神话中，是玉皇大帝等天神看到大地"混沌沌的一团，万物处在黑暗之中"后，便封了诸如太阳神和月亮神、额尔德穆等下界，为大地带来了人类、飞禽走兽、花草树木、山川河流、江海湖泊，带来了风雨雷电、日月星辰，带来了光明，带来了万物，从而改变了"混沌"的天地，使世界从黑暗走向光明，使万物从无到有。如在恩都力用飞禽走兽的骨头、肉和泥土造人时，他首先造了十个男人和十个女人，并且他想办法让男人和女人的力气相差不多。又如杨二郎神和达公进行的除日行动，除去十一日，留下一个适合人类生存的太阳照耀人间。人们为了躲避灾难，过上风调雨顺的日子，或是为了多猎取野兽，就会崇拜和敬仰山神"白那恰"，崇拜风神、雨神、雷神等。这些神话表述不仅注意到了事物的两个方面及其相互矛盾，而且也对陈述的宇宙空间拟构了一个相对稳定的对称结构，并且这些结构大都由事物的两极组成，其中包含的黑暗与光明，无与有，男人与女人等。同样，在第四章鄂伦春族英雄神话研究和第五章鄂伦春族萨满神话研究中，英雄与自然界各种事物斗争中表现出来的生与死、明与暗、善与恶，以及萨满教宣扬的上界、人间、阴间观念，人性的美与丑、因果报应等，都是矛盾的统一体，都客观地反映了鄂伦春先人最原始最朴素的对立统一的唯物观。

（三）体现了认识论和发展论

在第三章鄂伦春族人类起源与族源神话研究中，我们看到，无论是天神造人神话中的植物造人、刻石造人、扎鸟毛鸟肉造人、泥土造人，还是生人神话中的石生人、神性人物生人，抑或是化生与变形神话中的熊化生人、肉球变人，婚配生人与感生神话中的人神（仙）婚配生人、血亲婚配生人、人与动物婚配生人，以及洪水型人类再生神话，都是鄂伦春先人们在社会生产力低下的情况下完善自我生存诉求的体现，为了生存的需要，他们势必要与周围的自然和社会环境建立这样或那样的联系，他们在社会生产力发展到一定阶段后，逐渐产生了"我是谁？""我从哪里来？""为什么是这样而不是那样？"等一系列疑问。为了试图解释这些疑问，人类群体中的智者们往往发挥了极为大胆而又带着主观臆断的想象，这便是人类起源神话。它为人们的疑惑找到了"答案"，它在一定程度上满足了当时人们的心理诉求，并逐渐成为反映一种群体性愿望的方式，成为一个全民信仰的体系。应该说，这些想象（神话）是源于生活的，可它绝对不等于生活本身，它远远高于生活，它事实上传递了鄂伦春人最早期的不断发展着的思维观念和认识水平。如在《恩都力创造了鄂伦春人》神话中，恩都力看到"天上有太阳、星星和月亮，看见地上有山川草木和飞禽走兽，就用飞禽走兽的骨头和肉和上泥土，做了十个男人和十个女人"。因为他先做了男人，再做女人时，飞禽走兽的骨头和肉不够了，他便"多和上些泥土作补充"，造成女人的力气很小，并且不能干重活，同时，男女的力气相差悬殊。于是，恩都力"又给女人身上添加了一些飞禽走兽的骨、肉"，结果是"女人的力量又太大了，连男人也比不了"。恩都力"又抽下一些飞禽走兽的骨、肉，把女人的力量减了些"，直至男女的力量差不多了，"男女配合起来，就造出了许多后代"。在接下来的故事叙事中，又讲到恩都力造了鄂伦春人，但开始时人们浑身长毛，不知道穿衣，每到冬天就要冬眠，到春天才能苏醒过来。他们采集野果吃，但经常吃不饱，有的被饿死。于是，恩都力到处抓野兽给人们吃，但人们很快就吃光了，十只、五十只、一百只，他抓到的野兽始终供不上人们吃的速度。于是"恩都力想了个主意"，他教人们"自己捉野兽来糊口，教他们一块儿打围，捉住野兽，扒下皮，吃肉，用兽皮披在身上当衣服"。当时的人们不懂得用火，"后来看到山火发生，觉得靠近火焰挺热乎，被山火烧死的野兽，吃起来很香。恩都力就教鄂伦春人用火，留下以篝火为家的规矩"。从此，鄂伦春人"靠着篝火过冬，再也不用冬眠了。打来野兽烧肉吃，烤肉也成为他们最好的饮食"①。

这里，从恩都力看到天上的太阳、月亮、星星等和地上的山川草木以及

---

① 隋书金编《鄂伦春族民间故事选》，上海文艺出版社，1988，第 1 页；《中华民族故事大系》编委会编《中华民族故事大系》，上海文艺出版社，1995，第 697 页；孟淑珍整理《鄂伦春民间文学》，黑龙江省民族研究所印刷，1993，第 6 页；满都呼主编《中国阿尔泰语系诸民族神话故事》，民族出版社，1997，第 319~320 页。

飞禽走兽，到造十男十女，再到使男女力气平衡；从恩都力亲自为人们抓野兽吃，到教会人们自己捕猎野兽，吃兽肉，把兽皮剥下来当衣服穿，再到教会人们用火，用火烤兽肉吃等，无不展示着恩都力及其在他创造和带领下的鄂伦春人对周围世界的不断认识和发展的过程。

（四）注意到事物的因果关系

在鄂伦春族神话故事中，不论是创世神话、人类起源与族源神话，还是英雄神话、萨满神话以及其他神话，其神话叙事始终贯穿着因果关系，以使故事的结果更具合理性。如英雄神话，大都讲述了神一般的鄂伦春族先民与大自然的斗争，与魔鬼等恶势力的斗争。因为他们在困苦和灾难面前，不屈服、不放弃，坚信善、正义能战胜恶，人能战胜蟒猊、恶魔等恶势力，所以他们在外力——神、宝马、宝刀或其他事物的帮助下，最终战胜困难，除掉蟒猊等恶势力，他们被看作是民族的骄傲，受到人民的尊崇。英雄的所有表现和最后得到的胜利、荣誉都是存在因果关系的，体现出鄂伦春先民内在的逻辑性思维。

在今天看来，这些哲学思想十分简单，但对于身处迷惘、思维还不是很发达的早期鄂伦春先民来说，已经是很难得的了。

二 唯美的人文精神

在鄂伦春族神话体系的万神殿中，无论是自然神还是人格神，都是鄂伦春族神话创造者们在历史进程中集合人民大众的智慧，并不断以自我的审美价值尺度创造的神灵形象。马林诺夫斯基（Bronislaw Kaspar Malinowski）的功能神话学讲要"以功能的眼光来解释动态的文化现象和社会现象"①。对此，我们对前面论述的创世神话、人类起源与族源神话、英雄神话、萨满神话等四种神话中的主要研究对象——自然神和人格神在形象塑造、精神品格等方面进行分析解读，从而进一步探索鄂伦春族神话所蕴含和传播的人文精神。

（一）众神故事蕴含的唯美意蕴

神话讲述的是神的故事。鄂伦春人信仰万物有灵，所以，在鄂伦春族神话中，神的种类也比较繁多，从天上到地上，无所不包。我们可以将鄂伦春族神话中的众神分为自然神和人格神两大类。根据调查，鄂伦春族常信仰的

---

① 毕桪：《民间文学教程》，中央民族大学出版社，2009，第329页。

自然神有天神、太阳神、月亮神、北斗神、雷神、风神、火神、山神、熊神、蛇神、鹰神等。① 这些神的出现是与鄂伦春族在历史发展进程中不断对自身和自然的认识紧密联系的，并与鄂伦春族的宗教信仰密不可分。鄂伦春族在与自然的长期接触中，自身的心理发展和智力水平不断提升，认识能力和认识水平也不断提高，他们逐步由被自然掌控转向积极主动地改造自然，也就是说，人们在自然界中由被动逐渐转向主动，只不过他们将这种主动的方式借助神灵来加以实现。并且，这些神在行使和发挥神性作用时，多数是以人格化的形象出现的。如太阳神和月亮神是以一男一女的形象出现的；在《火神的传说》中，火神是以老太婆的形象出现的；在《白那恰的传说》中，山神是以白胡子老头的形象出现的；等等。最重要的是，上述独具民族气质与风格的众神形象更多地是以高大、智慧以及无私奉献的精神面貌出现在人们面前的，他们或给人间带来光明和温暖，或保佑一方风调雨顺，让人们日常生活无忧无虑，或帮助人们渡过灾难等，他们是鄂伦春族神话万神殿中不可或缺的神灵，他们带给人们无限正能量，他们受到鄂伦春人的尊崇。

除自然神之外，鄂伦春族神话故事中讲述更多的则是人格神故事，这更为我们呈现了一幅幅具有美学价值的鄂伦春族立体文化图像。在创世神话中，有创世英雄额尔德穆，打破了天地的"混沌"状态，创造了多彩的世界；有除日英雄达公和杨二郎，除掉了十一个太阳，给人类留下一个适合生存的太阳。在鄂伦春族人类起源神话与族源神话中，主要阐述了自己族类不平凡的来历，显示其神圣性，奠定自己族类在自然界和各氏族、部落等社会组织中的特殊地位，颂扬、标榜自己祖先的神圣与尊严，从而获取周围整个社会的认同与尊重，并在这种氛围中凝聚和增强族群力量。在英雄神话中，英雄更是不胜枚举，有舍己为人的懂鸟兽语的猎手，猎手为救乡亲们的性命，不顾个人性命安危，把自己冬天在蛇国中的经历以及答应蛇王不向任何人说出蛇洞的事告诉了乡亲们，乡亲们及时逃到了诺敏大山上而获救，可这位善良的猎手却被蛇王和众蛇处死，让他变成了一块大石头，永远站立在山坡上。其他如：有为民族、部落、朋友、亲人等斩妖除魔的阿雅莫日根、吴成贵莫日根；有为解救家人和乡亲而不顾个人安危，同恶魔殊死搏斗的阿拉坦布托、吴达内、猎人柯阿汗、阿勒塔涅等；有同情人民苦难治病救人的三

---

① 内蒙古自治区编辑组、《中国少数民族社会历史调查资料丛刊》修订编辑委员会编《鄂伦春族社会历史调查》（一），民族出版社，2009，第152页。

女神、白衣仙姑等；也有歌颂英雄婚姻爱情的小伙子与太阳姑娘、伦吉善和阿依吉伦、喜勒特很、松坦莫日根和仙女埃米艳等。这些人格神不是简单地模仿和复制，他们不仅有与众不同的外在形象和内在气质，更重要的是他们以力量、智慧、勇敢、善良等堪称完美的行动完成了常人无法完成的英雄壮举，他们克己为民、吃苦为民、舍身为民的精神，真正地诠释了"英雄"这一伟大称呼。这是一种牺牲，也是一种崇高。他们的身上蕴含了鄂伦春先人深邃的思想内涵和崇高的民族价值追求。

（二）众神唯美之精神指引着当代鄂伦春族价值观

鄂伦春族神话故事中所蕴含的美学精神对当代鄂伦春社会价值取向和人生价值观的培养有着深远的影响。鄂伦春族神话故事不仅是一般性的叙事，而且在叙事中表达出一定的价值标准，体现着早期鄂伦春人一种朴素的道德情感，即他们对真、善、美给予赞颂，对假、恶、丑予以唾弃，对高大、伟岸、智慧、力量、美丽、善良、光明充满向往，对邪恶、恐怖、黑暗充满厌倦、回避。这一判断是非的标准恰恰是今天现实生活中的人们所向往、追求和需要的。当人们再次阅读和欣赏这些神话故事时所得到的精神上的震撼和启迪，尤其是对今天身处社会经济文化飞速发展、物欲横流时代的人们来说，家庭与社会、责任担当与个人的理想追求，无疑有不谋而合之处。另一方面，鄂伦春族神话的美学价值还表现在它为面对生存困惑或其他艰难险阻的人们提供了如何解决问题的示范。如在《吴达内的故事》中，讲述了出生神奇的吴达内在困苦和灾难面前，在凶恶的蟒猊面前，为了鄂伦春人民的生存，为了人们的利益，挺身而出，历尽千难万险，宁死不屈，死而复生，最终战胜了凶恶的蟒猊，并抱得美人归。同时，他也受到了人民的称颂、爱戴和敬仰。对吴达内的歌颂，就是对鄂伦春族人民集体智慧和力量的赞颂，是对鄂伦春人民至死不渝的反抗精神的颂扬，也即是表达了在任何时代、任何时刻掌握命运的都是人们自身，只有凭借人类自身的力量、勇气、智慧、坚忍不拔，才能赢得最终胜利，而这种态度与精神，对于今天的鄂伦春人、整个中华民族乃至整个人类社会依然是最好的精神食粮。

鄂伦春族神话能够通过一个看不见的神灵世界，传递着众神为民救世的行为和精神，渗透着一个民族的精神与文化，客观上对当代人与人之间的关系，人与自然的关系，以及人类与其他事物的关系，都起到了一定的规范协调作用。它教导人们如何认识世界，如何战胜来自自然界各方面的挑战，在艰难中前行，在生存中不断挑战极限，完善自我。这一点也体现了鄂伦春族神话永恒的美学魅力和超前的社会功能，也即是鄂伦春族神话所具有的划时代的特殊意义和价值。

三　人与自然万物和谐共存的价值观

人生活在自然中，是自然的一分子，经过数千年历史变迁，人与动物，或者说人与自然万物的关系始终是我们研究不尽的话题，也是我们不可回避的现实问题。鄂伦春族神话以"万物有灵"为思想基础，通过前文对创世神话、人类起源与族源神话、英雄神话和萨满神话的分析，我们发现，鄂伦春族神话其实是一个相当庞大、相当发达的萨满教观念体系。一方面，鄂伦春族萨满教思想及表现完全体现在各个形象、生动、具体的萨满神灵形象上，这些神灵从天上到地上比比皆是：有太阳神（滴拉哈布堪）、月亮神（别亚布堪）、北斗星神（奥伦）、风神（库列贴）、水神（穆都木）、河神（穆都里罕）、火神（古龙它布堪）、山神（白那恰）等各种神灵。围绕众神灵，鄂伦春族神话衍生和呈现了众多神话母题，从大的方面说，如：世界起源母题、人类起源母题、自然现象与物的起源母题、天界的神与人间的神起源母题、天灾人祸等灾难母题，以及其他各种自然秩序、社会秩序等母题。从小的方面说，如：天神造人母题、洪水母题、化生变形母题、英雄母题、过阴追魂母题等。另一方面，鄂伦春族萨满祭礼多种多样，有春祭和秋季仪式，有祭太阳神"滴拉哈布堪"仪式、祭月亮神"别亚布堪"仪式、祭北斗星神"奥伦"仪式、祭风神"库列贴"仪式、祭水神"穆都木"仪式、祭河神"穆都里罕"仪式、祭火神"古龙它布堪"仪式、祭山神"白那恰"仪式、祭祖先神仪式、招魂仪式、过阴仪式、占卜仪式、祈子仪式、跳神治病仪式等。

在上述所有的祭礼仪式中，被鄂伦春人视为占有中心地位的是对熊的崇拜。

1986 年搜集于黑龙江省塔河县十八站鄂伦春民族乡的《古落一仁》，详细记录了过去鄂伦春人猎到熊以后祭熊的一套仪式。

> 古落、古落，阿玛罕（恩民河），古落。
> 你就要走向阴坡，古落。
> 是你喜爱我们才成长，古落。
> 我们要摸你的骨风葬你，古落。

你到了时辰后就要走，古落。

你要走你的独木桥，古落。

你要吃完你喜爱的蚂蚁，古落。

你要收拾好你的白桦树，古落。

你要走两座山中间的路，古落。

古落、古落，阿玛罕（恩民河），古落。

你年年要让我们见到你，古落。

你年年要喜爱我们打着你，古落。

所以我们要摸你的骨风葬你，古落。

你如果碰见青年人不要咬伤他们，古落。

你碰见老人打一巴掌也可以，古落。

你要走完这条路啊，古落。

我们要摸你的骨风葬你，古落。

你原来就是动物，古落。

你在动物中是最厉害的，古落。

人人都怕你吃掉啊，古落。

我们要求你不要吃掉我们，古落。

所以我们要摸你的骨风葬你，古落。①

  鄂伦春人对熊十分崇拜，他们自认为是熊的后代，把熊视为自己的先人或长辈，称呼熊"老爷子"、"大爷"、"阿玛哈"（舅舅）、"雅亚"（祖父）或"太帖"（祖母）、恩民河等。② 当这些被称为先人或长辈的熊走向阴世，离开人们时，人们当然会表现出留恋和缅怀，于是有"你就要走向阴坡……我们要摸你的骨风葬你"。更有意思的是，人们把熊的这种死亡视为"你到了时辰后就要走"的寿终正寝，熊是带着满足离开的，是吃完了它喜爱的蚂蚁等离开的。人们在告诉它，是它到了该离开的时候，人们是为了尊重它不得已才做出抉择，并告诉它"你要走你的独木桥……你要走两座山

---

① 黑龙江省塔河县民间文学三套集成编委会编《塔河民间文学集成》，内部印刷，1987，第27~28 页。"古落一仁"，鄂伦春语，意思是"风葬"。

② 内蒙古自治区编辑组、《中国少数民族社会历史调查资料丛刊》修订编辑委员会编《鄂伦春族社会历史调查》（一），民族出版社，2009，第 152 页。

中间的路"。

如果说第一段歌词的主要意图是鄂伦春人将熊作为先人或长辈予以祝寿的话,那是子孙后代对先人或长辈的敬畏、敬重和挽留,那么第二段歌词的主要意图则是人们特别是猎人对野兽的恐惧和敬畏。因为他们认为,熊是动物中是最厉害的,怕被熊吃掉,所以祈求不要被它吃掉,要摸它的骨风葬它。其实,可以想见,人们面对恶劣的自然环境,没有任何能力来对付自身周围生存着的凶猛野兽,对一个在动物界中最厉害的猛兽——熊,会何等的惧怕?研究发现,"熊的嗅觉非常灵敏,视觉和听觉差些。熊的性情凶猛,特别是在交尾期,听到动静就会立即扑上来。过了交尾期,不打它它不扑人,但如果打伤它,它就即刻进行反扑。下崽后,如果追打它的崽子,母熊也会进行极力反扑。熊的气性非常大,有时打到它的肚子上,它疼的四脚朝天但又起不来时,它会把自己的熊掌咬得稀巴烂"①。熊与人也有许多相似之处,从形体到动作,都更接近于人:能直立行走,能上树,能用前掌采摘果实,并轻松将摘到的果实送入口中;熊的生殖器官与人的极为相似,雌熊长着两个与人类似的乳房;在受伤的时候,能用前掌抓起土块或草末堵塞伤口;熊可以不吃不喝地躺在洞里冬眠,春天钻出洞时照样凶猛异常……或许就是熊的这些特性,人们才将它视为图腾祖先加以崇拜。在人类起源和族源神话中,曾讲到《熊的传说》和《小伙子和黑母熊的传说》,阐释了人与熊有着紧密的血缘关系,即人熊同一性,实则还是萨满教万物有灵观念的呈现,所以人们对它敬畏有佳。《古落一仁》唱到"你如果碰见青年人不要咬伤他们,古落。你碰见老人打一巴掌也可以,古落"。

鄂伦春人从猎熊到吃熊,再到葬熊有着一套完整的仪式和禁忌,似乎也是鄂伦春人不成文的规定。猎人捕获到熊以后,年轻的人不能到近前观看,要由参与此次狩猎的带头人"塔坦达"鉴别雌雄,雄的则割下睾丸挂在树上,雌的要由"塔坦达"用桦树皮、毡子之类的掩盖其下体,体现对女性的尊重,也是对生命的渴望。然后剥皮,剥下来的熊皮妇女不许坐在上面,因为妇女有月经,亵渎了熊,熊会报复。如果是孕妇坐上去了,就会流产。这一过程年轻人要避开,不能靠前。往回驮熊时,只能用骟马,若放在骒马上,骒马就流产,放在儿马上,儿马就会像熊一样凶猛,咬人咬马。熊驮回

---

① 内蒙古自治区编辑组、《中国少数民族社会历史调查资料丛刊》修订编辑委员会编《鄂伦春族社会历史调查》(二),民族出版社,2009,第27页。

来时，老人们要喊"咔！咔！咔！"吃熊肉时也要同样喊几声，认为这样可以辟邪并防止熊报复。分割熊肉时，要先将熊剖腹，取出小肠，绕熊头三圈，然后把熊头割下，在熊嘴里放一根木棍，以示熊嘴里咬着东西。然后把熊头用草包上，放在两棵树中间，用木架架上，这代表熊的灵魂找到了寄托之所。此时，"塔坦达"要率领所有的人向熊头跪拜祈祷，并带有众多开脱之词，一般说："雅亚（或太帖）你睡着了（忌讳说熊死了），我们的箭射不准，刀又很钝，是误杀了你（或说'达斡尔人、汉人等杀了你'），不要生我们的气吧！以后多多保佑，赐福我们多打野兽吧！"① 正如《古落一仁》歌词"你年年要让我们见到你，古落。你年年要喜爱我们打着你，古落"。其实，人们还是在既怕遭到熊的报复又要想打到更多的熊，在崇熊和畏熊两难选择中挣扎。所以，人们既要求得到熊的恕罪，又要变着法地编造谎言，说是达斡尔人或汉人杀死了熊，从而求得熊的原谅，并最终获得熊的佑护。煮熊肉时，熊的心脏和舌头要连在一起。人们分食熊肉时，也有严格讲究。一般妇女在吃熊肉前，要面朝煮肉的大锅磕头之后才能与男人一起共食。妇女不能吃熊胸部的肉，不能吃熊的前半部分，因为熊的前半部分象征着先人的遗骸。人们在吃熊肉的时候，不能随便乱动或乱说话，但要边吃熊肉边学乌鸦"嘎嘎"叫，并念叨"这是乌鸦在吃你的肉"。熊肉吃完，要烧桦树皮熏熊头，表示"除污"。吃完的熊骨不能乱扔，如果乱扔被狗啃了，狗就会像熊一样凶猛咬人。如果造成熊骨头丢失，那么整个仪式将彻底失去意义。②

所以，早期鄂伦春人猎熊吃熊是有严格的规范的。接下来是葬熊仪式，即"古落一仁"仪式，则更加隆重，更加庄严肃穆。仪式的主持人要由"乌力楞"、氏族或部落中德高望重的人担任，参加仪式的人主要由男性组成，妇女不能正式参加。

葬熊仪式开始，人们首先把剩下的骨头，有时将其他熊骨一起用柳叶、柳条或草包好，选择在河边、半山腰或树林中三棵树交叉点上，将其放在上面，进行风葬，并祈祷它要好好地保佑主人，不要回头吓唬人们，让世间的人们能够平安、幸福、快乐地生活。这种祭熊方式除了前面提到的崇拜和敬

---

① 徐昌翰、隋书金、庞玉田：《鄂伦春族文学》，北方文艺出版社，1993，第29~30页。
② 内蒙古自治区编辑组、《中国少数民族社会历史调查资料丛刊》修订编辑委员会编《鄂伦春族社会历史调查》（二），民族出版社，2009，第205页。

畏之外，还有另外的目的，即"在于熊（祖先）的'死而复生'，在于氏族的生生不已。人们分食熊肉使人很容易联想起非洲中部某些'食人部落'中存在的奇异习俗：当这些部落中的老人死去的时候，他们的遗体往往要由本部落的人分食掉。这种习俗来自一个古老的信念：部落正是通过这种办法，使死者进入后代的躯体，使氏族得以一代一代延续下来"①。鄂伦春人隆重地葬熊，借此向祖先祈祷来年风调雨顺，多打猎物。同时，人们使用柳叶、柳条等包裹熊骨，也应该是有深意的：其一，汉语中，"柳"与"留"谐音，用"柳"字即代表着渴望某些东西留下来之意，鄂伦春族先人是否也利用此意表示对熊的留恋呢？其二，柳树的繁殖能力非常强，枯干的柳枝只要插在湿润的泥土中，它便可以发芽生根，汉族人很早就注意到了这一点，所以汉族人在埋葬了人以后，一般在坟头的土里要插上一枝柳枝，第二年春季就能生根发芽，人们借此祈盼后代子孙兴旺。当然，早期的鄂伦春族先人们是否也注意到了这些，还有待于进一步考证。据记载，满族神话故事中，"柳"有另外意义，柳是女阴的象征，有柳生人类和万物的神话。② 鄂伦春人把雄熊的睾丸割下来挂在树上，应该是考虑到了对熊的生殖能力的保存，用柳叶、柳条包裹熊的骨头，大概是在表达人们对万物生生不息的渴望和强烈追求。

总之，通过上述分析可知，一方面，人们对熊极其崇拜和敬畏；另一方面，生活在广袤森林里以狩猎为生的鄂伦春人们，为了维持和满足生存的需要，在狩猎中，又不得不猎熊，吃熊肉。尽管鄂伦春人在猎熊、吃熊肉的过程中，与对待其他动物有明显区别，要进行一系列繁复的、庄重的祭熊仪式，要像对待死去的亲人一样把熊的头和骨头进行隆重地风葬。这种对熊既饱含崇拜和敬畏又以捕杀猎取其为食的习俗看似矛盾，可在世界很多狩猎民族中却普遍存在，这也许就是鄂伦春族萨满教的魅力所在，它给古老的"古落一仁"祭熊仪式赋予了更多意义。

以上讲述了鄂伦春人与熊之间形成的既和谐、亲密，又紧张、敌对的复杂而神秘的关系。具体地讲，就是鄂伦春先人们在精神世界中既把熊作为他们祖先的婚姻伴侣，视为祖先神，或者图腾加以崇拜，又在面对艰难的生活困境时不得不猎熊，吃熊。在这样的情景下，"动物不仅成为他们生活中不

---

① 徐昌翰、隋书金、庞玉田：《鄂伦春族文学》，北方文艺出版社，1993，第30页。
② 富育光、孟慧英：《满族萨满教研究》，北京大学出版社，1991，第197～207页。

可缺少的物质原料，而且在精神世界里也成为他们的心灵支柱"①。鄂伦春族人与熊婚配的神话表明了人与熊存在着血缘关系，这种关系象征了鄂伦春人对动物以及动物生存的大自然形成的浑然一体的超自然关系，是对人类自身力量与自然和谐统一的肯定。这是萨满教"万物有灵"思想的产物，在这种思想体系下，人们对其生存的客观世界有了超出一般的理性认识，自然界里的动物被高度神格化、人格化为具有人性的思维、语言和感情。

同样，鄂伦春人在以"万物有灵"为思想基础的萨满崇信观念下所进行的其他一些行为，也不同程度地传递了人与自然万物和谐共存的价值观念，显示了他们对生命的强烈关注。

例如，鄂伦春人对火是既亲近又崇敬的。火是火神，鄂伦春音译为"透欧博如坎"，由妇女供奉。每年腊月二十三日送火神"上天"，春节早晨也向火神供祭，祈祷幸福平安。人们平日在烤肉和煮肉都不能用刀子捅火，不能往火上倒脏水和吐口水，否则会触怒火神。② 有一则关于火神的神话，大意是：

> 很早以前，有一个妇女早晨起来烤火，火星溅到她的身上，她很生气，就把火胡乱地捅了一阵。之后，火熄灭了，她搬家到别处。当她再想生火的时候，却怎么也生不起来了。于是，她不得不前往邻居家求取火种。走到半路时，碰见一个老太婆在路边坐着。奇怪的是这个老太婆一只眼睛是好的，而另一只眼睛却流着鲜血。她问老太婆为什么会这样？老太婆气冲冲地说："还不是由于你方才乱捅火，才把我的眼睛戳瞎了一只！"妇女知道自己触怒了火神，吓得连忙跪在地上向老太婆磕头，求得老太婆宽恕她的过错。老太婆看到妇女虔诚地认错，便告诫她："回去点火去吧，今后再不要那样乱捅火了。"妇女回家后再点火时，火果然着了起来。③

---

① 汪立珍：《鄂温克族神话研究》，中央民族大学出版社，2006，第 296 页。
② 内蒙古自治区编辑组、《中国少数民族社会历史调查资料丛刊》修订编辑委员会编《鄂伦春族社会历史调查》（一），民族出版社，2009，第 63 页；《中国各民族宗教与神话大词典》编审委员会编《中国各民族宗教与神话大词典》，学苑出版社，1990，第 128 页。
③ 隋书金编《鄂伦春族民间故事选》，上海文艺出版社，1988，第 17 页；《中华民族故事大系》编委会编《中华民族故事大系》，上海文艺出版社，1995，第 713 页。

从上面的神话故事可以看出，火在鄂伦春人心中是占有重要地位的。流传于黑龙江省逊克一带的神话《金刚圈的故事》① 中，讲述了火帮助上了年纪的老猎人铲除蟒猊的过程，让我们看到了火可爱的形象。

火在鄂伦春人日常生活生产中也有极其重要的作用，他们居住的"仙人柱"里，篝火是常年燃烧的，冬天可以取暖，夏天可以驱赶蚊虫。篝火可以照明，必要时可用它作工具，吓退凶猛的野兽。早期的鄂伦春人，常常以氏族或部落为单位，集体狩猎，猎人们在山的周围燃起篝火，众人齐声呐喊，被围在山上的野兽冲不出去，只好束手就擒。鄂伦春人还有"烧山寻兽，放火寻角"的狩猎习俗，这样既可以猎获更多野兽，也可以使山上的树、草烧光，来年发出嫩芽，更好地生长。鄂伦春人还用火来捕鱼，在秋天，大马哈鱼会游到黑龙江及其支流产卵，人们不但白天捕，晚上也捕，人们燃着火把，引诱大马哈鱼涌向火光，借机捕捞。这些充分体现了鄂伦春人在日常生活生产中对火与自然规律的巧妙运用。

今天，鄂伦春人对火的崇敬和利用也是十分强烈的。如著名的《篝火舞歌》，歌词大意是：姑娘们、小伙子们，围成一圈人，手拉着手，祝福以后的日子如火一样旺。姑娘们借此歌唱她们的容貌多么美丽，歌声多么动听，并激励一个一个使劲儿打犴的小伙子们勇往直前，寻找真爱；小伙子们也借机展示自己的歌喉，歌唱他们是英俊的出色的青年猎手，他们是兴安岭的青松不怕风吹雨打，不怕天寒地冻，一年四季永远年轻，他们坚信美丽善良的姑娘们会来到跟前，向他们求爱。②《篝火舞歌》在鄂伦春族较为盛行，这种青年男女互相求爱的场面，几乎每年都要举行一次，所以，仪式更显得庄重。

在鄂伦春族中，火就是生命，就是光明。平日里，有些人因各种原因积怨，可当他们站在圣火面前，就一切都化为灰烬，烟消云散，剩下的只有如火般的友谊；甚至两口子闹别扭，他们只要跳起篝火舞，也会和好如初。这就是火带给鄂伦春人的无穷魅力。

以上通过列举鄂伦春人猎熊、吃熊、葬熊，以及对火的崇敬和利用等行为，均不同程度地折射出鄂伦春族先人"万物有灵"的思想观念，这也是鄂伦春人早期了解和认识自然与社会的一种朴素的愿望和心理状态，是鄂伦

① 隋书金编《鄂伦春族民间故事选》，上海文艺出版社，1988，第350~356页。
② 关小云、王宏刚编著《鄂伦春族萨满教调查》，辽宁人民出版社，1998，第144~146页。

春族早期历史的活态再现。

当然，从现在科学角度看，以"万物有灵"为基础思想的萨满崇信有违历史唯物主义观点，其消极影响是不容忽视的。如它曾禁锢了人们的头脑，束缚了人们的思想，何况还含有大量的巫术成分。尤其在当今社会，熊、虎、鹿等动物已成为国家保护动物，捕猎它们是一种犯罪行为，所以萨满崇信中有些思想和行为是我们应该摒弃的。但我们也不能因此抹杀了它在鄂伦春族历史上曾经起到的客观作用，即"万物有灵"思想对稳定当时社会秩序、安慰人的心理所发挥的积极意义。并且，在"万物有灵"思想基础上形成的人与自然万物和谐共存的价值观，在今天自然环境遭到严重污染破坏的情况下，愈发显示了它的积极意义的一面，至少它在客观上对人们爱护珍惜生存环境、保护自然能起到一定的规范和教育作用。

第二节　鄂伦春族神话的当代传承

神话是人类古代文明的精神瑰宝，它凝聚着各民族的文化精髓。在当今的新媒体时代，尤其在世界性的文化寻根运动广泛流行之际，神话依然表现了经久不衰的神奇魅力，它是当代人们艺术创作的一个重要源泉。鄂伦春人们积极发掘民族传统神话的精华，将传统神话元素作为艺术创作的一个重要源泉，融入了当代文化创意中，打造了新的文化阵地，使民族传统神话在当代社会以另一种方式再现与重述，并得以传播。它既体现了鄂伦春族传统神话的存在价值，又与现代艺术完美结合在一起，开拓了传统神话新的生长空间，也彰显了鲜明的民族风格。本节从分析神话在当代传播出发，通过鄂伦春族神话在舞台剧表演以及在其他文化创意中的表达，阐释鄂伦春族人们运用传统神话元素发展当代文化，从而对推动经济、文化和社会的发展所带来的重要的现实意义。

一　神话在当代的传播价值

神话是人类集体智慧的结晶，它是人类在漫长的历史发展过程中，经过不断积累和完善而形成的弥足珍贵的精神财富，它承载着各民族传统文化的历史记忆，体现着各民族先民的世界观和价值观，客观上揭示了人与自然万物的关系。可以说，对于世界上任何一个民族来说，神话都是一种客观存在，尽管神话的内容是虚幻的。神话又是不断发展的，在历史发展长河中，神话不断被一代代人演绎、扩充和改编。当然，今天的人们，大概永远也不再会像人类早期的先民们那样，对神话深信不疑，笃信其真实性。但是，这不代表神话失去了价值意义。

当今社会，以文学艺术形式展示出来的神话依然有它的独特魅力。生活在社会高速发展、极度物化的当今社会的人们，也一样有现实社会带来的精神困惑和来自其他方面的压力，人们也需要一定的情绪释放和精神慰藉，而神话恰恰在一定程度上满足了人们这方面的需求。神话中所包含的上界、人间和下界，有天有地，有神灵有鬼怪，有人类有动植物，有英雄有恶魔等，几乎包含了早期社会历史、文学、哲学、宗教、科技、艺术、伦理等方方面面的内容，而神话创造者们给这些内容赋予了无限的充满奇异的解释，虽然有些解释显得荒诞离奇，但它让身处其中的先民们"找到了"近乎"合理"的精神慰藉。这些对于现代社会时常处于生活压力和精神困惑的一些人来说，有时反而会激起一系列惊疑和幻想。从这个角度说，神话给人们带来的是另外一种更为现实的精神食粮，神话带着一种深远的情结，尽管历经数载，经过数不尽的沧桑巨变与沉淀演化，但它始终传承着一种人类属性的共通与永恒的东西，这种东西跨越了时空，它像集体无意识一样，深深地根植于人们的心灵里。

另外，每个民族的历史都是整个华夏篇章中不可或缺的一朵奇葩，古朴沧桑的神话故事渐渐在历史长河的演变中风化成了一种记忆，为了拯救渐行渐远的民族文化，特别是拯救较少受人关注的少数民族历史文化已经刻不容缓。国家层面，不断加强对非物质文化遗产的保护，在受保护的非物质文化遗产中，不少民族的神话都已先后被列入国家级非物质文化遗产保护名录，并在彰显民族特点和区域特色方面发挥着举足轻重的作用。鄂伦春族神话急需加强这方面的拯救和保护，才能更大限度地发挥其应有作用。

正是吸取了神话的这些实用价值，并结合一些人们群体的心理与精神需求，现代高度发达的商业化社会有了更多的文化创意，它依靠创意人的智慧，借助科技手段，对原有神话资源进行创造与提升，进而生成高附加值的文化产品，以更好满足人们的精神及情感需要，从而潜移默化地起到教化人的作用，也由此带来可观的经济和社会效益。一般情况下，神话被重新创意包装表现在：采用现代光、电等科技手段，以舞台剧、电影、电视、动漫、游戏等文艺形式，整合演绎神话内容，神话故事中呈现的一些高尚的人格精神和生存智慧，主人公的勇猛和顽强，都传递出无限的正能量，对人们具有启迪心灵和感化教育的意义。如汉族舞台剧《愚公移山》《大禹治水》《精卫填海》，鄂温克族舞台剧《敖鲁古雅》《神鹿的传说》等，都让我们领略、体验、感受，甚至在自身心灵深处不同程度地参与着这种改编的"现代神话"，这是古代文明在现代社会绽放出的艺术奇葩，也是神话被重新创意包装的价值所在，更是当下加强非物质文化遗产保护的需要。鄂伦春族人口较少，地理位置也比较偏僻，神话被开发利用较晚。近年来，随着周边汉族、鄂温克族等民族和国家、国际创意文化迅猛发展，鄂伦春人们也开始逐步意识到神话创意的研究开发在促进民族地区经济、文化、社会发展方面所起到的巨大作用，并积极着手这方面的研究开发，大型舞台剧《勇敢的鄂伦春》《鄂伦春神话》等相继呈现。

二　鄂伦春大型民族舞台剧展演及神话创意

2011 年，内蒙古自治区鄂伦春自治旗为献礼建旗 60 周年，倾力打造了一台大型民族舞台剧《勇敢的鄂伦春》，正式吹响了鄂伦春人们走向创意产业征程的号角。该剧是一台民族风情极为浓郁的舞台剧演出，是一部展示鄂伦春民族文化的精品力作。它融合多种现代艺术手法，以鄂伦春民族的核心文化——原始狩猎文化为主线，由《火塘·夏》《远山·秋》《围猎·冬》《家园·春》四幕组成，诗意地讲述了世代繁衍生息在茫茫的大森林、清幽的河川峡谷的森林狩猎民族的特色文化，生动鲜活地展示了鄂伦春族勇敢、细腻的民族精神和性格特征。白桦树林、杜鹃花丛、熊熊篝火等不同场景，环环相扣、色彩纷呈，超大实景制作与现代音像效果相结合，精彩的舞台表演、柔美的灯光设计，演员华丽精美的服饰造型，让观众在视觉与听觉上产生了强烈的冲击、震撼与共鸣。一群群美丽的鄂伦春族姑娘、彪悍的小伙儿、曼妙的舞姿、动感的旋律，形象逼真的舞台设计使观众深深陶醉于鄂伦春族的民俗民风，感同身受于神秘古朴的狩猎时代。

整场剧目都时时展示出各种神话元素。情景表演《骨卜》描述了鄂伦春人以占卜的形式判断吉凶祸福，进而选择狩猎时机和吉祥的日子；舞蹈《山神祭》描述了猎人在出猎时都要祭拜山神，祈求平安与收获，以及与山神等自然互通与共；歌曲《阿妈的嘱托》《神鹿》，舞蹈《年轻的莫日根》《送行》《围猎斗熊》等，唱出了英雄神话中曲曲折折的故事：英雄为挽救氏族，置生死于不顾，过险关、求神灵、祈萨满、杀恶魔、杀蟒盖，最终正义战胜邪恶，英雄抱得美人得胜而归，萨满彼岸追得灵魂，让人死而复生……让观众再次感受了英雄的伟岸形象，萨满教"万物有灵"在鄂伦春族的崇高地位，更凸显了鄂伦春人民的崇高、善良与智慧，以及他们对美好生活的热爱。集体舞《吕日格勒》象征着鄂伦春人民团结一致，大踏步奔向幸福生活，也暗示了鄂伦春人民从遥远迷茫懵懂的古代走到现在，一路的坎坷与艰辛，让人们更加珍惜现在的幸福生活。

该剧不仅作为内蒙古自治区草原文化艺术节、内蒙古新春文化惠民活动指定剧目，还入选了海峡两岸文化交流剧目，在大陆山西大同、河南洛阳等多地上演，并在台湾汇报演出十余场，深受两岸观众欢迎。在展演的同时，也带动了鄂伦春民族文化展、鄂伦春民族非物质文化传习演绎展、拓跋鲜卑民族历史文化展、鄂伦春自治旗彩绘岩画展、鄂伦春自治旗旅游文化资源展等多项事业的发展，体现了民族文化的多元性和独特性。

自 2012 年起，嘉荫县从鄂伦春文艺作品开始着手，效仿鄂伦春自治旗的大型舞台剧《勇敢的鄂伦春》，推出了又一大型民族舞台剧——《鄂伦春神话》，该剧在《勇敢的鄂伦春》基础上进行精雕细琢，进行提升和创新，使鄂伦春的民族风情表现得更突出、更有特点。虽然全剧仍由《火塘·夏》、《远山·秋》、《围猎·冬》和《家园·春》四幕构成四个篇章，但它从内容设计到舞台布景再到展演都进行了全新的包装，用传统古朴的民族歌曲、舞蹈演绎了千百年来一代代鄂伦春人春夏秋冬的生活状况、图腾信仰、宗教信仰以及他们对美好新生活不懈追求的民族精神等，对其进行了立体展现。鄂伦春猎民猎熊、杀熊、祭熊等庄严肃穆的场面以及斗熊都以舞蹈的形式给予了形象生动的再现，一幅幅高雅而又充满神奇魅力的巨幅画卷，呈现得惟妙惟肖，达到了内容到精神的完美统一，神话故事中部分场景在这里得到追溯和还原。如情景剧《篝火与鄂伦春神话》，该剧是全程在广场表演，篝火周围，演员们载歌载舞，热情地跳着《依哈嫩》，激情演绎着大山里一年四季猎人与猛兽的较量情景。最后，在跳马舞的欢快节奏声中，篝火表演达到高潮，欢笑声、歌唱声、呐喊声，配上音乐、舞蹈、LED 背景，还有摄影人相机的咔嚓声，所有猎人和演员们大碗喝酒，大口吃肉，鲜活豪爽。不但如此，这个时候人们还要烧香、拜火神，向篝火里扔肉洒酒。所有人都默默做着一件相同的事——祈求火神护佑火种旺盛，永不熄灭，祈福家人平安快乐！听演员们介绍，拜火神表演源自神话《火神的传说》。这篝火，是猎人心中的力量，是鄂伦春人的生命，代表人们世代繁衍，生生不息。在每年收获的时节，猎人、族人们通常要升起篝火，围着篝火起舞欢歌，表达他们发自内心的喜悦和对未来生活的美好祝愿，人们一看到拢起的"仙人柱"一样的篝火堆，就像看到了鄂伦春族先人英勇顽强的生产生活情景，这场景彻底激活了他们淳朴友爱、热情好客的民族传统和信念。

从 2015 年 3 月起，嘉荫县在《鄂伦春神话》的基础上，又重磅推出了大型民族情景歌舞剧《鄂伦春神话Ⅱ》，该剧由上篇《春祭》、中篇《情韵》、下篇《山魂》、尾声《祝福》等共 14 个节目组成，生动鲜活地展示了鄂伦春先人们祈福、敬神、嫁娶、采山、酿酒、狩猎、宗教等生产生活情景，融合了更多神话元素，表现出更多神话色彩。《鄂伦春神话Ⅱ》在嘉荫旅游高峰期每周六晚上与广大游客见面，用原汁原味的民族风情吸引更多的中外游客，他们来到了嘉荫、了解了嘉荫、了解了鄂伦春族民俗文化，也了解了鄂伦春族神话。如情景剧《神泉的传说》讲述了流传于新鄂乡境内"都鲁河"的一个凄然而动人的故事，年轻的猎手古兰为了治愈沾河两岸鄂伦春人的怪病，踏遍山冈、走遍森林，历经千难万险，找到山神，在山神指点下，求得神水，救治了无数百姓的病，却耽误了救治自己爷爷的怪病，他的爷爷没了，古兰万分悲痛，但他没忘了还在疫病中挣扎的其他鄂伦春人，他忍着悲痛继续跨上马，翻山越岭，挨个告诉鄂伦春人去熔岩台地喝能治怪病的神水。许多年过去了，古兰勇敢顽强、舍己救人的英雄壮举，像那流淌不息的神泉水，被鄂伦春人永远传颂着。《鄂伦春神话Ⅱ》再次将鄂伦春舞台剧推向了高潮。

总之，尽管鄂伦春族神话在当代创意文化中起步较晚，发展也较为缓慢，但大型民族舞台剧《勇敢的鄂伦春》和《鄂伦春神话》在海内外的完美展演，已充分显示了鄂伦春族神话创意具有广阔的发展空间。目前，已有越来越多的神话创意人看到了这一美好愿景，尝试着将鄂伦春族神话创意推向产品广告设计、主题公园建设、动漫、电影、电子游戏、工艺制作等广泛领域，鄂伦春族神话在当代开出了更多史美的艺术之花。

小　结

鄂伦春族神话是鄂伦春族先人在生存环境极为困难的条件下，对周围世界的自然现象和社会生活做出的原始解释，是他们企图认识自然、控制自然的一种精神活动。本章从历史学、人类学、文化学等角度出发，阐释了鄂伦春族神话所蕴含的哲学、美学、宗教等方面的社会文化知识以及在历史发展中的地位和作用。时至今日，鄂伦春族神话走过了漫长的历史岁月，经历了无数的时代变迁，被一代代人不断改编、扩充，早已不再是它的原型，而是被弱化、变异后的变体神话。但是，正如有人指出"氏族社会的各种宗教行为和神话都不是真正个人的东西，它们实际上是某种集体意识的表现"①。这种集体意识是"民族精神的最集中、最本色的闪光，是民族文化最悠久古老、最顽强健壮的生命之根，也是民族文化的本质特征所在"②。也就是说，鄂伦春族神话所蕴含的那种积极健康的原始、古朴的美感，尤其是它在很多方面折射出的鄂伦春族的民族精神和集体主义精神并没有随着时代的变迁而削减。因为自古以来，作为创造鄂伦春族早期神话或当代文化的主体——人、人性或民族精神一直没有消失或者变质，而是继续影响着鄂伦春族的发展。所以，无论是鄂伦春族早期的神话还是流传至今的变体神话，抑或是现在的"重述神话"，都会使人受到精神上的震撼与熏陶，或者带来其他方面的启迪教育。所以说，当前流行的新神话主义不仅仅是文艺现象，它更深远的意义在于20世纪以来世界性的文化寻根运动，而之所以文化寻根，本质上还在于这种文化有现代文化不可替代的重要意义和价值。

当然，作为非物质文化遗产，鄂伦春族神话为当代带来的价值和意义远非如此，它已在当代创意文化领域占有了广阔的市场发展空间，并显示了强大的发展后劲，这也是笔者研究鄂伦春族神话的现实意义所在。

---

① 谢选骏：《神话与民族精神》，山东文艺出版社，1988，第3页。
② 潘世东、邱紫华：《文学哲学视野下的中、希神话之比较》，《湖北民族学院学报》（哲学社会科学版）2001年第2期。

参考文献

《鄂伦春族简史》编写组编《鄂伦春族简史》，内蒙古人民出版社，1983。

《马克思恩格斯选集》（第三卷），人民出版社，1972。

《马克思恩格斯选集》（第四卷），人民出版社，1977。

《民族问题五种丛书》内蒙古自治区编委会编《鄂伦春族社会历史调查》（第一集），内蒙古人民出版社，1984。

《民族问题五种丛书》内蒙古自治区编委会编《鄂伦春族社会历史调查》（第二集），内蒙古人民出版社，1985。

《中国各民族宗教与神话大词典》编审委员会编《中国各民族宗教与神话大词典》，学苑出版社，1990。

《中华民族故事大系》编委会编《中华民族故事大系》，上海文艺出版社，1995。

〔奥〕弗洛伊德：《图腾与禁忌》，文良文化译，中央编译出版社，2005。

〔德〕恩斯特·卡希尔：《语言与神话》，丁晓等译，生活·读书·新知三联书店出版发行，1998。

〔德〕古斯塔夫·施瓦布：《希腊古典神话》，曹乃云译，译林出版社，1995。

〔德〕马克思：《摩尔根〈古代社会〉一书摘要》，中国科学院历史研究所翻译组译，人民出版社，1965。

〔德〕麦克斯·缪勒：《比较神话学》，金泽译，上海文艺出版社，1989。

〔俄〕P.马克：《黑龙江旅行记》，吉林省哲学社会科学研究所翻译组译，商务印书馆，1977。

〔俄〕弗拉基米尔·雅可夫列维奇·普罗普：《故事形态学》，贾放译，中华书局，2006。

〔俄〕弗拉基米尔·雅可夫列维奇·普罗普：《神奇故事的历史根源》，贾放译，中华书局，2006。

〔俄〕李福清：《国外研究中国各族神话概述——〈中国各民族神话研究外文论著目录〉序》，《长江大学学报》（社会科学版）2006年第1期。

〔俄〕李福清：《神话与鬼话：台湾原住民神话故事比较研究》，社会科学文献出版社，2001。

〔俄〕史禄国：《北方通古斯的社会组织》，吴有刚、赵复兴、孟克译，内蒙古人民出版社，1984。

〔俄〕叶·莫·梅列金斯基：《神话的诗学》，魏庆征译，商务印书馆，2009。

〔法〕克洛德·莱维-斯特劳斯：《结构人类学》，谢维扬、俞宣孟译，上海译文出版社，1995。

〔法〕列维·布留尔：《原始思维》，丁由译，商务印书馆，1985。

〔法〕罗兰·巴特：《神话——大众文化诠释》，许蔷蔷、许绮玲译，上海人民出版社，1999。

〔古罗马〕奥古斯丁：《论灵魂及其起源》，石敏敏译，中国社会科学出版社，2004。

〔美〕阿尔伯特·贝茨·洛德：《故事的歌手》，尹虎彬译，中华书局，2004。

〔美〕阿兰·邓迪斯编《西方神话学读本》，朝戈金等译，广西师范大学出版社，2006。

〔美〕阿兰·邓迪斯编《西方神话学论文选》，朝戈金、尹伊、金泽等译，上海文艺出版社，1994。

〔美〕查理德·鲍曼：《作为表演的口头艺术》，杨利慧、安德明译，广西师范大学出版社，2008。

〔美〕丁乃通编著《中国民间故事类型索引》，郑健威、李倞、商孟可等译，华中师范大学出版社，2008。

〔美〕摩尔根：《古代社会》（上），杨东莼等译，商务印书馆，1977。

〔美〕斯蒂·汤普森：《民间文学母题索引》，郑海等译，上海文艺出版社，1991。

〔美〕斯蒂·汤普森：《世界民间故事分类学》，郑海等译，郑凡校，上海文艺出版社，1991。

〔美〕约翰·迈尔斯·弗里：《口头诗学：帕里——洛德理论》，朝戈金译，社会科学文献出版社，2000。

〔美〕约瑟夫·坎贝尔、比尔·莫耶斯：《神话的力量：在诸神与英雄的世界中发现自我》，朱侃如译，浙江人民出版社，2013。

〔日〕大间知笃三等：《北方民族与萨满教——中国东北民族的萨满教调查》，辻雄二色音编译，中央民族大学出版社，1995。

〔日〕大林太良：《神话学入门》，林相泰、贾福水译，中国民间文艺出版社，1988。

〔日〕大木伸一：《苏联南哈巴罗夫地方鄂伦春族的民俗学》，赵复兴译，《黑龙江民族丛刊》1989 年第 2 期。

〔日〕柳田国南：《传说伦》，连湘译，中国民间文艺出版社，1985。

〔瑞士〕巴尔塔萨：《神学美学导论》，曹卫东等译，生活·读书·新知三联书店，2002。

〔苏〕M. H. 鲍特文尼克、M. A. 科甘编著《神话辞典》，黄鸿森、温乃铮译，商务印书馆，1985。

〔苏〕海通：《图腾崇拜》，何星亮译，上海文艺出版社，1993。

〔英〕J. G. 弗雷泽：《金枝》，汪培基、徐育新、张泽石译，商务印书馆，2013。

〔英〕埃里克·J. 夏普：《比较宗教学史》，吕大吉等译，上海人民出版社，1988。

〔英〕凯伦·阿姆斯特朗：《神的历史》，蔡昌雄译，海南出版社，2001。

〔英〕凯伦·阿姆斯特朗：《神话简史》，蔡昌雄译，重庆出版社，2005。

巴图宝音搜集整理《鄂伦春族民间故事集》，中国民间文艺出版社，1984。

白洁：《生存与敬畏——对大兴安岭地区传统生产方式的哲学思考》，硕士学位论文，南京农业大学，2013。

白兰：《鄂伦春族》，民族出版社，1991。

白水夫：《鄂伦春民族人类起源神话浅探》，《民族文学研究》1987 年第 3 期。

北京师范大学中文系编《中国民间文学史》（上），人民文学出版社，1958。

北京师范大学中文系编《中国民间文学史》（下），人民文学出版社，1958。

毕桪主编《民间文学教程》，中央民族大学出版社，2009。

邴正、李莉：《中国北方满 - 通古斯语族神话谱系演化研究》，《西南边疆民族研究》2014 年第 1 期。

蔡俊生：《人类社会的形成和原始社会形态》，中国社会科学出版社，1988。

曹柯平：《中国洪水后人类再生神话类型学研究》，博士学位论文，扬州大学，2004。

车海峰：《朝鲜民族与满 - 通古斯诸民族神话传说中的意象、母题比较研究》，博士学位论文，延边大学，2009。

陈惇、刘象愚：《比较文学概论》，北京师范大学出版社，2010。

陈建宪：《神祇与英雄——中国古代神话的母题》，生活·读书·新知三联书店，1994。

陈曲：《中国满通古斯语族诸民族动物报恩故事研究》，博士学位论文，中央民族大学，2013。

大兴安岭地区民间文学集成编委会编《大兴安岭民间文学集成》（上），内部印刷，1987。

大兴安岭地区民间文学集成编委会编《大兴安岭民间文学集成》（下），内部印刷，1987。

邓启耀：《中国神话的思维结构》，重庆出版社，2004。

迪木拉提·奥玛尔：《阿尔泰语系诸民族萨满教研究》，新疆人民出版社，1995。

杜梅整理《鄂温克族民间故事》，内蒙古人民出版社，1989。

段宝林：《中国民间文艺学》，文化艺术出版社，2006。

方汉文：《比较文化学》，广西师范大学出版社，2003。

方韬译注《山海经》，中华书局，2011。

傅英仁搜集整理《满族神话故事》，北方文艺出版社，1985。

富育光、孟慧英：《满族萨满教研究》，北京大学出版社，1991。

富育光：《萨满教与神话》，辽宁大学出版社，1990。

富育光：《萨满论》，辽宁人民出版社，2000。

谷德明：《中国少数民族神话选》，西北民族学院研究所印，1983。

关小云、王宏刚编著《鄂伦春族萨满教调查》，辽宁人民出版社，1998。

关小云、王宏刚编著《鄂伦春族萨满文化遗存调查》，民族出版社，2010。

关小云：《鄂伦春族萨满教神偶与神像》，《黑龙江民族丛刊》1993 年第 1 期。

郭淑云、孟秀春：《表现诸多原始特征的鄂伦春族萨满教——依据萨满神歌进行的考察》，《黑龙江民族丛刊》1996 年第 2 期。

郭淑云：《鄂伦春族萨满教特点刍议》，《内蒙古社会科学》（文史哲版）1996 年第 2 期。

郭淑云：《萨满的社会职能》，《黑龙江民族丛刊》1991 年第 4 期。

郭淑云：《中国北方民族萨满出神现象研究》，民族出版社，2007。

郭淑云：《中国萨满教 80 年研究历程》，《西南边疆民族研究》2011 年第 2 期。

韩有峰、孟淑贤：《鄂伦春语汉语对照读本》，中央民族学院出版社，1993。

韩有峰：《黑龙江鄂伦春族》，哈尔滨出版社，2002。

何虎生主编《中国神话故事》（天、地、人物卷），中国世界语出版社，1999。

何群：《环境与小民族生存》，社会科学文献出版社，2006。

何星亮：《图腾的起源》，《中国社会科学》1989 年第 5 期。

何星亮：《图腾与神的起源》，《民族研究》1989 年第 4 期。

何星亮：《中国少数民族图腾崇拜》，五洲传播出版社，2007。

黑河地区民间文学集成编委会编《黑河地区民间文学集成》（上），内部印刷，1987。

黑河地区民间文学集成编委会编《黑河地区民间文学集成》（下），内部印刷，1987。

黑龙江省佳木斯市民间文学三套集成编委会编《佳木斯民间文学集

成》，内部印刷，1991。

黑龙江省塔河县民间文学三套集成编委会编《塔河民间文学集成》，内部印刷，1987。

胡亚敏：《叙事学》，华中师范大学出版社，2004。

黄任远、赫维：《满–通古斯语族诸民族鱼、花神话研究》，《黑龙江民族丛刊》1999 年第 2 期。

黄任远：《满–通古斯语族民族有关熊、虎、鹿神话比较研究》，《黑龙江民族丛刊》1996 年第 3 期。

黄任远：《通古斯–满语族神话比较研究》，黑龙江人民出版社，2000。

黄任远：《通古斯–满语族英雄神话比较》，《满语研究》2000 年第 1 期。

黄任远：《通古斯–满语族诸民族的射日神话比较》，《黑龙江民族丛刊》1995 年第 4 期。

郎樱：《阿尔泰语系民族叙事文学与萨满教文化》，《民族文学研究》1988 年第 4 期。

李华：《蒙古族与阿尔泰语系诸民族星辰神话比较研究》，博士学位论文，内蒙古大学，2013。

李莉：《神话谱系演化与古代社会变迁——中国北方满–通古斯语族神话研究》，博士学位论文，吉林大学，2014。

李晓玲：《北方三少民族神话与古希腊神话的比较》，硕士学位论文，吉林大学，2010。

凌纯声：《松花江下游的赫哲族》（全二册），民族出版社，2011。

刘城淮：《中国上古神话》（上），上海文艺出版社，1986。

刘城淮：《中国上古神话》（下），上海文艺出版社，1986。

刘翠兰、张林刚：《从鄂伦春族民间文学看其信仰习俗》，《内蒙古社会科学》（文史哲版）1991 年第 4 期。

刘守华：《比较故事学》（上），黑龙江人民出版社，2003。

刘守华：《比较故事学》（下），黑龙江人民出版社，2003。

刘守华主编《中国民间故事类型研究》，华中师范大学出版社，2006。

刘锡诚：《民间文学：理论与方法》，中国文联出版社，2007。

刘晓春：《鄂伦春人文经济》，知识产权出版社，2010。

陆思贤：《神话考古》，文物出版社，1998。

吕大吉、何耀华主编《中国各民族原始宗教资料集成》，中国社会科学出版社，1999。

吕光天：《北方民族原始社会形态研究》，宁夏人民出版社，1981。

吕微、安德明编《民间叙事的多样性》，学苑出版社，2006。

吕微：《神圣叙事的传承与阐释——神话何为》，社会科学文献出版社，2001。

罗珍：《萨满文化研究评介》，《民族史研究》2011年第00期。

马昌仪编《中国神话学文论选》（上编），中国广播电视出版社，1994。

马昌仪编《中国神话学文论选》（下编），中国广播电视出版社，1994。

马学良、梁庭望、李云忠主编《中国少数民族文学比较研究》，中央民族大学出版社，1997。

满都尔图主编《中国各民族原始宗教资料集成》（鄂伦春族卷），中国社会科学出版社，1999。

满都呼主编《中国阿尔泰语系诸民族神话故事》，民族出版社，1997。

毛星主编《中国少数民族文学》，湖南人民出版社，1983。

茅盾：《神话研究》，百花文艺出版社，1981。

孟慧英：《鹿神与鹿神信仰》，《内蒙古社会科学》1998年第4期。

孟慧英：《萨满教的人熊关系》，《黑龙江民族丛刊》1999年第4期。

孟慧英：《中国北方民族萨满教》，社会科学文献出版社，2000。

孟淑珍整理《鄂伦春民间文学》，黑龙江省民族研究所，1993。

莫庆云：《鄂伦春神话——人类的起源》，《华文文学》2013年第6期。

内蒙古人民出版社编《鄂伦春民间故事集》，内蒙古人民出版社，1981。

内蒙古少数民族社会历史调查组编《黑龙江省呼玛县十八站鄂伦春民族乡情况》，内部印刷，1959。

内蒙古自治区编辑组、《中国少数民族社会历史调查资料丛刊》修订编辑委员会编《鄂伦春族社会历史调查》（一），民族出版社，2009。

内蒙古自治区编辑组、《中国少数民族社会历史调查资料丛刊》修订编辑委员会编《鄂伦春族社会历史调查》（二），民族出版社，2009。

那木吉拉：《阿尔泰语系诸民族树生人神话比较研究》，《西北民族研究》2009年第3期。

潘世东、邱紫华：《文学哲学视野下的中、希神话之比较》，《湖北民族学院学报》（哲学社会科学版）2001 年第 2 期。

祁连休：《中国古代民间故事类型研究》（上），河北教育出版社，2007。

祁连休：《中国古代民间故事类型研究》（中），河北教育出版社，2007。

祁连休：《中国古代民间故事类型研究》（下），河北教育出版社，2007。

潜明滋：《神话学历程》，北方文艺出版社，1989。

秋浦：《鄂伦春社会的发展》，上海人民出版社，1978。

仁钦道尔吉、郎樱编《阿尔泰语系民族叙事文学与萨满文化》，内蒙古大学出版社，1990。

仁钦道尔吉：《关于阿尔泰语系民族英雄史诗、英雄故事的一些共性问题》，《民族文学研究》1989 年第 6 期。

色音：《阿尔泰语系民族萨满教神话探微》，《民族文学研究》1999 年第 3 期。

宋和平译注《满族萨满神歌译注》，社会科学文献出版社，1993。

宋龙飞：《民俗艺术探源》（下册），艺术家出版社，1982。

隋书金编《鄂伦春族民间故事选》，上海文艺出版社，1988。

陶立璠、李耀宗编《中国少数民族神话传说选》，四川民族出版社，1985。

田兵、陈立浩编《中国少数民族神话论文选》，广西民族出版社，1984。

佟德富：《中国少数民族原始意识与哲学宇宙观之萌芽》，《中央民族大学学报》（哲学社会科学版）1995 年第 4 期。

汪立珍：《鄂温克族神话研究》，中央民族大学出版社，2006。

汪立珍：《论我国通古斯诸民族神话传说中的动物崇拜》，《满语研究》2001 年第 1 期。

王宏刚：《萨满教创世神话中的人本主义曙光》，《西北民族研究》2007 年第 4 期。

王焕生：《古罗马神话传说》，社会科学文献出版社，2010。

王士媛、马名超、白杉编《鄂温克族民间故事选》，上海文艺出版社，1989。

王士媛、马名超、黄任远编《赫哲族民间故事选》，上海文艺出版社，1991。

王威：《黑龙江流域萨满神话的研究》，《黑龙江社会科学》2007年第5期。

王为华：《鄂伦春原生态文化研究》，黑龙江人民出版社，2009。

王为华：《鄂伦春族图腾文化：人类远古的幻想和寄托》，《黑龙江社会科学》2008年第2期。

王宪昭：《论中国少数民族神话母题的流传与演变》，《理论学刊》2007年第9期。

王宪昭：《论中国神话母题编码体例的建构——以〈中国神话母题 W 编目〉为例》，《长江大学学报》（社会科学版）2015年第2期。

王宪昭：《中国北方民族神话人兽婚母题探微》，《民族文学研究》2005年第1期。

王宪昭：《中国各民族人类起源神话母题概览》，民族出版社，2009。

王宪昭：《中国民族神话母题研究》，民族出版社，2006。

王宪昭：《中国神话母题 W 编目》，中国社会科学出版社，2014。

魏纲：《图腾崇拜对中国北方民族萨满教的文化影响》，硕士学位论文，天津师范大学，2011。

文日焕、王宪昭：《中国少数民族神话概论》，民族出版社，2011。

乌力吉：《阿尔泰语系某些民族共同拥有的神话因素》，《民族文学研究》2004年第2期。

吴雅芝：《从神话传说和风俗习惯看鄂伦春人的自然生态观》，《中央民族大学学报》（哲学社会科学版）2004年第4期。

萧兵：《中国文化的精英》，上海文艺出版社，1989。

萧兵：《中国文化的精英——太阳英雄神话比较研究》，上海文艺出版社，1989。

谢六逸：《神话学 ABC》，上海书店，1990。

谢选骏：《神话与民族精神》，山东文艺出版社，1988。

徐昌翰、隋书金、庞玉田：《鄂伦春族文学》，北方文艺出版社，1993。

闫超：《满族萨满教历史存在探析》，硕士学位论文，东北师范大学，2004。

严墨：《鄂伦春火文化变迁》，《中南民族大学学报》（人文社会科学版）2006 年第 4 期。

杨丽娟：《世界神话与原始文化》，上海社会科学院出版社，2004。

杨利慧：《神话与神话学》，北京师范大学出版社，2009。

杨治经：《"恩都力"与"女娲"泥土造人的异同——满通古斯语族民族与汉族抟土造人型人类起源神话比较》，《黑龙江民族丛刊》1998 年第4 期。

杨治经：《满-通古斯语族与汉族部落征战神话比较》（上），《满语研究》1999 年第 1 期。

杨治经：《满-通古斯语族与汉族部落征战神话比较》（下），《满语研究》1999 年第 2 期。

姚宝瑄主编《中国各民族神话》，山西出版传媒集团·书海出版社，2014。

姚凤：《黑龙江沿岸通古斯满语民族鄂温克人与鄂伦春人的某些自然崇拜》，《黑龙江民族丛刊》1990 年第 1 期。

叶培斯：《中国神话人兽婚母题研究》，硕士学位论文，中南民族大学，2012。

叶舒宪：《中国神话哲学》，中国社会科学出版社，1992。

叶舒宪编选《结构主义神话学》，陕西师范大学出版社，2012。

叶舒宪选编《神话——原型批评》，陕西师范大学出版社，1987。

殷丹丹：《鄂伦春族狩猎文化的生态意蕴及其当代价值》，硕士学位论文，内蒙古师范大学，2012。

尹虎彬：《古代经典与口头传统》，中国社会科学出版社，2002。

瑜琼、丰收：《试论鄂伦春等北方狩猎民族神话中的崇熊意识》，《黑龙江民族丛刊》1997 年第 2 期。

袁珂：《中国神话传说》（上），中国民间文艺出版社，1984。

袁珂：《中国神话传说》（下），中国民间文艺出版社，1984。

张凤铸、桑伯文编《鄂伦春民间文学选》，内蒙古人民出版社，1980。

张贺：《满-通古斯语族民族神树崇拜特质分析》，硕士学位论文，云南大学，2010。

张慧平：《鄂伦春族传统生态意识研究——民族森林文化的现代解读》，博士学位论文，北京林业大学，2008。

张鹏：《信仰、崇拜与禁忌》，载中国人民政治协商会议黑龙江省委员会文史资料委员会编辑部编《山岭上的鄂伦春人》，黑龙江人民出版社，1989。

赵复兴：《鄂伦春族文学简论》，《内蒙古社会科学》1995年第3期。

赵复兴：《鄂伦春族研究》，内蒙古人民出版社，1987。

赵志辉等编《满族文学史》，沈阳出版社，1989。

中国民间文艺研究会黑龙江分会编《黑龙江民间文学》（第5集），黑龙江省文联铅印室，1983。

中国民间文艺研究会黑龙江分会编《黑龙江民间文学》（第6集），黑龙江省文联铅印室，1983。

中国民间文艺研究会黑龙江分会编《黑龙江民间文学》（第11集），黑龙江省文联铅印室，1984。

中国民间文艺研究会黑龙江分会编《黑龙江民间文学》（第17集），黑龙江省文联铅印室，1986。

中国民间文艺研究会黑龙江分会编《黑龙江民间文学》（第18集），黑龙江省文联铅印室，1986。

中国人民政治协商会议黑龙江省委员会文史资料委员会编辑部编《山岭上的鄂伦春人》，黑龙江人民出版社，1989。

中国社会科学院语言研究所词典编辑室编《现代汉语词典》，外语教学与研究出版社，2002年。

中国先秦史学会编《夏文化研究论文集》，中华书局，1996。

忠录编《锡伯族民间故事选》，上海文艺出版社，1991。

钟健编著《创世神话》，中国社会出版社，2006。

朱狄：《原始文化研究》，生活·读书·新知三联书店，1988。

祝秀丽：《北斗七星信仰探微》，《辽宁大学学报》（哲学社会科学版）1999年第1期。

C. M. Edsman, "Stones" in M. Eliade, ed. *The Encyclopedia of Religion* (N. Y. London, 1986), pp. 49–53.

后 记

终于在博士毕业即将两年之际，向出版社递交了我人生的第一本书稿，既有写作付梓时的如释重负，也有书稿即将面世的惴惴不安。

本书是我在博士学位论文的基础上进行修改完成的。说如释重负是因为鄂伦春族神话研究是一项十分复杂、艰难的工作，最为突出的困难是鄂伦春族是我国人口较少民族，且没有本民族文字，国家对鄂伦春族民间文学研究开发得相对较晚，且发展缓慢，其他专门涉猎鄂伦春族神话研究的专家学者也很少，导致研究资料十分有限，研究中深感资料匮乏。另外，很多与鄂伦春族神话相关的文本资料都是将神话、传说、故事编排在一起出版，要彻底分清哪些是神话，哪些是传说，哪些是故事，是件很难的事情，所以即便是对已经掌握的资料，使用时也是慎之又慎，一部分资料还得来自实际调研、取证。问题是，现在的鄂伦春人中能够了解和讲述鄂伦春族神话故事的已经寥寥无几。目前，唯一一个中国国家级萨满文化代表性传承人关扣尼老人，虽然能够讲述很多接近原型的鄂伦春族神话故事，但她老人家已经是耄耋之年。

基于研究中文本资料缺乏的现实状况，本书以既得的文本材料为基础材料，参考国内外学者有关鄂伦春族民间故事集（选）、论著等，并结合自己在黑龙江省呼玛、爱辉、逊克、嘉荫等县，以及内蒙古自治区呼伦贝尔市鄂伦春自治旗、布特哈旗、莫力达瓦达斡尔族自治旗等实地调研时的采录和访谈资料，运用故事类型学、母题学等理论和方法，以鄂伦春族神话的内容、类型、情节结构、母题等方面为切入点，兼顾鄂伦春族神话观念在当代民俗中的类型、形态、构成等表现特征，对鄂伦春族神话进行以类型为主的研究，将鄂伦春族神话分为创世神话、人类起源与族源神话、英雄神话和萨满神话四大类型，并逐一进行分析解读，从而试图为被关注较少的鄂伦春族神话研究注入新的生机与活力。

　　说惴惴不安，是因为很清楚自己还没有太多的学术积淀，还不能够将鄂伦春族神话研究得深入透彻，还不能较好地将人口较少且没有本民族文字的鄂伦春族文化完美地呈现给世人。而且，在研究过程中，深感运用神话学理论，深入、系统地研究鄂伦春族神话，廓清鄂伦春族神话的区域类型与特征，正确区分和看待早期伦春神话与当代新神话主义下的"重述神话"，科学解读鄂伦春族每个神话的来龙去脉，需要做更进一步的调查、比较、分析和研究工作，才能真正为少数民族神话文本文献与研究体系的对接和完善做出点滴贡献。我深知，学术永无止境！

　　本书能够付梓，首先要感谢我的博士导师汪立珍教授，当年承蒙老师不弃，收我入大汪师门，引我走上学术道路。清晰地记得初次见到老师时诚惶诚恐的状态，然而老师留给我的却是信任和鼓励的眼神；记得入学考试分数不理想时，老师和我一样焦虑的心情；记得得知老师收我入门的那一刻，我一连几夜不曾合眼的激动。当然，不想忘记，不能忘记，不敢忘记的，当属走入师门后老师学术上给予的传授和引领，以及学术之外给予的巨大鼓励和帮助。想起了卡内基梅隆大学计算机学院院长在李开复毕业时告诉他的话："你从这儿带走的最有价值的东西，不是一篇论文，而是你分析、思考的能力，研究、发现真理的经验，以及科学家的胸怀。"拜师以来，老师对我学术思维、性格特点、处事方式的磨炼和培养，让我对上面这句话有着同样深切的感受。老师常说：如果你放弃，我也无能为力！这是母亲般的叮咛，是长者的肺腑之言，是"沙里淘金"般学术精进的鼓舞，也是"光风霁月"般大家风范的感召，将永远鞭策激励着我，助我前行！感恩老师，我的博士学位论文从选题到写作的每一步过程都倾注了老师太多的心血，每当我思路不清、困惑苦恼、灰心气馁时您都会为我指明方向、坚定我的信心，鞭策我排除杂念、不断前行！感恩老师，平日潜移默化的言传身教，以及良苦用心的谆谆教诲！感恩老师，我虽博士毕业，但老师仍将我挂念心间，为我平日杂事琐事操心劳神，为我学术之路指点迷津！学生永记心间！感恩师公朝克先生，在我求学过程中给我指点迷津，对我的生活给予关心和体谅，让我感受到亲人般的温暖，让我虽孤单地在京学习却没有孤独的感觉！

　　感恩在中央民族大学读博期间教授我学业的诸位良师，是他们给了我更多的知识和力量，让我张开双臂，心无旁骛，翱翔在知识的海洋，尽享其中的快乐！师恩不忘！

　　感恩在博士论文开题、预答辩、答辩中，对我的论文给予重要指导的满都呼教授、毕枑教授、刘亚虎研究员、徐文海教授、那木吉拉教授、阿迪力教授、钟进文教授、王宪昭研究员、李晓峰教授等，他们将学术科研化作自发兴趣和无境追求的精神，是我一辈子都要学习和修炼的境界！他们让我懂得学无止境！学生永生不忘！

感恩在中央民族大学赵振博老师、阿孜古丽老师、郑娇阳老师、王立平老师、赵丹华老师、李慧萍老师等，他们给了我太多太多无私的援助，一并谨记在心！

感恩我的同门师兄、师姐、同学、师弟、师妹们，为我在读博学习、生活和学术上提供了许多帮助和便利，在论文写作过程中，给了我诸多的关心和安慰，我们就像来自同一个家庭的兄弟姐妹，紧紧围绕在汪老师周围，相互扶持，共同进步，能与他们同悲同喜，一起探讨人生、学业和事业，为我平淡的学习生活增添了许多的乐趣，谢谢他们一路与我同行！我们将风雨同舟！

感恩助我再燃求学之心的任军校长、朝伦巴特尔主任，多年来他们一直默默鼓舞激励着我，支持我求学上进，感激之情当永驻心间！

感恩求学中诸多良师益友的支持，有了他们的相伴才没有了一个人走路的孤寂，与他们结缘，今生无悔！

感恩爱人于秀娟，她无私的爱永远是我前进的动力。我之所以能够没有任何后顾之忧，全身心地投入学习和科研中，离不开她对我至诚至善的支持、信任和理解，无微不至地替我承担起了照顾儿子的重担，她的付出让我刻骨铭心，永生难忘！儿子杨宸是我快乐的源泉，外出科研、求学之时，每天晚上的微信视频，是我永远被定格的最美好的幸福时光！这是生命的力量！此生无憾！

感恩自己，从读博第一天起就养成了一种习惯，除了在单位工作的上班外，我把所有的时间都用在了学习、看书和写论文上，三点一线的校园生活彻底融入了我的生命。回首过往，我对自己的坚持不懈深感欣慰，当学习已经成为一种难以割舍的生活方式，我仍要感谢自己曾经走过的充实的每一天！

同时，也真心感谢那些所有在我学术成长道路上，直接或者间接帮助过我的人！学术研究之路艰辛漫长，吾将负重前行！

杨金戈

2019 年 2 月

图书在版编目（CIP）数据

鄂伦春族神话研究／杨金戈著. -- 北京：社会科
学文献出版社，2019.7
（内蒙古民族大学民族学人类学研究丛书）
ISBN 978-7-5201-5085-9

Ⅰ.①鄂… Ⅱ.①杨… Ⅲ.①鄂伦春族-神话-研究
-中国 Ⅳ.①B932.2

中国版本图书馆 CIP 数据核字（2019）第 122868 号

·内蒙古民族大学民族学人类学研究丛书·

鄂伦春族神话研究

著　　者／杨金戈

出 版 人／谢寿光
责任编辑／赵　娜
文稿编辑／孙智敏

出　　版／社会科学文献出版社·群学出版分社（010）59366453
　　　　　地址：北京市北三环中路甲29号院华龙大厦　邮编：100029
　　　　　网址：www.ssap.com.cn
发　　行／市场营销中心（010）5936/081　59367083
印　　装／三河市龙林印务有限公司

规　　格／开 本：787mm×1092mm　1/16
　　　　　印 张：14　字 数：238 千字
版　　次／2019 年 7 月第 1 版　2019 年 7 月第 1 次印刷
书　　号／ISBN 978-7-5201-5085-9
定　　价／79.00 元